YU WEN
KE CHENG TI XI XIN GOU XIANG

语文课程
体系新构想

肖建云——著

中国书籍出版社
China Book Press

图书在版编目（CIP）数据

语文课程体系新构想 / 肖建云著. —— 北京：中国书籍出版社, 2021.6
ISBN 978-7-5068-8370-2

Ⅰ.①语… Ⅱ.①肖… Ⅲ.①语文课－教学研究－中小学 Ⅳ.①G633.302

中国版本图书馆CIP数据核字(2021)第034060号

语文课程体系新构想

肖建云 著

责任编辑	王志刚　刘　娜
责任印制	孙马飞　马　芝
版式设计	添翼图文
出版发行	中国书籍出版社
地　　址	北京市丰台区三路居路 97 号（邮编：100073）
电　　话	（010）52257143（总编室）（010）52257140（发行部）
电子邮箱	chinabp@vip.sina.com
经　　销	全国新华书店
印　　刷	北京温林源印刷有限公司
开　　本	710毫米×1000毫米　1/16
字　　数	480千字
印　　张	21.5
版　　次	2021年6月第1版　2021年6月第1次印刷
书　　号	ISBN 978-7-5068-8370-2
定　　价	56.00元

版权所有　翻印必究

序

程大琥

从20世纪末到21世纪初的20年间，我指导过的一批研究生学成毕业，现在大多已经硕果累累了。其中，不乏学术成就显著的弟子。目前就职于广东汕头职业技术学院人文系的肖建云老师就是一位佼佼者。

他是20世纪末考入湖南师范大学的教育硕士，研究方向为语文教学，侧重研究中小学语文。入校不久，经师生双向选择，他师从我在职学习了三年，2001年顺利毕业，获得硕士学位。我至今还记得，他的硕士毕业论文研究小学汉字教学的数量规定，作了切实的资料收集和教学实际的调研工作，有理有据，可圈可点，是一篇科学量化相当规范的优质论文。

前不久，他从广东寄过来三部著作。一部《语文名师成功经验述略》，1912年11月由宁夏人民出版社出版。书中选述了八位小学中学语文名师，从生平事迹，到教育思想与教学特点，从他们的成功经验，到他们的教学教案说课稿实例，尽可能择要述评，对中小学教师和师范学生，助益良多。第二部《中国传统教育名言精选》，2019年12月由中国书籍出版社出版。书中精选从古代经典《论语》《大学》《中庸》《孟子》，到现当代名家朱自清、叶圣陶、夏丏尊等人的教育名言700多则，分编为修身养性、读书治学、方法哲理三个部分，古文多有注译，读来怡气养神，收获颇丰。第三本书稿有待出版，名曰《语文课程体系新构想》，洋洋洒洒，约30万字。我抽空浏览，形成了以下一些印象。

总的看来，《语文课程体系新构想》这一部书稿，基于作者的硕

语文课程体系新构想

士论文和前述两部著作，融汇自身30多年的语文教学研究与思考，达成了令人赞叹的学术升华。首先，作者概述了传统教育的成功经验。从蒙学教材与阅读教材简介，到作文教材列举，再到教材编写的成功经验分类说明，从经典教学法著作介绍，到经典教学方法——罗列，达到了传承教育文化（主要是传统语文教育）的一定功效。其次，作者概述了重建语文课程体系的基本构想，凸显了现代汉语阅读、现代汉语写作、古代汉语阅读的课程板块和序列。再次，作者补述了自己多年来逐步形成的语文教育观，包括对课程名称、课程标准、语文高考、学用关系、文道关系、重视写实作品等一系列课程教材教法考法的独立思考过程和结论。正如作者在该书前言里强调的那样，语文教材的不足亟待弥补，语文课程体系要警惕"舶来"重视传统。这些主要的思想观点，以及相关的其他观点，都有一定的理据和数据加以支撑，再一次显示了作者理论联系实际、定性分析和定量分析相结合的可贵的学术特质与品格。

回顾作者在母校攻硕期间，因在职攻读难以兼顾时间，当时导师团队早已编著出版的《中国语文教育史纲》《语文学科论》《呼唤名师》等相关著作尚未一一研读，本书也就难免出现体系上的若干遗漏与缺憾。即便在中小学阶段，听说教学也不应忽略不顾。

作者正当学术盛年，恰逢当今改革开放新时代盛世，期望能够更上层楼，有朝一日拿出面向全人全龄乃至全国全球真正完备的汉语文课程体系的新著述。

殷切期盼，静候佳音！

程大琥

2021年年初记于长沙

（序者为湖南师范大学督导、教授、湖湘语文教育研究中心顾问，中国高等教育学会语文教学专业委员会原学术副主任。）

前 言

  本书是我30多年从事语文教学与研究工作的总结。

  1988年，我自湖南师范大学毕业后分配到湖南省邵东县第一中学从事语文教学工作。在工作中，我发现高中课本中不少现代文，对学生的学习作用不大。后来看到魏书生说中学语文教材中的任何一篇文章都可以删去，可以不学。[1]感觉说得虽然有点大胆，但在很大程度上说是对的。20世纪末21世纪初课程改革，出版了多套课程标准实验教科书，语文教材有了明显的改进，但体系还和过去基本一样。2019年秋季。全国开始启用教育部审定的语文教材（温儒敏总主编），语文教材的质量又前进了一大步，可以说是有史以来比较好的语文教材，但体系仍然没有实质性突破。教材虽然越来越进步，但是，教材的格局基本没变，编写思路基本没变。

  我感觉语文教材的不足主要是：白话文多而不精，作文训练缺乏体系，精读范文阙如，文言文太少。如果把这些问题妥善地解决好了，语文课程的体系自然就好了。

  我们重建语文课程体系，不能照搬外国母语教学的经验。因为，汉语和外国各种语言都不相同。汉字是表意文字，以形表义，形、义、音相结合，这与表音的西方语言刚好相反，拼音文字的词义和组成它的字

---

1. 教育部师范教育司：《魏书生与民主教育》第50页，北京：北京师范大学出版社，2006年。

母毫无关系。汉字是方块文字，字由笔画、部首（偏旁）、独体字三级组成，这与西方线形文字也完全不同。汉语是一种非形态语言，语句的组成没有形态的变化，主要取决于语义上的搭配是否合乎事理，这与英语等印欧语言有复杂的数、格、时态的变化也完全不同。用汉字书写，字字连写，停顿和断句很不容易；古文没有标点，词与词、句与句连在一起，这就需要很好的语感；而英语等语言的书写，单词与单词之间隔开，停顿和断句就要容易得多。还有很重要的一点，中国人学自己的母语，一定要学习古代汉语，否则对优秀的中国古代文化就不能利用；外国人学他们自己的母语，一般都不学他们的古代语言了，因为他们的古代语言与现代语言已经断流了，普通人几乎学不通了，只能留给专门人员去研究。由于这种种的不同，因此，中国人学自己的母语和外国人学自己的母语虽有相同的地方，但不同的地方也很明显。王森然说："在其他各科的教材教法，内容工具，似乎都还有可以借鉴于他国先例的地方。独有国文，非由我们自己来探索不可。"[1] 所以，民国时代模仿欧美，新中国成立后借鉴苏联经验，21世纪课程改革又大量引进欧美教育理论，是有失妥当的。学习别人的先进经验是可以的，但食而不化是有害的，我们在学习外国的母语教学经验方面确实过了头。这一点，我们应该有定力，不能直接照搬别人的经验！

在把目光转向古代，发现当今语文教育的很多问题在传统教育中已经解决了。尤其是当我看到元代程端礼的《程氏家塾读书分年日程》时，觉得他的教学内容、教学年限、教学方法、教学目标非常完整、严密，也非常科学。而清人唐彪的《家塾教学法》对怎样学语文、怎样教语文又说得很清楚了。《文章轨范》《古文笔法百篇》等又是学写作文的好教材。另外，古代教育家，从孔子、朱熹到王阳明、王筠就立志为人、修身养性、读书治学等方面都有精辟的论述。所有这些，都为我们

---

1. 李杏保、顾黄初：《中国现代语文教育史》第6页，成都：四川教育出版社，2004年8月第3版。

今天的语文教学提供了宝贵的借鉴。

因此，我就想能否学习古代语文教育的成功经验，建构今天的汉语母语课程体系，本书就是这种思想的产物。本书分两部分：第一部分是梳理传统教育的成功经验，主要是学习方法和教材编写的经验；第二部分是重建语文课程体系，包括现代汉语阅读、现代汉语写作和古代汉语阅读三个方面。

本书在语文课程体系方面的基本观点是：

现代汉语阅读教学主要学常用字、书面词语。学习常用字集中进行，安排在小学一、二年级，大约1500个。在学常用字的同时，可以稍带学一些书面词语。集中识字之后，还可以随课文继续学习生字。

学习书面词语也要尽量集中。学书面词语是过去的语文教科书没有专门重视的事，也是语文学界内外极少关注的事，可以说是语文教育长期以来效率低下的重要原因。丰富的书面词汇是现代汉语阅读尤其是写作最重要的基础。因此，书面词语的学习应该成为现代汉语阅读教学的主要内容，占到比重的一半以上。学书面词语安排四年八个学期，假设是600节课，1节课学10个书面词语，就可以学6000个。

现代汉语写作需要改变过去那种零打碎敲的做法，应该集中学，一项一项学，一步一步来。本书分成学书面词语、学对联、熟诵精读范文、集中学习记叙议论技巧等方面。前二项在小学进行，后二项在初中进行。

古代汉语阅读教学包括古典诗词和文言文。古典诗词学300首左右，主要放在小学进行。文言文要加大权重。我的设想是，1节课学50字的短文，用900节课，可学45000字，是课标教材或统编教材的2倍左右，安排在初中和高中。

本书在年段方面的基本观点是：小学主要学白话文（即现代汉语作品），任务是常用字、书面词语，另外学对联和古典诗词；初中主要学作文和文言文；高中专学文言文。

和现行语文课程相比，本体系的不同之处表现在：课程名称是汉语，而不是语文；教材编排方式用模块组合的形式，而不是过去的那种大综合的形式；语文高考不考语言文字运用和现代文阅读。现代汉语只考写作，记叙和议论都要，可分一大一小两篇；古代汉语只考阅读理解，考标点和翻译即可。

外国作品将大量减少，安排一个单元，让学生有所了解即可；口语交际在教材中不作系统安排，在适当的地方安排几个专题就行，主要还是给学生在日常生活中自由训练；儿童文学作品一般不作安排，学生课外可以自由阅读；中国现当代的小说和戏剧将大量减少，各安排一个单元让学生有所了解即可。

就总量来说，本体系与现行语文课程体系相比，现代汉语书面词语多一倍以上、文言文多一倍左右、作文精读范文多100篇，外加一个对联专章，白话文（现代汉语作品）将大量减少。

按照本体系的设想，教学过程中师生不会有很多无效劳动，学生再也不会上不上课无所谓，每篇课文或其他学习材料，学生都知道学习任务和完成任务的方法。如果本体系的设想能够得以实现，学生经过12年的学习，汉语阅读能力和书面表达能力应该能够满足生活和工作的需要。

目 录

上编：传统教育成功经验概述 ……………………………………… 1
第一章　蒙学教材与阅读教材简介 ………………………………… 2
　　第一节　蒙学教材 …………………………………………… 2
　　第二节　阅读教材 …………………………………………… 14

第二章　作文教材介绍 ……………………………………………… 17
　　第一节　《古文关键》 ……………………………………… 17
　　第二节　《文章正宗》 ……………………………………… 20
　　第三节　《文章轨范》 ……………………………………… 23
　　第四节　《古文释义》 ……………………………………… 28
　　第五节　《古文笔法百篇》 ………………………………… 31
　　第六节　《东莱博议》 ……………………………………… 39

第三章　教材编写成功经验 ………………………………………… 44
　　第一节　编写方式：模块组合 ……………………………… 45
　　第二节　选文标准：历史公认的名篇 ……………………… 54
　　第三节　体系安排：科学严密，直线贯通 ………………… 63
　　第四节　难度标准：需要努力才能学好 …………………… 70
　　第五节　语言特点：整齐上口与庄重典雅并重 …………… 73

第四章 经典教学法著作介绍·············· 77
第一节 程氏家塾读书分年日程·············· 77
第二节 家塾教学法·············· 94
第三节 教童子法·············· 109

第五章 经典教学方法·············· 114
第一节 初读精确·············· 115
第二节 熟读成诵·············· 123
第三节 自主自悟·············· 132
第四节 因材施教·············· 140
第五节 先专后博·············· 146
第六节 循序渐进·············· 155
第七节 量力而行·············· 159
第八节 深思善疑·············· 163
第九节 圈点批注·············· 170
第十节 其他方法·············· 175

下编：重建语文课程体系·············· 183
第六章 现代汉语阅读·············· 185
第一节 语文教学中现代汉语阅读的含义·············· 185
第二节 现代汉语作品（白话文）作教材的历史·············· 187
第三节 白话文教学的历史功绩·············· 190
第四节 白话文教学容易产生的不足·············· 191
第五节 现代汉语阅读的比重·············· 202
第六节 现代汉语阅读的教学内容·············· 205

第七章 现代汉语写作·············· 233
第一节 搞好写作的前期训练·············· 234
第二节 课　对·············· 242

第三节　精读范文 ……………………………………… 258
　　第四节　集中训练（知识技巧的学习和整文的写作训练） 268

第八章　古代汉语阅读 ………………………………………… 291
　　第一节　语文教学中古代汉语阅读的含义 ……………… 291
　　第二节　古代汉语的学习目标 …………………………… 293
　　第三节　古代汉语的比重 ………………………………… 295
　　第四节　用多少时间能学好古代汉语 …………………… 300
　　第五节　古代汉语教学的具体操作 ……………………… 302
　　第六节　21世纪语文教材中古代汉语的内容 …………… 304
　　第七节　重建古代汉语教学体系 ………………………… 321

后　记 ………………………………………………………………… 331

上编：传统教育成功经验概述

　　传统教育的成功经验，分五章进行介绍。这五章是蒙学教材和阅读教材简介、作文教材介绍、教材编写成功经验概述、经典教学法著作介绍、经典教学方法介绍。古代教育在这几个方面的经验，今天仍然有重要参考价值。

第一章　蒙学教材与阅读教材简介

我们一般把语文教学分为阅读教学和作文教学。阅读教学以培养阅读能力为主，学习字词、丰富知识、开阔视野、陶冶情操，同时还可学习写作技巧。作文教学以培养写作能力为主，既要学习一般的作文知识，也要精读一定数量的作文范文，还要长期进行写作实践。

早期的阅读教学就是蒙学教育，学习内容是常用字、常用词、生活常识和科学常识以及行为规范等。后期的阅读教学可称为成人教育，主要内容是读经、读诗词，辅助内容是读史、读诸子，更高级的内容是读自己喜爱的各种类型的书。下面分蒙学教材和一般阅读教材作简要介绍。

第一节　蒙学教材

一、蒙学基本教材

《三字经》《百家姓》《千字文》，俗称"三、百、千"，是我国古代最基础的蒙学教材，它要完成的基本任务是识字，这是一切教育的基础。古时学童开蒙，一般要先读这三种书。

1.《三字经》

相传为宋王应麟撰写，明、清多有补充，近代学者章炳麟重订。是我国著名蒙学教材之一。它是识字教材，非常适合儿童的年龄特点和接受能力。它三字成句，句子字数少，儿童学来容易；它押韵，儿童读起来顺口，听起来悦耳，能激发儿童的兴趣。《三字经》的内容是这样安排的：先讲学习的重要性，"幼不学，老何为"；再介绍当时社会的基本规范和生活常识，三才、三纲、四季、四方、五行、五常、六谷、六畜、七情、八音、九族、十义等；再介绍十三经的名称及学习顺序；再介绍诸子及学习方法"撮其要，记其事"；再谈学习历史，基本上是十二个字介绍一个朝代，学习的方法是"考世系，知终始"；再介绍历史上勤学苦读的例子，从孔子开始，包括赵普、路温舒、公孙弘、孙敬、苏秦、车胤、孙康、朱买臣、李密、苏洵、梁灏、祖莹、李泌、蔡文姬、谢道韫、刘晏等17人；最后再强调读书的重要性和作用，"上致君，下泽民。扬名声，显父母"。

《三字经》尽管非常简短，但内容非常丰富，介绍了人一辈子要学习的知识、学习的顺序、学习的方法，并且用古人的成功事例来激励儿童奋发图强，刻苦努力，争取做一个对国家有用的人。《三字经》形式上的优点也很突出，句子短，多用口语，适合儿童的年龄特点，这为提高识字效率提供了很好的条件。所以《三字经》历经千年而不衰，就是今天都可以直接用作识字教材。

2.《千字文》

《千字文》是"三、百、千"中唯一可知作者与撰作时间的，它是南朝梁周兴嗣于梁武帝大同年间编纂的，距今1400多年。《千字文》流传广泛，历代多有续编本、改编版、仿写本，一直在全国范围内用作启蒙教材。据传，梁武帝召周兴嗣，令他将书法家王羲之字迹中挑选出1000个单字缀成韵语。周兴嗣在一夜之间，把一千字入韵成章且对仗工整，实为不易。

《千字文》的内容是这样安排的：开头先从开天辟地之初谈起，接着讲天地变化，然后讲人间，再说到帝都朝廷典章人物之盛，又说到修身、处世、治家、治国、务农、习文、饮食、居住、应酬、器用、祭祀等方面，内容丰富。《千字文》中所选1000字，都是当时古文中常用的，编成四字韵句，便于儿童诵读。文中大量引用古代历史及典故，让儿童阅读学习实为不易。就今天的眼光来看，难度已经超过了初入学儿童的年龄特点。因此用《千字文》作识字教材，老师应该进行通俗易懂的讲解，这样儿童才容易理解。但《千字文》有优点，每句四个字，句子短小，韵脚密，读来顺口，这为后来编写识字教材提供了很好的思路。

3.《百家姓》

《百家姓》为宋人编，作者已不可考。它将400多个姓串为四言韵语（通行本为472字），供儿童诵读学习。它的优点是短小押韵，读起来不困难；缺点是文句都是姓氏的堆砌，意义上没有联系，不好理解记忆。姓氏为日常生活所常见，所以《百家姓》到近代还在流行，就是现在也可将其中的一些常见姓氏编成片段让学生诵读。

"三、百、千"三本书合起来，共2720字，除重复不计外，单字约2000个，这个识字数量是符合儿童初步识字阶段要求的。"三、百、千"三本书合用，起到相互配合、相互补充的作用。从它们所收的字和所涉及的内容来看，既符合儿童日常生活的需要，又让他们增长知识，扩大见闻，同时还能学习一些道理。总之，这些蒙学教材既突出识字教学，又兼顾儿童求知的要求和进行思想教育的需要。

"三、百、千"都是识字开蒙教材，它们的共同特点是句子短，押韵，生字密度大。这些优点被近、现代的语文教材或多或少地吸收了。

二、蒙学辅助教材

基本的识字任务完成之后，需要巩固识字，也需要进行一些初步的阅读活动，以增进知识，培养初步的阅读能力。所以古代蒙学还有一些辅助教材，或说次要教材，一般属选读性质。如《千家诗》《唐诗三百首》《弟子规》《笠翁对韵》等，介绍典故、常识、课对、历史、诗歌等方面的知识。下面介绍几种：

1.《千家诗》

《千家诗》有多种编选者相传为南宋的刘克庄、谢枋得，清人王相也编过一种。我们今天在市面上看到的《千家诗》既有七言律、绝，也有五言律、绝，是综合了三位编者的合刊本。《千家诗》所收大多是唐宋人通俗易懂的律、绝佳作，如杜牧的《清明》诗："清明时节雨纷纷，路上行人欲断魂。借问酒家何处有？牧童遥指杏花村。"《千家诗》语言生动，句子短小，题材广泛，是一本非常适合儿童学习的诗歌课本，从南宋一直流传到今天。虽然它选诗也有不尽完美的地方，但适合儿童的年龄特点是无庸置疑的。

2.《唐诗三百首》

清乾隆年间蘅塘退士孙洙编选，旧时私塾多用作课本。它选五言古诗35首，五言乐府11首，七言古诗28首，七言乐府14首，五言律诗80首，七言律诗50首，七言乐府1首，五言绝句27首，五言乐府9首，七言绝句51首，七言乐府9首，共315首。其中李白29首，王维30首，杜甫39首。篇幅有短有长，都是名篇。孙洙在《序》中说："熟读唐诗三百首，不会吟诗也会吟，请以是编验之。"充满自信。虽然那些几十句、甚至上百句的长诗对少年儿童诵读记忆是有难度的，但总的说来，此书不失为一本好的诗歌选本。

3.《古文观止》

清康熙三十四年（1695）问世，吴楚材、吴调侯编选。12卷，选文自先秦至明代，共222篇，散文为主，间收骈文，多为名篇，每篇都有简要评注。选文多的作者和著作是：左传34篇，国语11篇，战国策14篇，司马迁15篇，韩愈24篇，柳宗元11篇，欧阳修13篇，苏轼17篇。选文多的时代是：先秦72篇，唐43篇，宋51篇。按时代先后编排。

《古文观止》是当今流传最广的古文选本。初版时，编者对所选文章的写作特点都有介绍，是一本培养古文写作能力的教材。今天看来，它没有按文体分类，对培养读者的写作能力可能会打折扣，但对培养当今青少年的古文阅读能力是很有用的。如果能够熟读此书，阅读古籍的能力应该能够基本形成。

4.《弟子职》

《弟子职》，行为规范教材，托名管仲编，对学童从早上起床一直到晚上睡觉一整天的行为规范都作了具体规定，包括学习、言行、道德、容止、服饰、礼貌等方面，要求具体而严格。因它离现在时间久远，理解起来难度很大。如讲早起的一段："少者之事，夜寐蚤作。既拚盥漱，执事有恪。摄衣共盥，先生乃作。"完全用书面语写成。行为规范是要求学生照着执行的，语言太深奥是不适当的。今天看来，《弟子职》由于语言不通俗，即使当时的学生可能都不易理解，今天的青少年就更不用说，因此它的作用便没那么大了。

5.《名物蒙求》

《名物蒙求》，常识教材，宋方逢辰编，分天文、地理、山川、园圃、城邑、伦理、职官、林木、花草、鸟兽、农事、时令、饮食、服饰、居室、器用等16个部类，内容丰富，堪称小百科全书。书名中"名物"指事物的名号及其貌象声色，"蒙求"义取《周易·蒙卦》"匪我求童蒙，童蒙求我"，[1]意思是有些"名物"儿童不懂，来向我请教。全书皆四言韵语。如讲"居室"的："生民之初，穴处巢居。中古圣人，易以室庐。以御风雨，上栋下宇。以御冬寒，塞向墐户。单扉曰户，两户曰门。门阘曰阓，守户曰阍。户扇为扉，户本为枢。境门曰关，里门曰闾。内寝曰室，外寝曰堂。门侧为塾，两庑为厢。寄托曰庐，居土曰舍。累土曰台，有屋曰榭。周垣曰院，堂前为庭。客舍曰馆，停止曰亭。"[2]《名物蒙求》皆四言，尽量押韵。《名物蒙求》因句子字数少，作者又追求典雅，儿童理解起来有一定难度，影响了它的流行推广。时代变化，名物也在变化，今天的青少年对《名物蒙求》可能不易产生兴趣，而通俗明白的《十万个为什么》可能对他们更有吸引力。

6.《幼学琼林》

《幼学琼林》，明程登吉编著、清邹圣脉补充。内含大量典故，语言通俗，容易诵读，便于记忆。全书内容广博，堪称中国古代的百科全书。人称"读了《增广》会说话，读了《幼学》走天下"。[3]全书分为四卷。卷一包括天文、地舆、岁时、朝廷、文臣、武职，卷二包括祖孙、子女、兄弟、夫妇、叔侄、师生、朋友宾主、婚姻、妇女、外戚、老幼寿诞、身体衣服，卷三包括人事、饮食、宫室、器用、珍宝、贫富、疾病死丧，卷四包括文事、科第、制作、技艺、讼狱、释道鬼神、鸟兽、花木。共三十余类，带有很大的综合性，是一本介绍自然、社会、历史、伦理等常识的知识性课本。[4]如文武职：韩、柳、欧、苏，固文人之最著；起、剪、颇、牧，乃武将之多奇。范仲淹"胸中具数万甲兵"，楚项羽"江东有八千子弟"。孙膑吴起，将略堪夸；穰苴尉缭，兵机莫

---

1. 《中国蒙学经典大全集》第110页，北京：中国华侨出版社，2010年9月第1版。
2. 《中国蒙学经典大全集》第134—136页，北京：中国华侨出版社，2010年9月第1版。
3. 《中国蒙学经典大全集》第305页，北京：中国华侨出版社，2010年9月第1版。
4. 张隆华、曾仲珊：《中国古代语文教育史》第359页，成都：四川教育出版社，2000年10月第2版。

测。姜太公有《六韬》，黄石公有《三略》。韩信将兵，多多益善；毛遂讥众，碌碌无奇。[1]

《幼学琼林》用对偶句写成，句子字数有多有少，便于选择通俗的口语词，也就便于完整表达意思，儿童读起来容易懂，容易记。此书的影响比《名物蒙求》要大。常识类的教材今天都用通俗散行的语言表达，儿童阅读基本不存在语言障碍。古代的类似教材只能作参考了。

7.《五言鉴》

《五言鉴》（又称《鉴略妥注》），明孝廷机编。这是一本用五言韵语叙述古今历史的蒙养教材，也可以说是一本浓缩了的纪传体初级历史读本，分上、中、下三卷。上卷包括：三皇纪、五帝纪、陶唐纪、有虞纪、夏后纪、商纪、周纪、春秋纪、战国纪、秦纪。中卷包括：西汉纪、东汉纪、三国纪、西晋纪、东晋纪、南朝宋纪、南朝齐纪、南朝陈纪、隋纪。下卷包括唐纪、下唐纪、五代纪、梁纪、唐纪、晋纪、汉纪、周纪、宋纪、南宋纪、元纪、明纪。例如秦纪，就把秦朝许多历史事实，浓缩在72句话，360个字之中："秦始皇登基，并吞为一国。更号皇帝名，言词称曰诏。焚书坑儒士，欲把儒风灭。孔道被伤残，孔墓被毁掘。北塞筑长城，预备防胡贼。西建阿房宫，势与天相接。后被楚人焚，烟火连三月……二世登帝基，蒙蔽多昏愚。赵高内弄权，李斯被其刭。腰斩咸阳市，宗枝皆族灭。指鹿以为马，群臣畏莫说。由此坏朝纲，国败于胡亥。秦欲万世传，未及三世撤。……项羽与刘邦，两意相交结。共立楚怀王，举兵攻帝阙……项羽力拔山，一怒须如铁。恃己多勇才，不用谋臣策。唯有一范增，见弃归田宅。垓下被重围，楚歌声凄切。起舞于帐中，泣与虞姬别。非不渡乌江，自愧无颜色。拔剑丧其元，兴亡从此决。"[2]

---

1. 《中国蒙学经典大全集》第324页，北京：中国华侨出版社，2010年9月第1版。
2. 张隆华、曾仲珊：《中国古代语文教育史》第360-361页，成都四川教育出版社，2000年10月第2版。

字句整齐押韵，语言通俗易懂，儿童阅读理解基本上没有困难。如果师长稍作讲解补充，儿童记忆应该比较容易。现在的历史教材都用散体白话写，学起来更容易，不讲解也能看懂，但没有《五言鉴》的简洁概括。

8.《龙文鞭影》

《龙文鞭影》，典故教材，明代萧友良编，收录自上古至明清的古人事迹，且包括大量唐宋名人轶事，分30韵排布。全书四言，共1032句。基本上是一句一典故。[1]"龙文"是古代良马，见到鞭影就会疾驰，无须鞭打。书名的意思是，儿童读了这本书，能收到"逸而功倍"的效果。[2]例如，"亡秦胡亥，兴汉刘邦，戴生独步，许子无双。"（含四个典故：胡亥在位三年，秦朝就灭亡了；刘邦建立汉朝；东汉隐士戴良自夸独步天下，无人能比；东汉经学家许慎博通五经。）[3]"能文曹植，善辩张仪。温公警枕，董子下帷。"（这里的典故是：曹植善写文章；张仪以善辩游说诸侯；司马光用小段圆木枕头睡觉，警醒自己不要贪睡；董仲舒放下悬挂的帷幕，以便专心读书教学。）[4]

每句四个字，表情达意比二言、三言方便一些，本书比较通俗，儿童学起来难度不会太大。但需要大量的解释，最好有老师的讲解。今天看来，只能做辅助读物，让有兴趣的人去关注。

9.《小儿语》与《续小儿语》

明吕得胜的《小儿语》与其儿吕坤的《续小儿语》属于行为规范方面的蒙书，父子两人将为人处世的重要原则（所谓"立身要务"）[5]写

---

1. 乔天一译注《龙文鞭影》序言，北京：中华书局，2012年11月第1版。
2. 《中国蒙学经典大全集》第426页，北京：中国华侨出版社，2010年9月第1版。
3. 《中国蒙学经典大全集》第470页，北京：中国华侨出版社，2010年9月第1版。
4. 《中国蒙学经典大全集》第474页，北京：中国华侨出版社，2010年9月第1版。
5. 《中国蒙学经典大全集》第165页，北京：中国华侨出版社，2010年9月第1版。

成格言警句，让幼儿诵读。语句有四言，有六言，也有杂言。大多押韵、对仗。语言的难度，读过《三字经》《百家姓》《千字文》《千家诗》的孩子基本没有问题。使儿童吟读诵习，从小践行遵从。如：

《小儿语》："一切言动，都要安详。十差九错，只为慌张。""自家过失，不消遮掩。遮掩不得，又添一短。""一差半错，哪个没有。宁好认错，休要说谎。教人识破，不当人养。""饱食足衣，乱说闲耍。终日昏昏，不如牛马。"

《续小儿语》："一不积财，二不结怨，睡也安然，走也方便。""都要便宜，我得人不，亏人是祸，亏己是福。""自家有过，人说要听；当局者迷，旁观者醒。""要甜先苦，要逸先劳，须屈得下，才跳得高。""白日所为，夜来省己，是恶当惊，是善当喜。""世上第一伶俐，莫如忍让为主，进屦结袜胯下，古今真正人豪。""十日无菽粟身亡，十年无金珠何伤？""祸到休愁，也要会救；福来休喜，也要会受。""要吃亏的是乖，占便宜的是呆。""人欺不是辱，人怕不是福。"

《小儿语》与《续小儿语》的性质同《弟子规》，语言更平易通俗，更上口悦耳。但影响不如《弟子规》，今天可作为课外读物参考。

10.《笠翁对韵》

《笠翁对韵》，课对教材，作者为明末清初的李渔。本书按韵分类，包罗天文地理、花木鸟兽、人物器物等，从单字对到双字对、三字对、五字对一直到十五字对，音韵铿锵，节奏明快，声调和谐，对仗工整，[1]它是对仗的专门训练，也是作格律诗、作骈体文的基础训练。如：天对地，雨对风。大陆对长空，山花对海树，赤日对苍穹。雷隐隐，雾朦朦。日下对天中。风高秋月白，雨霁晚霞红。牛女二星河左右，参商两曜斗西东。十月塞边，飒飒寒霜惊戍旅；三冬江上，漫漫朔雪冷渔

1.《中国蒙学经典大全集》第414页，北京：中国华侨出版社，2010年9月第1版。

翁。[1]

此书语言比较通俗，押韵、上口，有口语，有典故，既平实，又雅致，是传统教育上千年课对教学经验的总结。它是清朝流行的课对教材之一，直到现在还在用，季羡林幼时用的就是这个教材。今天如果恢复对联的教学，可直接节选此书作课本。

11.《弟子规》

《弟子规》，清李毓秀（1662—1722）编。原名《训蒙文》，以《论语·学而》中的"弟子入则孝，出则弟，谨而信，泛爱众而亲仁，行有余力，则以学文"为线索，具体列述子弟在家、出外、待人、接物与学习上应该恪守的守则规范，是教育儿童养成良好的道德和日常行为规范的最佳读物。[2]全书皆三言，尽量押韵和对仗，但没有勉强而为。共分五部分：第一，"总叙"，24字；第二，"入则孝，出则弟"，300字；第三，"谨而信"，384字；第四，"泛爱众，而亲仁"，228字；第五，"行有余力则以学文"，144字；总计1080字。[3]如谈孝顺："父母呼，应勿缓。父母命，行勿懒。父母教，须敬听。父母责，须顺承。"谈日常行为："朝起早，夜眠迟，老易至，惜此时。""衣贵洁，不贵华。""见人善，即思齐，纵去远，以渐跻；见人恶，即内省，有则改，无加警。惟德学，惟才艺，不如人，当自砺。若衣服，若饮食，不如人，勿生戚。""过能改，归于无；倘掩饰，增一辜。"待人接物："道人善，即是善，人知之，愈思勉。扬人恶，即是恶，疾之甚，祸且作。""将加人，先问己，己不欲，即速已。"谈学习："不力行，但学文，长浮华，成何人。但力行，不学文，任己见，昧理真。读书法，有三到，心眼口，信皆要。方读此，勿慕彼，此未终，彼勿

---

1. 《中国蒙学经典大全集》第414—415页，北京：中国华侨出版社，2010年9月第1版。
2. 同上书，第106页。
3. 张志公：《传统语文教育教材论》第46页，北京：中华书局，2013年10月第1版。

起。宽为限，紧用功，工夫到，滞塞通。心有疑，随札记，就人问，求确义。"

《弟子规》影响深远，到近代还一直在社会上流行。20世纪80年代开始兴起的国学热，《弟子规》一直是其中的重要的幼儿经典，有些地区甚至作为乡规民俗要求全体村民诵读遵守。青少年行为规范今天已由《学生守则》取代。但学生守则内容简单得多，语言散淡得多。学生守则如果能在内容和措辞上借鉴一点《弟子规》，效果也许更好。

12.《千金裘》

《千金裘》，清嘉庆时蒋义彬编，分天、地、人、物四部，天、地二部因内容少不再细分，人部又分帝王、仕宦、科名、性道、人品、文学、武功、礼仪、乐、舞、伦类、形体、居住、服饰、饮食、农桑、杂艺、闺阁、仙释等18类，物部则分珍宝、文具、武备、杂物、鸟兽虫鱼、草木蔬果等6类。作者在《凡例》中说：本书"各按门类摘取菁华，以备初学览记"。全书以二言为主，部分是三言、四言，俱以对仗形式写成。书的内容皆来自古代的典籍或传说，可以说是一部浓缩了的中华文化大全集。"古人作文，强调无一字无来历，大量的成语典故，来自群经诸子，旁及小说、神话、寓言，"[1]而每本书都要去读，事事都要自己去概括，得花大量时间，有了这本书，古时读书人写诗作文要用典故就方便多了，所以"本书在当时不胫而走，大受欢迎"。[2]如：天部："两三点雨，廿四番风"，上联引李山甫诗，下联引《岁时记》[3]；"神女电，美人虹"，上下联都引王褒诗[4]。地部："鸡塞，雁门"，上联引南唐中宗词，下联引《汉书》；"桃叶渡，杏花结"，上联引《古乐府

---

1. 蒋义彬编：《千金裘》前言，长沙：岳麓书社，1989年12月第1版。
2. 蒋义彬编：《千金裘》前言，长沙：岳麓书社，1989年12月第1版。
3. 蒋义彬编：《千金裘》第2页，长沙：岳麓书社，1989年12月第1版。
4. 蒋义彬编：《千金裘》第3页，长沙：岳麓书社，1989年12月第1版。

注》，下联引苏轼诗。[1]。

《千金裘》是用典故写成的课对教材，主要目的是学写对联，同时可借此了解中国文化（典故）。今天看来，无论学对联，还是学典故，用《千金裘》作教材都有难度，因为它太概括、太简练，但用作课对的参考教材还是不错的。

13.《重订增广贤文》

《重订增广贤文》是清末周希陶在无名氏《昔时贤文》（又名《古今贤文》）的基础上删补而成，按平、上、去、入四韵编排。[2] 全是格言警句，不分类，只是按韵分成四部分，内容涵盖社会人生各方面。确能起到"增智慧、广见闻"的作用。全书采取对仗、押韵的形式，通俗易懂，简洁流畅，哲理隽永。其中很多警句至今已家喻户晓，妇孺皆知。如"责人之心责己，爱己之心爱人。""近水知鱼性，近山识鸟音。""远水难救近火，远亲不如近邻。""速效莫求，小利莫争。""岂能尽如人意，但求不愧我心。""偏听则暗，兼听则明。""气是无明火，忍是敌灾星。""良田百亩，不如薄技随身。""黄河尚有澄清日，岂有人无得运时？""静坐常思己过，闲谈莫论人非。""道吾好者是吾贼，道吾恶者是吾师。""酒中不语真君子，财上分明大丈夫。""养子不教如养驴，养女不教如养猪。""忙中多错事，醉后吐真言。""好言一句三冬暖，话不投机六月寒。""施惠忽念，受恩莫忘。""忍得一时之气，免得百日之忧。""打人莫伤脸，骂人莫揭短。""不矜细行，终累大德。""有麝自然香，何必当风立？"

《增广贤文》用亲切浅近的口语表达深刻含蓄的哲理，可用来学道理，学做人。今天仍是重要的修身励志书籍。

---

1. 蒋义彬编：《千金裘》第25页，长沙：岳麓书社，1989年12月第1版
2. 《中国蒙学经典大全集》第145页，北京：中国华侨出版社，2010年9月第1版

第二节 阅读教材

古代私塾、乡里社学、路府州县官学、太学、国子学及书院上课用的课本以及老师要求学生在课外熟读成诵的书都是阅读教材。平时大家常用经、史、子、集来概括，其实主要还是儒家经书。这些书，我们平时已经说得很多了，这里只简单介绍一下。

一、四 书

朱熹抽取《礼记》中的《大学》《中庸》两篇，加上《论语》《孟子》进行解释，淳熙年间（1174-1189）形成《四书章句集注》，简称《四书集注》，"四书"之名始立。"四书"是孔子、孟子所著，是圣人之书，隋唐以后科举考试，"四书"是必考的科目，因此，"四书"是封建社会最基本的阅读教材，是几乎每个读书人的必读书目。

二、五 经

"五经"指五部儒家经典，即《诗经》《尚书》《周易》《礼记》《春秋》，"五经"之名始称于汉武帝时。汉代独尊儒术，专攻"五经"，隋唐科举考试，"五经"是必考的科目。因此"五经"是封建社会选拔人才的基本教科书。"五经"比"四书"深奥得多，学起来有很大的困难，就靠国家的重视和科举考试的强化得以流传几千年。今天学习"五经",语言上的障碍非常大,不易为青少年所接受了。

《诗经》,本只称《诗》,列为儒家经典后称《诗经》。编成于春秋时代,共305篇。分"风""雅""颂"三类:《风》有十五国风,《雅》有《大雅》《小雅》,《颂》有《周颂》《鲁颂》《商颂》,大抵是周初至春秋中叶的作品。《史记》考定为孔子删定,后人多疑其说。其中民间诗歌部分,相传由周王室派专人(古称"行人")搜集而得,称为"采风"。有"男女相悦之词",也有不少篇章揭露了当时政治的黑暗和混乱,反映了人民遭受的压迫和痛苦,部分是西周上层统治者祀神祭祖、赞美业绩的作品。《诗经》提供了关于周的兴起、周初经济制度和生产情况的重要资料。以四言为主,运用赋、比、兴的手法。其优秀篇章,描写生动,语言优美,声调自然和谐,富有艺术感染力。《诗经》对我国二千多年来的文学发展有深广的影响,而且保留了很多很珍贵的古代史料。

《尚书》,"尚"即"上",上代以来之书。中国上古历史文献和部分追述古代事迹的著作汇编。相传由孔子编定。《尚书》保存了商周特别是西周初期的一些重要史料。

《礼记》,秦汉以前各种礼仪论著的选集,共49篇。是研究中国古代社会情况、儒家学说和文物制度的重要参考书。

《周易》,包括《经》和《传》两部分。《经》主要是六十四卦和三百八十四爻,卦、爻各有说明(卦辞、爻辞),作为占卦用。相传伏羲画卦,文王作辞,孔子作传。《周易》通过八卦形式(象征天、地、雷、风、水、火、山、泽八种自然现象),推测自然和社会的变化,认为阴、阳两种势力的相互作用是产生万物的根源,提出"刚柔相推,变在其中矣"等富有朴素辩证法的观点。

《春秋》,相传由孔子根据鲁国史官的《春秋》整理修订而成,记载起于鲁隐公元年(前722),终于鲁哀公十四年(前481)共242年的历史。

除以上经书外,《左传》《公羊传》《谷梁传》《周礼》《仪礼》

《孝经》也是很多朝代科举考试的必考内容，因此也就是重要的阅读教材。

三、史　书

古代读书深造是为了做官，做官要以史为鉴。因此，成人学习的高级阶段都要学一学历史。流行的教材以《史记》《资治通鉴》为主，《国语》《战国策》也比较普遍，另外就是学前朝的历史。《汉书》《后汉书》《三国志》也常常用作参考。

四、诸子书

诸子著作，最重要的有26部，它们是：《论语》《孟子》《荀子》《老子》《庄子》《列子》《墨子》《晏子春秋》《管子》《商君书》《慎子》《韩非子》《孙子》《吴子》《尹文子》《吕氏春秋》《淮南子》《新语》《法言》《盐铁论》《论衡》《申鉴》《潜夫论》《抱朴子》《世说新语》《颜氏家训》。

诸子百家的书大多是参考读物，属选读性质，有兴趣的就看。也有些朝代特别重视其中的某个学说，如秦朝重视法家，魏晋南北朝重视玄学（《老子》《庄子》《列子》称为"三玄"），唐朝皇帝把老子李耳当作他们的祖宗，有几个时段重视道家，并在科举考试中列为科目。朝廷重视，这一家的书就会普遍流行。

诸子书，是中华民族几千年历史中圣贤的智慧结晶，里面有丰富的思想，有深刻的哲理，今天仍有重要阅读价值。

第二章　作文教材介绍

古代没有专门的系统的作文教材，作文教学主要是通过熟读揣摩作文范文来完成。这些作文范文，一般都是历代的名家名篇。教师在教学时都会讲解，文章有什么优点，怎样学习范文的写法。在历史上发挥过重要作用的评点本作文精读教材有好几种，我们这里介绍《古文关键》《文章正宗》《文章轨范》《古文释义》《古文笔法百篇》。吕祖谦为了帮助学生学习写作，自己撰写范文给学生作例子，这就是《东莱博议》，也在这里一并介绍。

第一节　《古文关键》

编者吕祖谦。吕祖谦（1137—1181）南宋哲学家、文学家，字伯恭，学者称东莱先生。婺州（今浙江金华）人，隆兴进士，曾任著作郎兼国史院编修官。与朱熹、张栻齐名，时称"东南三贤"。著有《东莱集》《吕氏家塾读书记》《东莱博议》等，编有《宋文鉴》《古文关键》等。

我用的版本是四库全书影印本，四库全书在《提要》（按：清人整理时所写）中说，"凡六十余篇，各标举其命意布局之处，示学者以门径，故谓之关键。""此本为明嘉靖中所刊"。

《古文关键》选文60篇，分上下两卷。

上卷包括韩（愈）文13篇：《获麟解》《师说》《谏臣论》《原道》《原人》《辨讳》《杂说》《重答张籍书》《与孟简尚书书》《答陈生书》《答陈商书》《送王含秀才序》《送文畅序》，柳宗元文8篇：《晋文问守原议》《桐叶封弟辨》《封建论》《种树郭橐驼传》《梓人传》《捕蛇者说》《与韩愈书论史事》《送薛存义序》，欧阳修文11篇：《朋党论》《纵囚论》《为君难论下》《本论上》《本论下》《春秋论》《春秋论中》《泰誓论》《上范司谏书》《送无党南归序》《送王陶序》。

下卷包括苏洵文6篇：《春秋论》《管仲论》《高祖论》《审势》《上富丞相书》《上田枢密书》，苏轼文14篇：《荀卿论》《子思论》《韩非论》《孙武论》《晁错论》《孔子堕三都》《秦始皇扶苏》《范增》《厉法禁》《倡勇敢》《钱塘勤上人诗集叙》《六一居士集叙》《潮州韩文公庙碑》《王仲仪真赞叙》，苏辙文2篇：《六国论》《君术》，曾巩文4篇：《唐论》《救灾议》《战国策目录序》《送赵宏序》，张耒文2篇：《景帝论》《用大论》。

《古文关键·总论》包括《看文字法》《看韩文法》《看柳文法》《看欧文法》《看苏文法》《看诸家文法》《论作文法》《论文字病》，阐述了怎样读各种古文和写文章的各种方法及作文禁忌。《看文字法》说："学文须熟看韩柳欧苏，先见文字体式，然后遍考古人用意下句处。苏文当用其意，若用其文，恐易厌。""第一看大概主张。第二看文势规模。第三看纲目关键，如何是主意首尾相应，如何是一篇铺叙次第，如何是抑扬开合处。第四看警策句法，如何是一篇警策，如何是下句下字有力处，如何是起头换头佳处，如何是缴结有力处，如何是融化屈折剪截有力处，如何是实体贴题目处。"《看韩文法》说："简古，一本于经。学韩文简古，不可不学他法度，徒简古而乏法度，则朴而不华。"《看柳文法》："关键，出于国语。当学他好处，当戒他雄辨，议论文字亦反覆。"《看欧文法》："平淡，祖述韩子，议论文字最反覆。学欧平淡，不可不学他渊源，徒平淡而无渊源则枯而不振。"《看苏文法》："波澜，出于战国策史记，亦得关键法，当戒他不纯处。"《看诸家文法》："曾文，专学欧，比欧文露筋骨。子由（苏辙）文，太拘执。王（安石）文，纯洁，学王不成遂无气焰。李（廌）文，太烦，亦粗。秦（观）文，知常而不知变。张（耒）文，知变而不知常。晁（补之）文，粗率，自秦而下三人皆学苏者。"

《论作文法》说："文字，一篇之中须有数行齐整处，须有数行不齐整处，或缓或急，或显或晦相间，使人不知其为缓急显晦，常使经纬相通，有一脉过接乎其间也。盖有形者纲目，无形者血脉也。笔健而不粗，意深而不晦，句新而不怪，语新而不狂，常中有变，正中有奇，题常则意新，意常则语新，结前生后，曲折斡旋，转换有力，反覆操纵。有用文字议论文字，为文之妙在叙事状情，辞源浩渺不失之冗，意思新转处多则不缓。""上下，离合，聚散，前后，迟速，左右，远近，彼我，一二，次第，本末，明白，整齐，紧切，的当，流转，丰润，精妙，端洁，清新，简肃，清快，雅健，立意，简短，闳大，雄壮，清劲，华丽，缜密，典严。""以上格制详具于下卷篇中。"

《论文字病》说："深、晦、怪、冗、弱、涩、虚、直、疎、碎、缓、暗、粗俗、熟烂、轻易、排事、说不透、意未尽、泛而不切。"

《古文关键》的评点方式有旁批、文前批和文末批三种。旁批是写在句子或段落旁边的评点，有的文章旁批有多处，有的则很少。文前批是写在正文之前对文章主要特点的总概括，文末批是对整个文章的总评。文前批和文末批的字数有多有少，据文而定。有的文章只有文前批，也有的只有文末批，而有的则都有或都无。如《获麟解》文前评语是："字少意多，文字立节，所以甚佳，其抑扬开合只主祥，反覆作五段。"《师说》文前评语是："此篇最是结得段段有力，中间三段自有三意说起，然大概意思相承，都不失本意。"《谏臣论》文前评语是："意胜反题格　此篇是箴规攻击体，是反题难文字之祖。"《谏臣论》

19

文后评语是："从前难到此已极了，末后须用放他一着，盖阳子（肖按：文中人物）在当时毕竟是个贤者，大抵文字须当抑扬，若作汉唐君臣，文字先须取他长处，后说他短处。"《原道》只有旁批，无其他评语。

《捕蛇者说》的文前评语是"感慨讥讽体"五个字。正文有几处旁批：在"往往而死者相藉也"处旁批"此段轻重相形"，在"而吾以捕蛇独存"处旁批"缴有力"，在"则弛然而卧"处旁批"状物之妙"，在"盖一岁之犯死者二焉"处旁批"轻"，在"孔子曰"处旁批"引证"，在"苛政猛于虎也"处旁批"柳子本意"，其他无任何评语。

《古文关键》选了60篇论说文，共8家。这些文章是这8位大家的代表作，可以说是经典中的经典。此书是文选，可称之为作文范文精读教材。这些文章需要反复诵读，细心揣摩，既要熟其内容，又要熟其形式（语言和写作技巧）。此书既介绍阅读欣赏名篇的方法（《看文字法》），也介绍了写文章的技巧（《论作文法》），还指出了一般人写作的毛病，同时还分别介绍了各位大家的行文风格、写作特点以及优缺点。内容细致、具体、全面，如能对此书烂熟于心，应该能懂得写作的基本门径。

第二节　《文章正宗》

编者真德秀（1178—1235），南宋大臣，学者。字景元，世称西山先生，福建浦城人。庆元五年（1199）进士，授南剑州判官，继中博学宏词科，入闽帅府。召为太学正，迁博士。历知泉州、福州，入为翰林学士，拜参知政事而卒，谥文忠。有《真文忠公集》。

我用的版本为《钦定四库全书》集部影印本，共12册，1册2卷，共24卷，辞命3卷，议论12卷，叙事6卷，诗歌3卷。

《四库全书提要》中说：《文章正宗》二十卷，续集二十卷。分辞令、议论、叙事、诗歌四类，录《左传》《国语》以下，至于唐末之作。《续集》二十卷，皆北宋之文，仅有叙事、议论二类，盖未成之本。其持论甚严；大意主于论理，而不论文。意思是，《正宗》选文重视文章是否正统，思想内容是否利于教化；至于文章的文采则放在次要地位，如仙释、闺情、宫怨之类，皆不取，就因其理不正，不利于教化。《文章正宗纲目》中说："正宗云者，以后世文辞之多变，欲学者识其原流之正也。自昔集录文章者众矣，若杜预、挚虞诸家，往往湮没弗传，今行于世者，惟梁昭明《文选》、姚铉《文粹》而已。由今视之，二书所录，果皆得源流之正乎？夫士之于学，所以穷理而致用也。文虽学之一事，要亦不外乎此。故今所辑，以明义理切世用为主。其体本乎古，其指近乎经者，然后取焉，否则辞虽工亦不录。"

　　《文章正宗纲目》规定了各类文的选择标准：

　　　　辞命　……独取春秋内外传所载周天子谕告诸侯之辞，列国往来应对之辞，下至两汉诏册而止，盖魏晋以降，文辞猥下，无复深纯温厚之指。至偶俪之作兴，而去古益远矣。学者欲知王言之体，当以书之诰誓命为祖，而参之以此编，则所谓正宗者，庶乎其可识矣。

　　　　议论　……今独取春秋内外传所载谏诤论说之辞，先汉以后诸臣所上书疏封事之属，以为议论之首。他所纂述，或发明义理，或敷析治道，或褒贬人物，以次而列焉。书记往来，虽不关大体，而其文卓然为世脍炙者，亦缀其末。学者之议论，一以圣贤为准的，则反正之评，诡道之辩，不得而惑，其文辞之法度，又必本之此编，则华实相副，彬彬乎可观矣。

　　　　叙事　……独取左氏、史、汉叙事之尤可喜者，与后世记序传志之典则简严者，以为作文之式。若夫有志于史笔者，自当深求春秋大义，而参之以迁、固诸书，非此所能该也。

语文课程体系新构想

　　诗赋　……今惟虞夏二歌与三百五篇不录外，自余皆以文公（朱熹）之言为准，而拔其尤者列之此编。律诗虽工，亦不得与。……

　　此书主要提供范文，评点极其简洁，惜墨如金，很多文章没有评点，有的文章评点几个字。真德秀做的一个重要工作是校勘，把他认为的正确版本的信息告诉读者。如《种树郭橐驼传》无一字评语和批注，《石壕吏》一文只在题下注曰"王深父云：驱民之丁壮，尽置死地，而犹急其老弱，虽秦为闾左之戍不若也。呜呼，其时急矣哉！"文中只有一处注，即在"暮投石壕"处（注"地名"）。

　　再如《茅屋为秋风所破歌》的评点只有两处：一是题下注："鹤曰：公在成都时，严武死，欲依英乂，而英乂骄纵，不可托，故舍之而去。所以托言茅屋为秋风所破，盖深有所感伤也。"一是诗尾评语："赵云：此五句，公之用心，有一夫不获，若己推而纳诸沟中，白乐天诗：我愿布裘长万丈，与君同盖洛阳城。盖亦有志衣被天下者，然近乎戏语，岂有万丈之裘乎？若有言千万间之广厦，则其言信而有征。"

　　《马说》的评点更少，只有中间两处校勘语，其他无任何评语：

　　世有伯乐，然后有千里马。千里马常有，而伯乐不常有。故虽有名马，祗辱于奴隶人之手，骈死于槽枥之间，不以千里称也。（或无人字）

　　马之千里者，一食或尽粟一石。食马者不知其能千里而食也。是马也，虽有千里之能，食不饱，力不足，才美不外见，且欲与常马等不可得，安求其能千里也？（且欲或无且字，且或作而。今按且字恐当在等字下）策之不以其道，食之不能尽其材，鸣之而不能通其意，执策而临之，曰："天下无马！"呜呼！其真无马邪？其真不知马也！

《文章正宗》篇幅宏大，内容繁多，选择标准又过严过偏，影响到它的推广。《四库全书提要》说："故德秀虽号名儒，其说亦卓然成理，而四五百年以来，自讲学家以外，未有尊而用之者，岂非不近人情之事，终不能强行于天下欤。"《文章正宗》除上述的专重论理、不重文辞的缺点之外，内容过多、评点过简也对初学者不利。虽然有不足，但影响还是有的。本书自问世以来，不少学校及私塾将它用作教材。元代程端礼在《程氏家塾读书分年日程》中强调，作文学韩愈，文章就从《文章正宗》里找；欲学制、诰、章、表的写作，也要以《文章正宗》里的"辞命"为榜样。对今天的读者来说，主动选择这么大部头的书作教材的，可能不多了。

第三节 《文章轨范》

《文章轨范》为宋人谢枋得所编。谢枋得（1226—1289）南宋诗人。字君直，号叠山，信州弋阳（今属江西）人。宝祐四年（1256）与文天祥同科中进士。曾为考官，出题以贾似道政事为问，遂被罢斥。德祐元年（1275）起用为江东提刑，江西招谕使，知信州，起兵抗元。城陷后，流亡建阳，以卖卜教书度日。后元朝迫其出仕，地方官强制送往大都，乃绝食死。门人私谥文节。其诗伤时感旧，沉痛苍凉。原有集，已散佚，后人辑有《叠山集》。

《文章轨范》选文66篇（清人把它放进四库全书时在"提要"中说有69篇），主要是议论类文章，原书分七卷，题曰"王侯将相有种乎"七字，实七类，根据编者在每类的导言中的表述，可将这七类概括为"粗枝大叶之文""辩难攻击之文""警策婉曲之文""笔势无敌之文""谨严简洁之文""世教立言之文""韩苏学庄之文"。

语文课程体系新构想

《四库全书》（影印本）中《提要》介绍，本书共录汉晋唐宋之文共69篇，韩愈31篇，柳宗元、欧阳修各5篇，苏洵4篇，苏辙（按：应是苏轼）12篇，诸葛亮、陶潜、杜牧、范仲淹、王安石、李觏、李格非、辛弃疾各1篇。（按：本书实际文章66篇。未见陶潜、辛弃疾文。另，范仲淹有2篇而不是1篇，胡全、元结各有1篇。）

前二卷题曰放胆文，后五卷题曰小心文，各有批注圈点。其六卷《岳阳楼记》1篇、七卷《祭田横文》《上梅直讲书》《三槐堂铭》《表忠观碑》《后赤壁赋》《阿房宫赋》《送李愿归盘谷赋》7篇皆有圈点而无批注，盖偶无独见，即不填缀以塞白，犹古人淳实之意。其《前出师表》《归去来词》乃并圈点亦无之，则似有所寓意。

其门人王渊济《跋》，谓汉丞相、晋处士之大义清节，乃枋得所深致意，非附会也。前有王守仁《序》，称为当时举业而作，然凡所标举，动中窾会，要之，古文之法亦不外此矣。

王守仁原序说，宋谢枋得氏取古文之有资于场屋者，自汉迄宋凡六十有九篇，标揭其篇章句字之法，名之曰《文章轨范》。

下面简单介绍一下《文章轨范》的结构：

卷一，放胆文，候字集。原导言说，凡学文，初要胆大，终要心小，由粗入细，由俗入雅，由繁入简，由豪荡入纯粹，此集皆粗枝大叶之文，本于礼义，老于世事，合于人情。初学熟之，开广其胸襟，发舒其志气，但见文之易，不见文之难。必能放言高论，笔端不窘束矣。选文有韩愈《与于襄阳书》《后二十九日复上宰相书》《代张籍与李浙东书》《上张仆射书》《与陈给事书》《后十九日复上宰相书》《应科目时与人书》《答陈商书》《送石洪处士序》《送温处士赴河阳军序》《送杨少尹序》《送高闲上人序》《送殷员外使回鹘序》《原毁》14篇。

卷二，放胆文，王字集。原导言说，辩难攻击之文，虽厉声色，虽露锋芒，然气力雄健，光焰长远，读之令人意强而神爽。初学熟此，必雄于文，千万人场屋中，有司亦当刮目。选文有韩愈《争臣论》《讳辩》，柳宗元《桐叶封弟辩》《与韩愈论史书》《晋文公守原议》，欧阳修《朋党论》《纵囚论》《春秋论》8篇。

卷三，小心文，将字集。原导言说，议论精明而断制，文势圆活而婉曲，有抑扬，有顿挫，有擒纵。场屋程文论，当用此样文法，先暗记侯王两集，下笔无滞碍，便当读此。选文有苏洵《管仲论》《高祖论》《春秋论》，苏轼《范增论》《晁错论》《留侯论》《秦始皇扶苏论》《王者不治夷狄论》《荀卿论》9篇。

卷四，小心文，相字集。原导言说，此集文章，古得道理强，以清明正大之心，发英华果锐之气，笔势无敌，光焰烛天。学者熟之，作经义、作策必擅大名于天下。选文有韩愈《原道》《与孟简尚书书》，胡铨《上高宗封事》，苏轼《潮州韩文公庙碑》，苏洵《上田枢密书》，欧阳修《上范司谏书》6篇。

卷五，小心文，有字集。原导言说，此集皆谨严简洁之文，场屋中日晷有限，巧迟者不如拙速，论策结尾略用此法，度主司亦必以异人待之。选文有韩愈《师说》《获麟解》《杂说上》《杂说下》《送王含秀才序》《答李秀才书》《送许郢州序》《赠崔复州序》，柳宗元《送薛存义序》，欧阳修《读李翱文》，王安石《读孟尝君传》11篇。

卷六，小心文，种字集。原导言说，此集才学识三高，议论关世教，古之立言不朽者如是夫。叶水心曰：文章不足关世教，虽工无益也。人能熟此集，学进识进而才亦进矣。选文有诸葛亮《前出师表》（此文无任何批注），韩愈《送浮屠文畅师序》《柳子厚墓志》，元结《大唐中兴颂序》，柳宗元《书箕子庙碑阴》，范仲淹《严先生祠堂记》《岳阳楼记》（"岳"文无一字批注），李觏《袁州学记》，李格非《书洛阳名园记后》9篇。

卷七，小心文，乎字集。原导言说，韩文公、苏东坡二公之文皆自庄子觉悟，此集可与庄子并驱争先。选文有韩愈《祭田横墓文》（无

语文课程体系新构想

一字批注)《送孟东野序》《送李愿归盘谷赋》,苏轼《上梅直讲书》(无一字批注)《三槐堂记》(无一字批注,有两处共三字解释人名)《表忠观碑》《前赤壁赋》《后赤壁赋》,杜牧《阿房宫赋》(无一字批注)9篇。

下面选韩愈《师说》作例子,我们可以通过此文了解全书的基本体例。《师说》收在卷五"谨严简洁之文"中。

师说

[道者,致知、格物、诚意、正心、齐家、治国、平天下之道;业者,六经礼乐文学之业;惑者,胸中有疑,惑而未开明也。]

古之学者必有师。师者,所以传道受业解惑也。[第一段,先立传道受业解惑三大纲。]人非生而知之者,孰能无惑?惑而不从师,其为惑也,终不解矣。[第二段先说解惑不可无师。]生乎吾前,其闻道也固先乎吾,吾从而师之;生乎吾后,其闻道也,亦先乎吾,吾从而师之。吾师道也,夫庸知其年之先后生于吾乎?是故无贵无贱,无长无少,道之所存,师之所存也。[第三段说无贵无贱、无长无少,道之所存,师之所存。]

嗟乎!师道之不传也久矣!欲人之无惑也难矣![第四段慨叹后世师道不传,人如何无疑惑。]古之圣人,其出人也远矣,犹且从师而问焉;今之众人,其下圣人也亦远矣,而耻学于师。是故圣益圣,[古之人]愚益愚;[今之人]圣人之所以为圣,愚人之所以为愚,其皆出于此乎![第五段说古之圣人,其过人也远矣,犹且从师,故圣者益圣;今之众人,其不及圣人也远矣,而耻学于师,故愚者益愚。圣人之所以为圣,愚人之所以为愚,系乎从师不从师而已。此是双关,文法要看他巧处。]爱其子,择师而教之,于其身也,则耻师焉,惑矣!彼童子之师,授之书而习其句读者,非吾所谓传其道解其惑者也。句读之不知,惑之不解,[此是双关,文法要看他巧处。]或师焉,或不焉,[此

26

是于其身也则耻师焉。此一段亦是爱其子，择师而教，句读之不知或师焉，与小学相贯；惑之不解，或不焉，与大遗相贯。此是文公弄巧作文。］小学而大遗，吾未见其明也。［第六段说今人爱子则择师而教之，所谓师者，不过授书习句读而已，至于其身则耻于从师。不以传道解惑为急。童子句读之不知，则为之择师；其身惑之不解，则不择师。是学其小而遗忘其大者。可谓不明。］巫医乐师百工之人，不耻相师；士大夫之族，曰师曰弟子云者，则群聚而笑之。问之，则曰："彼与彼年相若也，道相似也。位卑则足羞，官盛则近谀。"呜呼！师道之不复可知矣！［第七段说巫医乐师百工之人不耻从师，士大夫之族，以弟子从之则为人所笑，问其所笑者何事，则曰弟子与师年相若、道相似；或曰弟子位高师位卑则足羞，弟子无官师官盛则近谀。此四句应"无长无少、无贵无贱"八字。］巫医乐师百工之人，君子不齿。今其智乃反不能及，其可怪也欤！［第八段慨叹后世不知有师道。士大夫之族耻于从师，是智不及巫医乐师百工之人矣。］

圣人无常师。孔子师郯子、苌弘、师襄、老聃。郯子之徒，其贤不及孔子。孔子曰："三人行，则必有我师。"是故弟子不必不如师，师不必贤于弟子。闻道有先后，术业有专攻，如是而已。［第九段说孔子无常师。问学于苌弘，问礼于老聃，问琴于师襄，问官名于郯子。遇有事之精者即问之，即以师待之。此四人者，皆不及孔子也。《论语》孔子曰：三人行，必有我师焉，择其善者而从之，其不善者而改之，皆吾师也。以孔子之事，可观弟子不必不如师，师不必贤于弟子。闻道在吾前，术业有专攻者，虽圣人亦师之，不以为耻，况众人乎？］

李氏子蟠，年十七，好古文，六艺经传，皆通习之，不拘于时，学于余。余嘉其能行古道，作《师说》以贻之。［第十段收归弟子李氏子从学之意，作师说之因贻遗也。］

此文算批注比较详细的。有解题，有结构分析，有论证技巧说明，比较全面。

《文章轨范》选文篇数适当，评点繁简得宜，以精练见美。学习者既能得要领，又不会太费时，是当时乃至后来相当长时间内一本不可多得的作文范文精读教材。就是今天，还有很好的参考价值。

第四节 《古文释义》

吕莺在《前言》中说：

《古文释义》，清代上元（今江苏省南京市）人，余诚乾隆八年编选评注。该书共八卷，收先秦至明散文（内含少量骈文）144篇，均为历代著名的古文精品。每一篇采取段落、字句旁批，上方细目评点（眉批），文后总评、注释、序解（译文）的形式。由于此书选编浅近精良，批注全面精当，最便初学古文者学习，因此，此书一经刊印，便风靡于世，成为继《古文观止》之后又一部深受人们喜爱，流传广、影响大的蒙学读本。

本书一针见血的批注，独特新颖的编排形式，是《观止》及其他选本所未及的。过去的学生在读《古文观止》前往往先读此书，缘由在于它的评注最宜于初学古文者。

本书选文首先点出每篇文章的来龙去脉，通篇大旨、社会背景，以便初学者尽快入门，理解全文，然后逐段、逐句甚至对一些个别字进行详细评点，指出文章纲目结构、承接转折、语法特点，以利学习者明其区别、悟其趣味、得其神妙、用其方法，实是学习古文、学习先人写作方法的良师益友。

今天我们对此书进行整理校注，删繁就简（将原书中眉批评点糅入文中段落、句旁；删原书序解）。

李健海先生把此书看成是"评点详尽、类似于教学简案"的著作，认为"这本书既可作为教师的教学参考书，又可作为学生自学的指导书，十几代人乃至生于1936年以前的一部分人都从中受过益。"这本书有一个很大的特点就是"让学生看出应该怎样写"，因此"总是评点选文的开头、立意、伏笔、照应、承转、选材、技法和遣词造句等"。[1]

  本书选文的基本情况是：《左传》30篇《：郑伯克段于鄢》《曹刿论战》《宫之奇谏假道》《烛之武退秦师》等，《国语》10篇：《召公谏厉王止谤》等，《公羊传》2篇，《谷梁传》2篇，《礼记·檀弓》8篇：《苛政猛于虎》《不食嗟来之食》等，《战国策》16篇：《冯煖客孟尝君》《触詟说赵太后》《唐雎不辱使命》等，《楚辞》2篇：《卜居》《渔父辞》《南华经》1篇：《养生主》，秦文1篇：《谏逐客书》，《西汉文》17篇：《过秦论（上）》等，《史记》9篇：《孔子世家赞》《伯夷列传》（只此一传记，余皆赞、序、表）等，东汉文6篇：《前出师表》等，晋文3篇：《陈情表》《兰亭集序》《归去来辞》，唐文7篇：《滕王阁序》《陋室铭》《阿房宫赋》等，韩文9篇：《祭十二郎文》等，柳文3篇：《捕蛇者说》等，宋文19篇：《岳阳楼记》《醉翁亭记》《秋声赋》《读孟尝君传》，苏轼文五篇等，元文1篇，明文1篇。

  周敦颐《爱莲说》（诚评）是：

  莲在众卉之内最为高品，幽同夫菊，而不傲艳；类牡丹，而不俗。故于"甚蕃"之中，而特举二者以为陪衬，又妙在不说坏了他。起处以"可爱"二字包罗在内，立言极有斟酌。玩"予谓"一段，以"隐逸""富贵"陪衬出君子，分明是轻外重内之学。末段"同予者何人"，亦望世之契合君子也。至首段"予独爱莲"以下，则语语借莲自况，曰"出污泥而不染"，不移于俗也；曰"濯清涟而不妖"，不媚于世也；曰

---

1. 李健海：《古文释义蕴涵的优秀语文教育传统》，《语文建设》2017年第5期。

"中通",心不窒也;曰"外直",行不邪也;曰"不蔓不枝",主一而无适也;曰"香远益清",令闻广誉,流播无穷也;曰"亭亭净植,可远观而不可亵玩",卓然特立,威仪可像而不可狎也。呜呼!此其所以为莲花欤?此其所以为濂溪欤?谓之君子,谁曰不宜?

下面录一文,以见《古文释义》的体例:

陋室铭

山不在高,有仙则名;水不在深,有龙则灵。[开首以山水引起,是诗之兴体。]斯是陋室,[通篇骨子。]惟吾德馨。[最重有德,自可忘室之陋。此言以山、水兴"室",以不高、不深兴"陋",以"仙""龙"兴德,以名、灵兴"馨"。]苔痕上阶绿,草色入帘青。[此二句为陋中佳景。如画,见景不陋。]谈笑有鸿儒,往来无白丁。[见人不陋。此二句是言陋中良友。]可以调素琴,阅金经。[陋中雅趣。]无丝竹之乱耳,[跟"调素琴"]无案牍之劳形。[跟上"阅金经"。此四句见事不陋。]南阳诸葛庐,西蜀子云亭。[比于古之名室。]孔子云:何陋之有?[引"何陋"作结,应上"德馨"句,隐藏君子居之在内。若全引便着迹,反少趣味矣。]

[诚评]

　　起首四句兴起,室以"德"重意。"惟吾德馨"一语,道尽陋室增光处,最为简要。以下皆言"吾德"能使陋室馨也,是故苔痕、草色,无非"吾德"生意;谈笑、往来,无非"吾德"应酬。调琴,无丝竹之乱耳;阅金经,无案牍之劳形,愈不问而知为"吾德"举动矣,"吾德"之能使陋室馨者如是。

虽以是室比诸葛草庐，子云玄亭，无多让焉。末引"何陋"作结，而诵法孔子，其德又何可量耶？室虽陋，亦不陋矣。至其词调之清丽，结构之浑成，则文虽不满百字，自具大观。

《古文释义》选文144篇，篇数适中。长篇幅的极少，《报任少卿书》《答苏武书》《治安策一》《滕王阁序》这样的文章算非常出格的了。一般的文章都很短，200字左右的居多，100字甚至几十字的也有。这是一个很突出的优点，篇幅短小，学习者容易体会文章的优点，并且，一篇文章一次就可学完，不用延续几天。评点详细具体，便于初学者领悟理解。就今天的眼光来看，评点还可简洁一些。因为读者要学的是原文本身，读的遍数一多，其优点自能体会。而《古文释义》在评点很多短文时各种评语的字数往往超过原文，似有喧宾夺主之嫌，容易掩盖原文的光芒。

第五节　《古文笔法百篇》

1.版　本

岳麓书社1983年出版的《古文笔法百篇》"出版说明"中说道：本书原编选者为滇南李扶九，后来善化（今长沙）黄仁黼作了较大修订：对部分篇目进行了删补，划分了段落，增添了评论，还为每篇文章写了一个"书后"。另外，参考大达图书供应社中华民国二十四年五月再版的《古文笔法百篇》。

据黄仁黼自序：删去——汉武帝《求茂才异等诏》、东方朔《上武帝书》、岳武穆《良马对》、朱子《送郭拱辰序》、阎复《加封孔子制》、刘因《读药书漫记》、何乔远《七州诗稿序》、归有光《沧浪亭记》、李贽《杂说》、白居易《琵琶行》。补入——司马迁《伯夷传》

《报任少卿书》、韩愈《平淮西碑》《原道》《毛颖传》《圬者王承福传》、柳宗元《种树郭橐驼传》、刘蜕《梓州兜率寺文冢铭》、苏洵《辨奸论》、苏轼《代张方平谏用兵书》。

我们这次出版……删去了书前《增补凡例八则》《论化古文为时文四则》等……

2. 结　构

本书讲20种笔法。为什么只讲20种，且是这20种，原书"论化古文为时文四则"谈到："古文之体最夥，今止标二十法，举其要也。余法均批注文中，不另标题，读者宜随处留心。而此二十法，与墨合者一见自知，兹不多赘。惟'小中见大''借影''写照'三法，只名家小题及窗稿，借题发抒者有之，墨中少此。又'感慨悲凉''旷达潇洒'二法，墨中亦中，盖墨贵醇雅冠冕也。兹选取其气势笔法，若如墨卷一味醇和，初无笔势，失之平矣。且学古文不止为时文用，将为异日学古文用也。"（录自大达图书供应社　中华民国二十四年五月再版的《古文笔法百篇》）

每种笔法既无概说，也无总结，只是就文说文。选文多的12篇，少的只有2篇，选编者也没说原因。评点批注有的很长，超过原文。

本书选韩愈20篇，苏轼10篇，欧阳修7篇，柳宗元6篇，司马迁、陶潜、宋濂各3篇，范仲淹、苏辙、曾巩、李白各2篇，其余各1篇。

本书的基本结构是：

正文之前是李元度序、刘凤仪序、凡例六则、论读古文法二则。

卷之一　对偶（5篇）：王禹偁《待漏院记》、韩愈《原毁》《原道》（补）、范仲淹《严子陵祠堂记》、归有光《吴山图记》。

卷之二　就题字生情（8篇）：列御寇《蕉鹿梦》、魏徵《谏太宗十思疏》、柳宗元《愚溪诗序》、苏轼《喜雨亭记》、苏辙《黄州快哉亭记》、高攀龙《可楼记》、施闰章《梦愚堂铭》、钱肃润《客山记》。

卷之三　一字立骨（7篇）：刘禹锡《陋室铭》、欧阳修《梅圣愈诗集序》、苏轼《留侯论》《三槐堂铭》《代张方平谏用兵书》（补）、方孝孺《深虑论》、袁宏道《徐文长传》。

卷之四　波澜纵横（4篇）：贾谊《过秦论》、韩愈《送孟东野序》《争臣论》、苏轼《荀卿论》。

卷之五　曲折翻驳（5篇）：苏洵《辨奸论》（补）、郭子章《管蔡论》、唐顺之《信陵君救赵论》、许獬《古砚说》、金声《告邑人送何二尹文》。

卷之六　起笔不平（12篇）：韩愈《送董邵南游河北序》《送温处士赴河阳军序》《平淮西碑》（补）、柳宗元《永州韦使君新堂记》《箕子庙碑》、司马光《谏院题名记》、欧阳修《相州昼锦堂记》《纵囚论》《醉翁亭记》、苏轼《潮州韩文公庙碑》《刑赏忠厚之至论》、刘曾《汉关夫子春秋楼记》。

卷之七　小中见大（5篇）：韩愈《驱鳄鱼文》、范仲淹《岳阳楼记》、欧阳修《丰乐亭记》、宋濂《阅江楼记》、桑悦《独坐轩记》。

卷之八　无中生有（2篇）：陶潜《桃花源记》、刘蜕《梓州兜率寺文冢铭》（补）。

卷之九　借影（9篇）：司马迁《伯夷列传》（补）、韩愈《获麟解》《龙说》《马说》、柳宗元《梓人传》《种树郭橐驼传》（补）、周敦颐《爱莲说》、王安石《游褒禅山记》、邵宝《赠罗太史先生序》。

卷之十　写照（3篇）：陶潜《五柳先生传》、韩愈《毛颖传》（补）、方孝孺《懒窝记》。

卷之十一　进步（2篇）：曾巩《赠黎安二生序》、宋濂《送天台陈庭学序》。

卷之十二　虚托（4篇）：司马迁《孔子世家赞》、韩愈《送李愿归盘谷序》《送石处士序》《送杨少尹序》。

卷之十三　巧避（2篇）：韩愈《进学解》、曾巩《寄欧阳舍人书》。

卷之十四　旷达（7篇）：陶潜《归去来辞》、刘伶《酒德颂》、李白《春夜宴桃李园序》、苏轼《前赤壁赋》《后赤壁赋》、元明善《舣槎亭记》、邹迪光《瘗古志石文》。

卷之十五　感慨（9篇）：司马迁《报任少卿书》（补）、王羲之《兰亭集序》、李华《吊古战场文》、韩愈《柳子厚墓志铭》《圬者王承福传》（补）、欧阳修《五代史伶官传论》、张溥《五人墓碑记》、黄省曾《谒漂母祠记》。

卷之十六　雄伟（6篇）：曹植《与吴质书》、骆宾王《为徐敬业讨武氏檄》、李白《与韩荆州书》、苏辙《上枢密韩太尉书》、马存《赠盖邦式序》、曾异撰《送林守一重游吴越序》。

卷之十七　奇异（2篇）：韩愈《应科目时与人书》、宋濂《秦士录》。

卷之十八　华丽（2篇）：王勃《滕王阁序》、杜牧《阿房宫赋》。

卷之十九　正大（2篇）：韩愈《师说》、文天祥《正气歌》。

卷之二十　论文（3篇）：韩愈《答李翊书》、柳宗元《答韦中立论师道书》、归有光《项思尧文集序》。

3.凡例六则

《凡例六则》介绍选文原则、目的及书的体例，下面选录二、三、五、六条介绍：

二、此集多收唐宋以来，即汉魏亦止录一二，要皆取其明亮者，以宜于初学也。

蘔按：《左》《国》倔奥不选，诚得其法。而汉魏如贾太傅、史公所作，气味雄厚，最合墨材，学者所当潜玩，自应将明亮者多采一二，以借入门，不得概以高深置之。

三、自来古文评语，有详训文义累幅不已者，有止赞其文寥寥数言者。兹集专论文法，故评语得中，若训义赞文亦一二及之。

黼按：原选评语虽云得中，而原委事实仅一二及之，间多未详，兹用循次节补。

五、是集古文采辑诸家，有习见者，有未习见者。

黼按：习见各文多辑他评，间亦互参己见。而中间字句讹误及后人所节改者，均照善本补正，以成完璧。惟未习见诸篇多据祷昧之见，以求一是，读者幸勿以文义之劣而见哂也。

六、古文美不胜收，兹将坊刻数集合选，得此百篇，大抵其笔法于时文可通者方录，若于时文不甚合者虽奇不录也。至选之太少，于法不备；选之太多，恐难卒读；兹选得中，勤学者每日一首，岁可三周，否则岁可周一二，庶无读头抛尾，读此忘彼，甚而置之高阁，书旧而文犹新者矣。况好学者得一法又喜究一法，读一篇又喜进一篇，一两月即可竟者乎。然恐贪多不熟，涉猎不精，亦与未尝读者等。吾愿学之者务必熟读，方有所得，他日临文，自来凑笔端矣。

黼按：百篇中如《琵琶行》《杂说》《良马对》《上武帝书》《加封孔子制》等篇，或以诗歌不类，或以体格稍卑，或以声味俱淡，皆节去，另补若干首，以符其数。至原选如《过秦论》只取中篇，兹从《史记》以上、中、下合为一篇。《正气歌》无序，《桃花源记》无诗，《箕子碑》无颂，均从各专集补入。补选如《伯夷列传》附录韩文公《伯夷颂》，《孔子世家赞》附录王荆公《读孔子世家赞》，是又百篇外之所增，而不出百篇内者也。下此如总批后有因原评太略间参己见者，有因评解虽详、而于事实未尽别为附录者，要皆与前批后书互相阐发，初非以烦多自扰而扰人也。阅者鉴之。

4.论读古文法二则

《论读古文法二则》介绍怎样读古文才能收效更多，今天可以参考。

　　一、上等读法：将读此首文，先宜知人论世，考明题目来历，了然于心。如我当境作文一般，要如何用意下笔遣词，再四沉思。思之得不得，得之，其浅深高下俱有成见，再去读其文；看其做法合我与否，合我者高我几何？出我者，远我几层？得失自知矣。所谓"文章千古事，得失寸心知"者此也。于是，读之而喜，拍案叫绝，起舞旋走；读之而悲，潸潸落泪，脉脉欲诉。斯时不知古人为我，我为古人，但觉神入文，文入心，永不失矣，日后动笔辄合，在己已不知何来。然在初学或不易企。

　　二、次等读法：亦须知人论世，先考明题目来历。然后逐字逐句而细读之，看其措语遣词如何锤炼；又逐句逐段细思之，看其承接起落如何转变；又将通篇抑扬唱叹缓缓读之，审其节奏；又将通篇一气紧读，审其脉络局势，再看其通篇结构章法一一完密与否，则于此首古文自有心得矣。能读古文，异日自能作古文者此也。初学最要，若古人字句险僻不亮，用意深晦不明者，可解则解，否则不求甚解，盖读书贵得大意，此古人所谓善读书者也。如必字字句句不遗，将皆可适用乎哉？然特为执著者开一门，如易解而不求甚解，则又不可。

上等读法是高级读法，是针对古文修养很高的人来说的。这类学习者，已经阅读了相当数量的优秀古文，已有很好的语感。并且对古文写法也有相当知识，很多古文写作技巧已经基本掌握，同时，已有大量的写作实践，已经写了不少古文了。这才适合"上等读法"，所以说"初学或不易企"。次等读法就是针对初学者来说的，用这种方法读，功到自然成。

5.例：

爱莲说（借影第七篇）

《爱莲说》乃周公借以自写。周名敦颐，字茂叔，宋湖广道州人。博学力行，闻道甚早。遇事刚果，有古人风。为政精密严恕，务尽道理。著《太极图》《通书》。程从之游，每令寻孔、颜所乐何事。襟怀飘洒，雅有高致，世号濂溪先生。

　　水陆草木之花，可爱者甚蕃。［总起一笔。］晋陶渊明独爱菊。自李唐来，世人甚爱牡丹。［暗伏"众"字。］
　　予独爱莲之出淤泥而不染，濯清涟而不妖，中通外直，不蔓不枝，香远益清，亭亭净植，可远观而不可亵玩焉。［七句为"君子"二字伏根，已露主意。］
　　予谓菊，花之隐逸者也；牡丹，花之富贵者也；莲，花之君子者也。［此三句辨花之品。］噫！菊之爱，陶后鲜有闻。莲之爱，同予者何人？牡丹之爱，宜乎众矣！［此三句辨爱之品。］

　　顶　批：按：余自明曰：莲在众芳之内最为高品，幽同夫菊而不傲艳，类牡丹而不俗，故于甚蕃之中特举二者以为陪衬。妙在"可爱"二字包罗在内，并不说坏，立言极有斟酌。
　　按：《辑评》云：先生，君子也。爱莲者，爱其德似君子也。借题抒写，想见光风霁月襟怀。

评　解：章法分明，局度深稳，有道之言也。二氏言性，多以莲为比，言"火里种金莲"，即出淤泥而不染也；"佛之身坐碧莲台"，即中通外直、亭亭净植也。先生有题莲诗云："佛爱我亦爱，清香蝶不偷。一般清意味，不上美人头。"先生于世皆淡，而独爱莲乎？非爱莲也，爱其与己性合也。今观"淤泥"七句，俱是言性，不知者以为是说莲也。我于莲亦有悟焉：尝剖开莲子观之，见其心中小芽，根向上而叶向下，有回光返照、归根复命之理，而太极两仪生生不已之机，已于是乎具矣。妙矣哉！宜乎有道者爱之也。古人言事言物，不专是那事物，往往托以影道理、影人己，其文乃深而有味，若呆说是事物则浅索矣。故作文便是那文，便非作文人；读文便是那文，便非读文人。所选各首，可类此而推焉。

　　书　后：天命之谓性。性者，命之所由成，道之所从出也。有是性，即有是情；有是情，即有是理。理之所在，性即具焉；性之所在，道即行焉。周子爱莲之作，其曰"中通外直"，盖谓有合一阴一阳之道，合虚与气而名之也；其曰"不染""不妖""不蔓不枝"，盖谓有合性善之旨，而不同于迁就可转、浑沦无别也；其曰"香远益清""亭亭净植""可远观而不可亵玩焉"，盖谓有合元亨利贞之保合太和，仁义礼智之发皆中节，宜活泼，不宜胶执也。故爱之愈挚，则说之愈殷，理固罕譬而可存，情亦随喻而皆验。然非有以探乎命之大原，道之大本，又何能与乐天知命之渊明，同一相忘于富贵也哉。

　　《古文笔法百篇》选文100篇，篇数适当，便于学习者用功深究。把主要写法分成二十种，既不会过于简单粗糙，也不会过于繁复累人。《古文笔法百篇》经黄仁黼修改补充后，篇幅增加了很多。这样既有优点，也有缺点。优点是初学者容易了解文章的写法，缺点是解说内容太多，用去的时间可能比学习原文还要久，这样会影响学习效率。如上述《爱莲说》原文119字，评点的文字是原文的五六倍。就普通读者而言，评点过多，会影响对正文的品味揣摩。本书选文虽然多是名篇，但也有部分无名之作。200多年过去了，这些无名之作依然无名。非经典作品，只能作某次临时作文的例文，不能作平时学习作文技巧的精读范文。这是我们需要注意的。

第六节　《东莱博议》

《东莱博议》，吕祖谦作。东莱先生《自序》说："《左氏博议》者，为诸生课试之作也。"可见《东莱博议》是吕氏为学生写的应试范文。《东莱博议》都是就左传发议论，但观点新颖独特，语言简洁概括，涉猎广泛，引用宏博。

《东莱博议》（岳麓书社1988年10月第1版），喻岳衡在《前言》中详细介绍了此书的特点、作用、流行情况和后人的评价。"在封建时代的蒙馆、乡校中，儿童经过集中识字的启蒙阶段和读写基础训练之后，开始读《四书》《五经》，并开始学做短文，明清以后则是开始学做八股文，同时兼学一点古文、诗赋。学习古文的主要教材是各种古文选本，宋代有真德秀的《文章正宗》，谢枋得的《文章轨范》，吕祖谦的《古文关键》等本子，都是当时比较有名的。除此之外，宋人还有一种自著的古文教材，就是吕祖谦的《东莱博议》。此书问世以后，就广泛流行。清代中叶以后，《古文观止》《古文释义》等选本风行全国，代替了《文章正宗》等选本，《东莱博议》却仍继续流行，既作为古文教材，又是作文范本。学童在念过《古文观止》一类书之后，接下来就念这本书；也有的先读《左传》，接着读《东莱博议》。因此它算是蒙馆、乡校中的高级读本。""《东莱博议》是以《左传》为题材写的史论。就其立论求新，用笔出奇，持之有故，言之有理来说又确实可资作论辩文的借鉴。'以之为初学入门程式，何患不推倒一世？'也许评价太高，可以借鉴其写作技巧，则是实在的。因而历来不仅为讲求文字技巧的士人所重视，一些大家如明代独主文坛二十年的王世贞（凤洲），'记诵之博，著述之富，推为第一'的明世状元杨慎（升庵），也都对它评价甚高。""《东莱博议》除第3篇《宋穆公立殇公》取材于《公羊传》，第38篇《晋里克》后半段取材于《国语》之外，其余的84篇半全部取材于《左传》，且在篇目下详载左氏传文。……《东莱博议》有它自己的见解，读者对照（《左传》）阅读，不但可以学习古文，还可资写作论说文特别是历史论文的借鉴。""本书原本168篇，但通行本仅载86篇，即我们采用的这种本子。"

　　下面我们以《郑伯克段于鄢》为例，了解一下全书的基本体例。

　　　　初，郑武公娶于申，曰武姜，生庄公及共叔段。庄公寤生，惊姜氏，故名曰寤生，遂恶之。爱共叔段，欲立之。亟请于武公，公弗许。

　　　　及庄公即位，为之请制。公曰："制，岩邑也，虢叔死焉。他邑唯命。"请京，使居之，谓之京城大叔。祭仲曰："都城过百雉，国之害也。先王之制：大都不过参国之一，中五之一，小九之一。今京不度，非制也，君将不堪。"公曰："姜氏欲之，焉辟害？"对曰："姜氏何厌之有！不如早为之所，无使滋蔓，蔓，难图也。蔓草犹不可除，况君之宠弟乎！"公曰："多行不义，必自毙，子姑待之。"

　　　　既而大叔命西鄙北鄙贰于己。公子吕曰："国不堪贰，君将若之何？欲与大叔，臣请事之；若弗与，则请除之。无生民心。"公曰："无庸，将自及。"大叔又收贰以为己邑，至于廪延。子封曰："可矣，厚将得众。"公曰："不义，不暱，厚将崩。"

　　　　大叔完聚，缮甲兵，具卒乘，将袭郑。夫人将启之。公闻其期，曰："可矣！"命子封帅车二百乘以伐京。京叛大叔段，段入于鄢，公伐诸鄢。五月辛丑，大叔出奔共。

钓者负鱼，鱼何负于钓？猎者负兽，兽何负于猎？庄公负叔段，叔段何负于庄公？且为钩饵以诱鱼者，钓也；为陷阱以诱兽者，猎也。不责钓者而责鱼之吞饵，不责猎者而责兽之投阱，天下宁有是耶？

庄公雄猜阴狠，视同气如寇仇，而欲必致之死。故匿其机而使之狎，纵其欲而使之放，养其恶而使之成。甲兵之强，卒乘之富，庄公之钓饵也；百雉之城，两鄙之地，庄公之陷阱也。彼叔段之冥顽不灵，鱼尔！兽耳！岂有见钩饵而不吞，过陷阱而不投者哉？导之以逆，而反诛其逆；教之以叛，而反讨其叛，庄公之用心亦险矣！

庄公之心以谓亟治之，则其恶未显，人必不服；缓治之，则其恶已暴，人必无辞。其始不问者，盖将多叔段之罪而毙之也。殊不知叔段之恶日长，而庄公之恶与之俱长；叔段之罪日深，而庄公之罪与之俱深。人徒见庄公欲杀一叔段而已，吾独以为封京之后，伐鄢之前，其处心积虑，曷尝须臾而忘叔段哉？苟兴一念，是杀一弟也，苟兴百念，是杀百弟也。庄公之罪，顾不大于叔段也？

吾尝反复考之，然后知庄公之心，天下之至险也。祭仲之徒不识其机，反谏其都城过制，不知庄公正欲其过制；谏其厚将得众，不知庄公正欲其得众：是举朝之卿大夫，皆堕其计中矣。郑之诗人不识其机，反刺其不胜其母以害其弟，不知庄公正欲得不胜其母之名；刺其小不忍以致大乱，不知庄公正欲得小不忍之名：是举国之人皆堕其计中矣。

庄公之机心，犹未已也。鲁隐之十一年，庄公封许叔而曰："寡人有弟，不能和协，而使糊其口于四方，其况能久有许乎！"其为此言，是庄公欲以欺天下也。鲁隐之十六年，郑公父定叔出奔卫，三年而复之曰："不可使共叔无后于郑。"则共叔有后于郑旧矣。段之有后，是庄公欲以欺后世也。既欺其朝，又欺其国；又欺其天下，又欺后世。噫嘻！岌岌乎险哉！庄公之心欤？

　　将欲欺人，必先欺其心；庄公徒喜人之受吾欺者多，而不知吾自欺其心者亦多。受欺之害，身害也；欺人之害，心害也。哀莫大于心死，而身死亦次之。受欺者身虽害，而心自若；彼欺人者身虽得志，其心固已斲丧无余矣。在彼者所丧甚轻，在此者所丧甚重；是钓者之自吞钓饵，猎者之自投陷阱也。非天下至拙者，讵至此乎？故吾始以庄公为天下之至险，终以庄公为天下之至拙。

附评：

　　朱字绿曰："《博议》之文，为课试而作，故于时文为近。此篇起首排立三语，后用喻意，正意夹行，逼出庄公是一险人。末复推开四层，用四正欲字，两庄公欲三字，应前两使之字，起伏收束，各极其乐。至尾取喻意作收。断出庄公至拙，屹然而止，有山回海立之势。意虽未必尽当，而文章机轴，卓然一家。""庄公养成叔段之恶，即左氏谓之郑志讥失教之义。然段为人臣子，至恃宠而骄，请制之后，竟不复请。擅取国邑，缮甲兵，具卒乘，此岂人臣所得为者？纵无袭郑之谋，而蔑视其君亦甚矣。庄公之失，在平昔不教，而遽兴兵以伐之，为有杀弟之心耳。若封许叔而有悔心，卒使之有后，此自是庄公天理民彝，不至断绝处。君子许人改过，当亟予之，复以为欺天下后世。然则不悔不置后，乃为仁爱其弟乎？即置姜氏于城颍，母子已绝，庄恶已极。及听颍考叔之言，而为母子如初，则其天性之复萌，有不可得而斯灭殆尽者，安得并融融泄泄以为欺天下后世而斥绝之也？《谷梁》以为贱段而甚郑伯，最得其平，谓段无负于庄公亦太过。"张明德曰：篇中擒定一险字，如老吏断狱，使其无可躲闪。末复转出欺人者必先自欺其心，以一拙字重夺其魄，使死而有知，庄公应愧死于九泉矣。何况后人读之，有不惊心动魄，而复敢萌欺罔乎？《春秋》之作，诛死者于前，所以惧生者于后也。东莱全部《博议》，皆本此意著笔，故此篇词严义正，不少宽假，此真有关世道人心之文，不可草草读过！"

　　科举考试都是写论说文，其中不可避免地要对历史人物和历史事件发表评论，借以假古证今，古为今用。写文章如果完全只是就事论事，不能旁征博引，尤其是不能以史为鉴，文章就会显得单薄不厚实，没有无可辩驳、无懈可击的力量。《东莱博议》是作者在教学过程中和学生谈到"课试之文"，要为学生作文提供示范，于是整理《左传》故事，就自己有心得的地方写成史论，供学生作文时参考。《博议》虽然不是长年累月苦心经营而成，不是千锤百炼之作，但对开阔学生的写作思路，丰富写作技巧，应该能有较大的帮助，所以到清朝此书还很流行。就如以《郑伯克段于鄢》的历史写成的这篇史论，观点新颖，见解独特，剖析深刻，逻辑严密，虽然持论不免偏颇，但言之有理，不失为作文一法。这样说吧，《东莱博议》是例文汇编而不是精读范文教材，只是给学生作文时临时参考，或者平时读一读，以吸收营养，提高书面表达能力。

第三章　教材编写成功经验

　　几千年的中国传统教育，留下了许多经典教材。如识字教材《三字经》《百家姓》《千字文》，行为规范教材《弟子职》《性理字训》《童子须知》《小儿语》《续小儿语》《弟子规》，百科常识教材《名物蒙求》和《幼学琼林》，属对教材《对类》《声律启蒙》《笠翁对韵》，格言警句教材《菜根谭》和《重订增广贤文》，典故教材《蒙求》《龙文鞭影》《千金裘》，历史常识教材《十七史蒙求》《叙古千文》《史学提要》《历代蒙求》《左氏蒙求》，诗歌教材《咏史诗》《千家诗》《神童诗》《唐诗三百首》，写作教材《文选》《文章正宗》《文章轨范》《文章关键》《东莱博议》《古文标注》《古文观止》《古文释义》《古文笔法百篇》《古文辞类纂》等。另外，有好些经典原著在长期的教学过程中也成为经典教材，如作为儒家经典的十三经、史学重要著作《国语》《战国策》《史记》《汉书》《后汉语》《资治通鉴》等、诸子著作《老子》《庄子》《荀子》等，都是传统教育重要的阅读教材。以上教材大致可以分为两类。一是专门创作，如识字教材、课对教材、行为规范教材等；二是选文或用现成的经典作教材，如十三经、《史记》、《文章轨范》等。一般说来，学习语文的基础知识和基本规律，大多采用专门创作的方式，再用适当选文作补充；学习经典文献（即今天的阅读教学）大多用文选制或直接用原著；学习写作可以两者结合，以选文为主，以撰写为辅。传统教育在长期的教育教学实践中创造了许多优秀教材编写经验，可以为我们今天编写教材提供宝贵借鉴。

第一节 编写方式：模块组合

所谓模块组合，就是将性质相同或相近的内容编成一本书，用一段相对集中的时间全力学习这个内容，等到这个项目完全学通了，再学新书，即学习另一个模块。根据内容的多少，模块可大可小。大的模块独立编成一本教材，甚至还可以分上、中、下三册，甚至更大，如十三经。小的模块几个合成一本教材，如古代的识字教材，虽然有三本，实际上变成一本，也不算大。

一、古代的模块教材

古代经典语文教材主要有下列几个模块：

一是集中识字。这是传统教育最基础的内容。用的教材就是"三""百""千"。编写方式用儿童的口气，符合儿童的年龄特点和心理特点，同时也按照教育规律，安排了一些书面用字，如"玉不琢，不成器"，"三传者，有公羊，有谷梁"，"晋楚更霸，赵魏困横。假途灭虢，践土会盟"。

二是行为规范。行为规范是学童每天说话行动的基本规则和要求。学习行为规范，既可以复习前一阶段的生字，也可以学一些新字，扩大生字量。行为规范的学习，可以由老师教，也可由家长教，还可以要求学童自己阅读。古代的行为规范教材，宋之前有托名管仲著的《弟子职》，宋朝有程端蒙的《性理字训》、朱熹的《童子须知》，明代有吕得胜的《小儿语》与其子吕坤的《续小儿语》，清代有李毓秀的《弟子规》。

  三是百科常识。常识内容多，范围广，古人择其要者编辑成书，流传至今非常出名的有《名物蒙求》和《幼学琼林》两种。《幼学琼林》用对偶句写成，内含大量典故。《名物蒙求》皆为四言，高度概括。此两书包含丰富知识，语言又多典雅书面语，需要老师或知识渊博的家长讲解，用于课外自学，难度较大。

  四是属对。古人把学作对联称为课对或属对。古汉语中单音节词占绝对主流，很便于形成对偶句，先秦诸子散文和纵横家说辞中就有不少对句。六朝的骈体文全用对偶句写成，唐代开始形成的律诗中间两联都要对仗。对仗是中国人所喜闻乐见的一种艺术形式，逢年过节、红白喜事家家户户都要贴对联。因此学作对联应该是古时一种人生基本课。由此推测，属对的教学至迟也在汉末。宋元时已有专门的属对教材《对类》[1]，元代程端礼《程氏家塾读书分年日程》就要求用《对类》进行属对练习。《对类》既讲对仗的方法和规律，又有大量的例子供学童诵读模仿。到清代产生了两本非常流行的属对教材《声律启蒙》《笠翁对韵》。清末新文化运动时属对仍是当时非常重要的语文教学内容，蔡元培[2]、鲁迅[3]、郭沫若[4]都接受过严格的课对训练。

  五是格言警句。流传到今天影响最大的格言警句类蒙书是明代洪应明的《菜根谭》和清末周希陶的《重订增广贤文》。这类教材语言通俗，不用教师教，自学也能懂。不仅儿童学，成人也可读。这类书的作用可以复习此前学过的生字，也可学习各方面的哲理和做人的智慧。

  六是历史知识。学习历史知识，古代分高低两种层次。在启蒙阶段，用通俗平易的语言对历史进行高度概括，形成一些蒙学历史读物。

---

1. 张志公：《传统语文教育教材论》第87页，中华书局，2013年10月北京第1版。
2. 《蔡元培自述》6-7页，河南人民出版社，2004年5月第1版。
3. 《鲁迅全集》第2卷，第281页，人民文学出版社，1981年北京第1版。
4. 阎焕东编著：《郭沫若自叙》第39-40页，2002年5月第3版。

宋元时期的蒙学历史教材主要有王令的《十七史蒙求》，胡寅的《叙古千文》，黄继善的《史学提要》、陈栎的《历代蒙求》，吴化龙的《左氏蒙求》等。[1]高级阶段，读历史原著，如《国语》《战国策》《史记》《汉书》《后汉书》《三国志》《资治通鉴》等。按程端礼《程氏家塾读书分年日程》的设计，读经之后就读史，以《资治通鉴》为主，参看《史记》《汉书》《旧唐书》。

七是典故。古代集中讲典故的书流行较广的有唐李翰的《蒙求》、明萧良友的《龙文鞭影》、清蒋义彬的《千金裘》。这类书高度概括，基本上一句一典故，每一典故都有丰富的故事。整个书，专讲典故，没有其他内容。书的根本作用是帮助学生了解中国的历史和文化，也为写诗作文使典用事提供资料。因此，如果学，最好有老师讲。

八是诗歌。唐代开始以诗赋取士，宋元明清也非常重视保持这一传统。所以学写诗不只是怡情养性，更是科举考试的必要准备。古代诗歌教材很多，比较出名的有《咏史诗》《千家诗》《神童诗》《唐诗三百首》。学习诗歌在古代应该也是比较基础的内容。一般的情况可能是，将诗歌的学习和诵读与其他内容交叉起来，在学习重要课程、繁难课程之余，学点诗歌。蔡元培[2]、鲁迅、周作人[3]、郭沫若[4]都有学作诗歌的经历。

九是经书。经书以儒家十三经为主，包括《论语》《孟子》《尔雅》《孝经》《诗经》《书经》《周易》《周礼》《仪礼》《礼记》《春秋左传》《春秋公羊传》《春秋谷梁传》。这些书既要读经文，还要读重要的注文。按程端礼《程氏家塾读书分年日程》的设计，读经的时间在从八岁至十八九岁左右，光四书及注解就要专学三年。

---

1. 郭齐家编著：《中国古代的学校和书院》第100页，北京：北京科学技术出版社，1995年1月第1版。
2. 《蔡元培自述》第7页，郑州：河南人民出版社，2004年5月第1版。
3. 赵志伟编著：《旧文重读》第72页，上海：华东师范大学出版社，2007年第1版。
4. 阎焕东编著：《郭沫若自叙》第40－41页。

十是作文。古代作文应该也分两类,一是一般的书面表达,以应日常生活之需;一是参加科举考试,为了获得一官半职。古代作文教学重视熟读范文,强调模仿。写作教材出名的有宋人真德秀的《文章正宗》,谢枋得的《文章轨范》,吕祖谦的《古文关键》《东莱博议》,楼昉的《古文标注》,清代有《古文观止》《古文释义》和《古文笔法百篇》等。张志公把这类古文选注评点类教材看作阅读训练的主要材料[1]。我觉得这类书最好归于作文教材,因为它有注释,有圈点,有评价,虽有内容方面的理解,更多的是作文方法方面的点拨,构思、技巧、语言等方面的指示,希望读书人能模仿、学习、借鉴。按程端礼《程氏家塾读书分年日程》的设计,读经读史之后是作文,要集中精力专攻三四年。参加科举考试时,还有严格的应考训练。如果只要培养应付生活基本需要的书面表达能力,如写信拟合同,经过识字和属对的训练之后,稍微读点课外书,应该就具备这种能力了。

传统教育这十来个模块之间一般有一个从易到难、从简单到复杂、从低级到高级的梯度。基础模块先学,提高模块后学。每个模块都有成熟的教材、成熟的教法、成熟的检测手段。

二、模块组合的优点

传统教育运用模块编写教材,对教材本身的完善和学生的学习都有好处。主要表现在:

1.便于科学编排

这种教材编写的科学性可以从两个方面进行概括。

---

1. 张志公:《传统语文教育教材论》第101页,北京:中华书局,2013年10月第1版。

一是便于同类相聚。把性质相同相近的内容放在一起，专门集中，特点鲜明，重点突出，容易分析，容易概括。清人唐彪说："分类可将一类之文聚于一处，其理其法亦聚于一处，则易于探讨，易于明晰。"[1]这是用模块编阅读教材的好处。用模块编作文教材有同样的优点："学者苟能分类读文，不使此类重叠过多，以至彼类有所欠缺，则三百篇无乎不备矣！"[2]现在也有不少学者主张，编写语文教材，内容要相对集中。戴汝潜说，安排汉语言规律的学习，"不能像撒椒盐一样，各册教材里都有那么一点；看上去有，而实际上哪一样也没学进去，学到手。应当改为不同文学艺术的书面语言形式相对集中地编在同一单元（章节或分册）之中，使学生真有所体味、收获才好。比如：连续不同风格特点的五言绝句编为一个单元，使学生理解韵律和对仗之类，而后又学写一两首五言绝句。这样才能学习汉语言规律。"[3]

二是便于直线布局。语文和其他科一样，其内容也是有明显的难易梯度的。先识字，再课对，然后作诗；先阅读，后写作，"劳于读书，逸于作文"（《程氏家塾读书分年日程》），这是语文学习的基本顺序，不管多高明的老师或多聪慧的学生，都不能违背这个顺序。用模块编教材，可以从低到高，从易到难，从简单到复杂，前面模块是后面模块的基础，后面模块是前面模块的深化，少了谁也不行，乱了序也不行。这样就可以避免文选型综合教材因追求螺旋上升而产生的交叉重复的毛病。比如作文，小学学，初中学，高中还学，最后毕业了还是没学好，这是交叉重复之弊。现代文阅读也存在这种毛病，小学一年级学，高中三年级也学。用模块编教材则不会出现这种情况。

---

1. 赵伯英、万恒德选注：《家塾塾教学法》第89页，上海：华东师范大学出版社，1992年6月第1版。
2. 赵伯英、万恒德选注：《家塾塾教学法》第90页，上海：华东师范大学出版社，1992年6月第1版。
3. 戴汝潜主编：《识字教学科学化与小学语文教育新体系探索》第247页，北京：教育科学出版社，1999年8月第1版。

2. 便于优胜劣汰

同一个学习内容，比如识字，不止一种教材。老师和学生在用教材时知道它的优点和缺点，不同地区的使用者经常交流沟通，那些好识字教材就被认可，那些编排不科学的识字教材就被抛弃，这样优秀教材便流传下来。从中国传统教育的历史来看，行为规范方面的教材，朱熹的《童子须知》被淘汰了，清李毓秀的《弟子规》保留了下来；识字教材，杨雄的《训纂篇》、班固的《训纂篇续编》被淘汰了，[1]史游的《急就篇》保留了下来。而大综合式的教材不便于比较、竞争。改革开放之后，尤其是世纪之交的课程改革出现过多套教材，实行的时间也不短，但优秀者不见很优秀，平庸者不见很平庸。因为内容太多、太杂，一套教材之内往往优点缺点都有，精干的内容平淡的材料并存，不太容易形成明显强大的优势在同类中脱颖而出成为教材中的佼佼者。

3. 便于修改完善

因为模块是同类相聚，篇幅又小，就便于修改。哪个模块中的哪个内容不好，只要动一下这个模块就行，无须牵动整个教材。哪里有遗漏，发现了加进去就是。朱熹有个非常形象的比喻，"读书不要贪多。向前州郡纳税，数万钞总作一结。忽错其数，更无推寻处。其后有一某官乃立法，三二十钞作一结。观此，则读书之法可见。"（《朱子语类》）朱熹虽然是就读书讲方法的，但就教材编写来说也适应。他的《四书集注》就是这样修改的。儒家经典很多，四书只是其中的一小部分，可以说只是其中的一个模块。朱熹是用一生的心血在编纂，修改这部书的。他临死前还在修改《大学》中讲"诚意"的一章的注疏。[2]正是

---

1. 张志公：《传统语文教育教材论》第13页，北京：中华书局，2013年10月第1版。
2. 陈雪虎：《传统文学教育的现代启示》第242页，广州：广东教育出版社，2006年9月第1版。

由于长期的修改，不断的完善，《四书集注》才在历史的考验中光芒经久不衰，后来就成为元、明、清三代科举考试的经典教材。[1]也是我们今天学习四书的权威资料。《三字经》是识字教材，在南宋成书。它讲历史更替的时候，增加了元明清的内容。这是后人补上去的，补上之后后代人学起来才觉得完整。正因为它是模块型教材，才方便作如此修改补充。

4.便于循序渐进地学

模块型教材基本上是直线型的，难度呈现阶梯状态，学习可以先易后难，拾级而上，各个突破。由于某个原因，哪个模块没学好，可以停下来，集中时间学，集中精力学，全面投入学，从而攻下这个模块。所有的模块都学好了，那么语文也就学好了。有学者在总结自己的语文学习过程时这样说："余于文学，第一时期先通散文，次学诗，又次学骈文。至弱冠左右，三者始略能小成，往往下笔不能自休。"[2]帮我们道出了模块型教材的核心特点。

三、借鉴价值

1.当今语文教材运用模块的不足

当前的语文教材，要说有模块也是可以的。如每册语文教材一般是6-8个单元，也就是6-8个模块，有的教材两三个单元是一种文体，因此整册教材就是三四个模块。《普通高中语文课程标准》（实验）的设计思路分必修课程和选修课程，实际上就是两个大的模块。选修更是明确分为"诗歌与散文"、"小说与戏剧"、"新闻与传记"、"语言

---

1. 熊承涤：《中国古代学校教材研究》第224页，北京：人民教育出版社，1996年8月第1版。
2. 赵志伟：《陈柱国文教学思想研究》，《语文建设》2015年12期第57页。

文字运用"、"文化论著选读"五大模块。《普通高中语文课程标准》（2017版）规定高中语文课程分必修、选择性必修、选修三类，安排25个学习任务群，除开重复的，大概15个左右，就可以看成是15个模块，即整本书阅读与研讨、当代文化参与、跨媒介阅读与交流、语言积累、梳理与探究、汉字汉语专题研讨、文学阅读与写作、中华传统文化经典研习与专题研讨、中国革命传统作品研习与专题研讨、中国现当代作家作品研习与专题研讨、外国作家作品研习、跨文化专题研讨、科学与文化论著研习与学术论著专题研讨、思辨性阅读与表达、实用性阅读与交流等。每个学期的教学内容一般都是分阅读和作文两大块，也可以说就是两个大模块。但是可以说，当前语文教材的模块运用有欠科学，表现在：

首先，最大的问题是重复。小学各年级都是童话、寓言、记叙文、说明文、儿童诗等，初中和高中各年级也都是记叙文、说明文、议论文、小说、散文、戏剧、诗歌、文言文等。有些内容是从小学一直重复到高中，如古诗、记叙文、写作。过去也用一些术语来表示其中的差别，如记叙文的阅读和写作能力，有"简单的"、"一般的"、"比较复杂的"之说，说是要由简单到复杂、由低级到高级、螺旋上升、循序渐进。但是，同样是鲁迅的《风筝》，有时放在初中，有时放在高中。这样含糊的标准是不容易把握的。

我们就说说作文吧。长期以来，整个中小学阶段都安排了作文。课程标准将一、二学段称为"写话"和"习作"，名称不同，实质一样，都是书面表达，也可以说都是作文。中小学三个阶段都写作文，写了十来年（小学早期的造句除外），到高中毕业时还有很多学生怕写作文，写不好作文，不能用书面语简明准确地表达自己的感情和思想。之所以会发生这种情况，我想和中小学作文教学老是重复有关。这种重复可以从几个方面来分析。就文体来说，三个阶段都要练记叙文、说明文、议论文、应用文等；就写作过程来说，三个阶段都要练审题、立意、选材、布局谋篇、修改等内容；就表达方式来说，三个阶段都要练记叙、说明、议论、抒情、描写等内容；就写作手法来说，三个阶段都要练起承转合、详略呼应等内容。有的作文题目都要从小学写到高中，如《我的妈妈》《一件难忘的事》《我的理想》等。十来年时间，这些内容要重重复复，学生焉能不烦？在厌烦的心理状态下又怎么能够学好？并且，因为三个阶段都练，每次练的时候都是蜻蜓点水、浮光掠影，点到为止，没有练透，没有练熟，所以哪一种技巧都没有掌握。这种浅尝辄止的做法不利于写作能力的提高。

如果按模块的思想来编教材，集中作文就只有一个大的模块，集中两三年的时间专门学习，专攻记叙、议论两种文体，熟读若干篇范文，学习这两种文体的基本规律。这两种文体学通了，其他文体看几篇例文就能写，不用专门学。程端礼的《程氏家塾读书分年日程》就是最后一个阶段作文，集中用三年时间，读写并重。王筠的《教童子法》也安排在最后一个阶段学作文。我想，中小学如果不是这么重重复复地学作文，只集中时间练，效果会好得多。

其次，以内容为模块，不符合汉语的特点和语文设科的核心目标。根据选文内容分单元，古代基本没有，新文化运动之后，大量白话文进教材，开始出现以题材为标准分单元的情况，到千年之交的新课程改革，语文教材按内容分单元的情况几乎是普遍现象。按内容分单元有两个致命的缺点。其一，文章关涉人类生活，而人类生活是无穷无尽的，这样可以分出无限多个单元来。其二，按内容分单元，不符合语文设科的核心目标。之所以要设置语文课程，根本目的是要培养青少年的语言理解能力和运用能力。夏丏尊说："内容的价值，在国文科究竟不是真正的目的"。专重内容来编语文教材，"这办法无异叫国文科变成了修身科或公民科。"[1]语言理解和运用的能力，最后落脚点在形式和语言。所以，语文的模块只能以形式为标准来划分。

第三，语文教材册与册之间独立性和区别性不够明显突出。现在的

---

1. 夏丏尊：《夏丏尊教育名篇》[M].北京：教育科学出版社，2007：151.

语文教材，每一册的面貌差不多，都是三十篇左右的选文，分成六个左右的单元，再配上若干知识短文和练习，都有阅读和作文。册与册之间区别性不大，个性特点不明显。这是综合型教材的缺点，不符合模块教材的本质特征。

2.今天怎样运用模块编写教材

古代经典语文教材运用模块的成功经验，为未来的语文教材编写提供了切实可行的思路：根据语言学习的规律和模块的要求，可以将语文分为现代汉语阅读、现代汉语写作和古代汉语阅读三个大的模块。现代汉语阅读主要学习常用字、书面词两个模块，古代汉语阅读主要学习诗词曲韵文和古代散文两个模块，现代汉语写作主要学习课对、记叙文、议论文和范文精读四个模块。大家都针对这些模块来编教材，教材编出后先在小范围试用，逐步向外铺开，时间一长，这些模块教材在教师和学生的使用实践中自然能分出个甲子乙丑来，最后一定会出现像《三字经》《百家姓》《千字文》《弟子规》《唐诗三百首》那样的教材。

第二节 选文标准：历史公认的名篇

一、古代教材选文情况

古代文选教材都很注重选文质量，一般是好中选好，精中挑精，其标准可简单概括为"历史公认的名篇"。很出名的作家，只选他很成功的作品。很流行的经典，只选那些没有瑕疵的文章。唐彪认为只有读好文，才能增长见识，提高能力；如果读的是低劣的文章，就会"蒙蔽聪明，卑隘学问"，他引朱熹的观点说，韩愈、柳宗元、欧阳修、苏洵、苏轼、曾巩六家文可读者不过200篇，"此外便不必读，读之能令人手笔低"。《古文关键》60篇，只选了韩、柳、欧、三苏和曾巩、张耒8家文；《文章轨范》66篇，主要选韩、柳、欧、苏洵和苏轼文（5人共57篇）；《古文释义》144篇，主要选《左传》《国语》《战国策》《史记》（4书共选65篇），韩愈9篇，柳宗元3篇，苏轼5篇；《古文笔法百篇》所选重点作家是韩、柳、欧、苏轼，4家共选43篇，其余作家选1-3篇；《古文观止》222篇，重点选《左传》《国语》《战国策》、司马迁、韩愈、柳宗元、欧阳修、苏轼8家文（8家共139篇）。选文大多思想纯正、形式优美，是学生学写此类文章的模范。学生读这样的作品不仅能陶冶情操、提高认识、开阔眼界，更能学习好的语言、好的手法、好的表达技巧，总之能在内容和形式两方面广泛受益。因此选本问世后，动辄流行数百年，有的甚至上千年！

二、"选历史公认的名篇"的优点

1. 便于最大限度地提高学习效率

所有的名篇都是作者千锤百炼、苦心经营的结果，是作者最深感情的抒发，或是作者最精辟观点的阐述，经过历史的残酷淘汰，经过无数读者的辣眼挑选。它有健康高尚的思想内容，更有完美巧妙的语言形式。学习之后能获得更丰富的营养。

2. 便于传承文化

中华民族在悠久的历史发展过程中创造了灿烂的文明。有自然科学的发明创造，也有社会科学的卓越建树，这些成果都能代表当时世界的先进水平，需要我们传承下去。其中文学方面的成就主要靠语文来传承，历史和哲学方面的成就一部分要语文来传承。文学方面，包括诗经、楚辞、汉赋、唐诗、宋词、元曲、六朝骈文、唐宋散文、明清小说，史学方面，包括《左传》《战国策》《国语》《资治通鉴》和以《史记》《汉书》《后汉书》《三国志》等四史领头的二十四史，哲学方面主要包括诸子百家的著作，先秦的有论、孟、荀、老、庄、韩、墨、孙等，秦以后有《论衡》《世说新语》《颜氏家训》等，同时还应该包括各朝各代其他重要思想家的作品。这里面的精华需要语文学科传授给我们的后代子孙。当我们确定了"历史公认的名篇"这个语文课程的选文标准之后，我们就能够确保把我们文化中的精髓教给我们的青少年，这样，优秀的中华文化也就能够代代相传，生生不息。

3.便于编写教材

用这个标准选文章，不会因为选编者的个人爱好和水平不同而有太大差异，不会出现"选文可此可彼"的情况。因为定评摆在那里，内行人都知道。你编教材如果选的不是一流中的上等作品，那么学生、家长、语文老师、专家学者都不会认可的。过去那种你选你的、我选我的各自为政彼此之间质量悬殊的教材局面将得到改善。

用这个标准选文章，可以根据语文课时的多少而定，有多少课时就选多少佳作，保证青少年在有限的上课时间学到的是最好的汉语作品。因为历史上公认的名篇差不多按名次排定在那里，有学100篇文章的时间就选最前面的100名，有学200篇文章的时间就选最前面的200名，当前这种非精品也占领教材、占用学生宝贵时间的局面将得到改善。

20世纪80年代后期以来语文教材实行审定制，不同版本的教材面貌越来越不同，有时甚至相差很大。我曾就初版的人教版和苏教版的新课程初中语文教材进行过比较，结果是：两者的相同篇目共有60篇，它们是：

《紫藤萝瀑布》《论语十则》《济南的冬天》《观沧海》《钱塘湖春行》《天净沙·秋思》《山市》《散步》《金色花》《皇帝的新装》《天上的街市》《从百草园到三味书屋》

《黄河颂》《最后一课》《木兰诗》《社戏》《两小儿辩日》《狼》《人民解放军百万大军横渡长江》《背影》《台阶》《苏州园林》《桃花源记》《陋室铭》《核舟记》《望岳》《春望》《三峡》《记承天寺夜游》《观潮》《游山西村》《藤野先生》《我的母亲》《雪》《海燕》《与朱元思书》《送东阳马生序》《酬乐天扬州初逢席上见赠》《赤壁》《过零丁洋》《水调歌头》《小石潭记》《岳阳楼记》《醉翁亭记》《茅屋为秋风所破歌》《白雪歌送武判官归京》《沁园春·雪》《敬业与乐业》《故乡》《我的叔叔于勒》《事物的正确答案不止一个》《范进中举》《陈涉世家》《破阵子》《孔乙己》《变色龙》《热爱生命》《威尼斯商人》《邹忌讽齐王纳谏》《愚公移山》

平均每册有10篇相同。其中21篇是《全日制义务教育语文课程标准》（实验稿）上的"优秀诗文背诵推荐篇目"。相同的篇章太少。用不同教材的学生所接受的语文教育的内容差得太多，程度也差得很远。因教材的原因而导致结果悬殊，在科技和物质都很发达的今天来说是很不应该的。

如果标准变为"历史公认的名篇"就没有这种困惑了，编50篇课文，就是前50名的名篇；编80篇课文就是前80名的名篇。因为"历史公认的名篇"的标准是客观的，明确的，不会因为个人主观爱好的不同而变化，这样不同风格的人编出的教材基本内容是相同的，都是历代传诵的精品。

4.便于统一考试

教学的主要任务是根据学科特点和青少年的成长规律，使学生涵养性情，丰富见闻，增长知识，提高能力。考试的根本功用是检查教学效果，分别考生水平的优劣，促进教学在原有基础上健康科学发展。教学与考试的理想境界应该是"教什么考什么",考试内容是从教学内容中分类随机选定的,这样考试能够检查教学效果,促进教学发展,两者相互促进,不断完善,共同提高。

而我们现在的实际情况是,恢复高考制度以后,开始是全国统一教材、统一考试。其间,有人就认为考试从书上出题太容易,不能分出考生水平的高低。于是后来的高考就极少直接从课本上出题,强调所谓能力,从课外找材料,教学于是倒向考试,变成了"考什么教什么","考试大纲"上在哪本书上举例子,老师就在哪本书上挑内容讲,上一年高考考了哪个典籍,今年老师就教哪个典籍,完全忘记了教学应该能够促进青少年成长,学生知识、能力、智力、修养、见识、境界等等都应该能有相应的提高。在学生心目中上课就是做题,学习就是考试。语文课变得单调枯燥,面目可憎,令人生厌,无可奈何去上课,上课的内容没有考,上了也没多少用处,不上也没多少害处。于是语文课就变得可有可无、随心所欲、不可捉摸了。

1986年语文教材实行审定制,慢慢地教材百花齐放的局面开始了,先是初中教材有很多套,接着高中教材也开始多起来。稍后高考权力下放,曾经一度大部分省区是自己出题,于是教材和考试就出现了一种热闹纷乱的现象。学校和地区有选择教材的权利和自由,于是同一省区的不同学校便用了不同的教材,这给考试带来了不少的麻烦。1995年上海中考就是一个典型的例子。这一年上海有三套教材,S版、H版、全国统编教材,三套教材只有11篇课文是相同的,于是教研室只得作出中考三原则的规定,即"考共性、考基础、考能力"。受应试教育的影响,有些学校采取"考什么就教什么"的做法,有的只教11篇课文,这就使得全市的语文教学和中考处于很尴尬的境地。[1]

如果不同版本的语文教材选文都是历代公认的名篇,那么情况就不

---

1. 江明编:《语文教材的建设与思考——首届全国义务教育初中语文教材建设理论研讨会论文集》第177-179页,北京:语文出版社,1998年9月第1版。

一样了。大家的教学内容基本一样，只要考书上的东西，都没有超过大家的学习范围，这样就能做到"教什么考什么"。这样，考试就能比较考生水平的高低，能检查教学效果的好坏，能促进教学健康发展。

5.便于学习者作横向比较和交流切磋

把同样的中国文化编进基本相同的语文教材，由于内容相同，使用不同教材的青少年，不管在西北边陲，还是在东南沿海，彼此在一起谈论语文的时候便知道自己哪里学得好，别人哪些地方比自己强，这样就便于学生交流切磋，相互学习，取长补短，共同提高。

而过去，由于基本课文相同的极少，再加上老师随其所好的自由发挥，使用不同教材的学生所获得的语文知识和语文能力差距是非常明显的。学生们在一起谈论语文的时候共同语言极少，因为你的教材重视李白，我的教材重视杜甫，你的教材重视韵文，我的教材重视散文，大家说起来对彼此的内容都很陌生，仿佛是来自不同文化的少年，而实际上都是炎黄子孙，都是龙的传人！

如果语文教材选文真的做到了以"历史公认的名篇"为标准，把中华文化的精髓作为主要教学内容，那么我们的语文教学内容将更加科学，效率将更高；考试将更科学；学生将学得更丰富，更有干劲，更有热情；中华文化也将顺利传承。

三、今天如何借鉴

1.近现代语文教材选文标准的瑕疵

新文化运动以来，由于我们没有处理好如何对待现代白话文的问题，文选型语文教材在选文标准问题上有很多时候做得不太妥当。下面我们就梳理一下百余年来我们的选文标准及其欠妥之处。

1929年《暂行课程标准》规定小学语文教学内容要重视儿童学习的心理与特点，因此儿童喜爱的童话、儿歌、寓言、故事、小说等构成了教学内容的主体。[1]儿童文学是新生事物，没有经典。小学重视儿童文学，在某种程度上是迁就学生的现实能力，是错用量力性原则。儿童文学作为课外读物肯定是可以的，用作教材则缺乏深度和难度。1932年教育部制订的中学《国文课程标准》规定初中国语教材要和常识教材配合，并用混合方法教学。[2]抗战以后，在小学，混合教学的情况更突出，因此《小学国语常识课本》就代替了原来的《国语》课本，"以常识为内容，以国语为形式"就成为当时语文教材的基本面貌。[3]这样，语文课培养学生的语文能力便打了很大的折扣。

1932-1934年叶圣陶编了一套《小学开明国语课本》，"大约有一半可以说是创作，另外一半是有所依据的再创作，总之没有一篇是现成的"，"内容贴近儿童生活"，如"在第一册的四十二课中，除了配合双十节而编排了《国庆日》、《我们的国旗》和《国庆歌》三课外，其余都是与儿童个人、朋友、家庭、学校和自然现象有关的课文。"[4]叶氏虽是大家，文学功底深厚，但花一年时间编出12册小学课文，要篇篇成为经典，窃以为难。即使韩愈、苏轼来做，一年时间也很可能做不好。多数作家的文章都是反复改出来的，包括叶氏自己的文章。经典不是临时写出来的，是经过长时间历史淘汰锤炼出来的。

叶圣陶重视儿童文学，注重在儿童的接受能力范围和兴趣范围之内确定教学内容。有时就没太注重经典作品的选入了。他说："给孩子们编写课本，当然要着眼于培养他们的阅读能力和写作能力，因而必须符合语文训练的规律和程序。但是这还不够。小学生既是儿童，他们的

---

1. 洪宗礼、柳士镇、倪文锦主编：《母语教材研究》1、《中国百年语文课程教材的演进》第72页，南京：江苏教育出版社，2007年9月第1版。
2. 洪宗礼、柳士镇、倪文锦主编：《母语教材研究》1、《中国百年语文课程教材的演进》第74页，南京：江苏教育出版社，2007年9月第1版。
3. 洪宗礼、柳士镇、倪文锦主编：《母语教材研究》1、《中国百年语文课程教材的演进》第81页，南京：江苏教育出版社，2007年9月第1版。
4. 洪宗礼、柳士镇、倪文锦主编：《母语教材研究》3、《中国百年语文课程教材评介》第222-223页，南京：江苏教育出版社，2007年9月第1版。

课本必是儿童文学，才能引起他们的兴趣，使他们乐于阅读，从而发展他们的多方智慧。当时我编这一部国语课本（肖按：指1932年的《开明国语课本》），就是这样想的。"[1]学校教育应该有计划地培养青少年学习人类在长期历史过程中形成的各种文化，在这众多的文化中，有的内容学生爱学，更多的内容学生可能不爱学。就乐于接受来说，学生到初中甚至高中，他还是不爱学语法，不爱读古文。我们不能因为学生不爱好，就同意他不学。如果这些内容是这个学科的重要的内容，基本的内容，非学不可的内容，那么即使学生学得很困难，也要让他们学。这在其他科都能这样，唯独语文科人们就容易迁就学生的兴趣和现实学习能力。拿数学来说，孩子一开始就爱学吗？就容易学吗？但是数学知识很重要，对长大之后的学习、深造、工作都不可或缺，于是只得请孩子们克服困难用毅力来坚持。数学是按照学科本身的知识和规律来编教材的。学母语有深厚的基础和优越的学习条件，可以适当考虑孩子的兴趣能力，但更应考虑汉语本身的内容和特点。这样学生学习的才是本学科的核心知识，这样才能真正学好汉语。学科教学不是游戏，中小学校不是幼儿园，人长大到一定时候就应该接受祖先创造的文化，这是人成长的一部分，不管难不难都要接受。如果因为难就不学，人类就不会进步，个人就不会增长知识。再说，学生上学就是来学新知识的，他已经懂、已经会的东西是不用在学校学的。

2. 今天怎样选历史公认的名篇作教材

叶圣陶认为选文章编教材，绝对不能"捡在篮子里就是菜"，一定要"质文兼顾，毫不含糊"。如果不合这个标准，潘梓年、茅盾的文章可以不选，《母亲》《青春之歌》可以不选。[2]我们应该把叶圣陶的教导

---

1. 洪宗礼、柳士镇、倪文锦主编：《母语教材研究》4、《中国百年语文教科书课文选评》第61页，南京：江苏教育出版社，2007年9月第1版。
2. 洪宗礼、柳士镇、倪文锦主编：《母语教材研究》10、《中外比较视野中的语文教材模式研究》第59-60页，南京：江苏教育出版社，2007年9月第1版。

作为始终不能逾越的底线，以确保教材的质量。

应该可以这样说，几乎所有的语文教学任务都可以用名篇来完成！如现代汉语常用字、作文、古代韵文、古代散文等。如果不能用名篇来完成的语文学习项目，就应该用专门撰写的教材来完成，而不能用质量不高的选文来充数。本书下半部分的"现代汉语阅读"一章有关于用古诗进行识字教学的详细论述。现代汉语书面词语的学习，如果不能用名篇来完成，那么就应该通过专门撰写教材的方式来完成，本书下半部分的"现代汉语阅读"章也有详细论述。

根据这个标准，外国文学作品也不宜选作精读精讲教材。外语文章当然也有精品，但它不是汉语的精品，而是外语的精品，汉语母语教育应该学汉语语言形式方面的典范作品。如果我们学习英语，那就可选英语精品作为英语教材；学法文，就可选法文精品作为法语教材。我们现在是学汉语，应该学的是汉语精品，外语精品最多只能作泛读内容，供了解历史、开阔视野、丰富见闻用。因为外国文学名著，翻译之后就是现代汉语作品了，从母语教育的角度看，完全可以按照白话文来对待。

编写语文教材，我们应该牢记："经典性几乎是所有的文选型教材共同的追求。""文选型的语文教材，无法也不可能追逐时尚。即使是领世界潮流之先的美国语文教材，仍然是莎士比亚的十四行诗、李白的诗、雪莱的诗，至多是桑德堡的诗。时间检验一切，洗汰一切，真正有价值的文学作品历久弥新。"[1]

《唐诗三百首》为什么能够使用广泛、流传久远？朱自清说：它"入选的差不多都是经过一千多年淘汰的名作，差不多都是历代公认的好诗。"[2]

---

1. 洪宗礼、柳士镇、倪文锦主编：《母语教材研究》10、《中外比较视野中的语文教材模式研究》第59-60页，南京：江苏教育出版社，2007年9月第1版。
2. 《朱自清语文教学经验》第14页，北京：教育科学出版社，2007年6月第1版。

第三节 体系安排：科学严密，直线贯通

一、古代经验

在古代，从蒙学教育一直到大学教育，都是一盘棋，各阶段各学年统一规划，统一安排，由易到难，各阶段之间教材内容没有重复。《程氏家塾读书分年日程》最为典型。《日程》虽然是一个私塾教学计划，但国子监"颁示郡县"，被当时的公办学校和书院所参考与采纳，清代陆陇其还特别刊刻此书，因此得以长期流传。所以《日程》基本上可以看作是元明清三代的普通教学计划，是中国封建社会最后五六百年正规教育的一个缩影。《日程》规定的教学内容包括：

启蒙阶段：八岁以前学程逢源改编的《性理字训》和朱熹的《童蒙须知》，这是识字教育和早期的思想教育。

基础阶段：八岁至十五岁，熟读《小学》和"十三经"（《尔雅》除外）；学《小学书》的同时要习字、属对、演文。

提高阶段：十五岁到二十岁或二十一、二岁，学习内容包括：（一）熟读《四书集注》；（二）抄写五经的原文及指定的注疏并诵读；（三）读史，以《通鉴》为主，参看《纲目》《史记》《汉书》《唐书》《唐鉴》；（四）熟读韩文七十篇和《楚辞》；（五）看指定的性理、治道、制度书。

这两段时间主要是阅读教学，以精读为主，看性理、治道、制度书属一般阅读。此外，习字属写字教学，属对属基础的写作教学，演文属说话教学亦可谓之辅助阅读教学。

学文应举阶段：二十一、二岁以后的二三年专力学文。这是以作文

教学为核心的应付科举考试的阶段。

在这个教学计划中，先识字，再读经，再读史读文，最后作文。识字是包括语文在内的一切学习活动的前提，故放在最前面。作文是语文教学的最高阶段，它要以前面的读书作基础，读经读史为作文提供内容、观点和裁判事物的标准，读文为作文提供方法和技术上的参考。在《日程》中，语文教学的各项内容，识字、习字、阅读、写作都没有重复，没有交叉，都是直线上升，后一阶段的学习以前一阶段为阶梯，然后步步升高。撇开具体教学内容和教学年限不管，单看它的设计思路：这样编排，体系严密，照顾周到，学生学有所本，学有所依，并且都是学有所获，学有所成。

清人王筠《教童子法》也是直线布局的。先识字，再学点语文常识，再属对，再读经，最后作文。各阶段内容明确，循序渐进，互不统属。

二、如何借鉴

1.近现代的做法

在谈借鉴之前，我们先了解一下近现代语文教材编写的做法。

1912年以来，从来就没有一套教材兼顾中小学。张志公先生强调中小学衔接，但他自己只编了初中教材。叶圣陶先生编写过各阶段的教材，并且有不少口碑很好的教材如《国文百八课》《开明文言读本》等，但也没有编过12年一贯的教材。课标的制定也是从一开始（1913）就分开的，小学组编小学课标，中学组编中学课标，虽然术业有专攻，但这样各段管各段不可能照顾周全，遗漏、交叉、重复在所难免。2019年开始使用的部编本语文教材由温儒敏总主编，开始有了"直线贯通"的思想，教材的质量也有了明显进步。但因为是第一次这样做，没有经验，或者是习惯的力量太强大而不易改变，或者是其他原因，这套部编教材基本思路没有变，重复交叉的现象还存在。人教社这样总结："从课本中看，小学、初中、高中三个阶段没有统筹安排，没有明确的分工，各年级教学没有基本的确定的内容；教材可以随意抽换。""处处表现了教学的随意性，缺乏科学性"。[1]这基本上是新中国成立到今天的教材情况。且看几套教材：

　　1935年出版的由夏丏尊、叶圣陶主编的《国文百八课》，叶自己认为"是彻头彻尾采取'文章学'系统的"，[2]论者也认为："《国文百八课》在文章学知识和语法修辞知识方面是最为系统和严整的。"[3]这是典型的"例子"说的产物。叶氏编这套初中教材就是为了阐说语文知识，主要是写作知识和语法修辞知识的。单就语文知识的解说来说，应该是系统、完整、科学的，所以至今享有很高的声誉。但它有两个不足。一是单有初中教材，没有小学和高中的教材与之配套。这一上一下两个阶段学什么？初中的这108个知识点还学不学？其他的又学什么？看不出叶氏的计划和安排。基础教育12年只安排了三年，内容上还是有欠缺的。二是学习汉语除了学语法修辞和写作知识外，还有学习文学名著名篇和了解固有文化的任务，甚至可以说后者应为主体。而这个方面是《国文百八课》所忽略的。并且，《国文百八课》只编了四册，因战争原因后二册没编。

　　1985—1997年人教版的高中语文实验课本也是一套很有特色、很有质量的语文教材。它在800多教学班进行了两轮试教，[4]实验时间够长。但它没有小学、初中的内容，也是不全面的。20世纪90年代王尚文主编的浙江版初中语文课本（实验本）由文选、语文实践活动、语文常识和

---

1. 课程教材研究所编著：《新中国中小学教材建设史》（1949-2000）研究丛书·中学语文卷第197页[M].北京：人民教育出版社，2010.
2. 课程教材研究所编著：《新中国中小学教材建设史》（1949-2000）研究丛书·中学语文卷第406页[M].北京：人民教育出版社，2010.
3. 洪宗礼等：《母语教材研究[M]》（9）语文教材编制基本课题研究第411页. 南京：江苏教育出版社， 2007.
4. 洪宗礼等：《母语教材研究[M]》（3）中国百年语文教材评介第316页. 南京：江苏教育出版社， 2007.

文化常识三大板块组成。作为教材的主体部分文选又分精读编、泛读编和一周一诗三大块，其中精读编每册20课，每课均配有"学法指导"，全套教材设"学法指导"120次。[1]特色鲜明，个性突出，优点不少，但也只有初中，没有顾及小学和高中，所以也没有大面积推广。

所以，这些教材虽然好，但由于它们是孤立的，没有形成完整的体系，仍然是有欠缺的，因此它们没有成为全国通用的教材。

人民教育出版社出版的教材多是小学、初中、高中齐全的，但它是由不同的人编成的，说不上完整、严密，遗漏和重复是很常见的现象。如人教版的课标教材就有简单的重复。这一点在初中教材中表现得比较突出，高中和小学也有。如七年级上册的第13课《山中访友》与小学六年级上册第1课重复，习题都有两小题一样：七年级上册："作者拜访了哪些朋友？为什么把进山看景说成是'山中访友'"？六年级上册：说说作者在山中拜访了哪些朋友？课文为什么以"山中访友"为题？七年级下册的《两小儿辩日》与六年级下册第1课完全一样；《荒岛余生》与小学六年级下册第16课《鲁滨孙漂流记·精彩片段》重复；《珍珠鸟》与小学五年级上册第16课的自读课文重复；《丑小鸭》与小学二年级下册内容重复，只不过二年级时是根据安徒生作品改写，篇幅只3页，七年级下册的《丑小鸭》是删节。八年级上册的《写在前面》与七年级上下册语气、结构基本一样，只有极少的内容不同。九年级上册的《故乡》与六年级上册的《少年闰土》完全重复，后者是前者的一部分。高中必修二的《致同学们》只有倒数第2段介绍本册内容独特，其他段落与必修一同。

可见，没有把中小学看成一个整体，就很难编出完美的教材。

从小学到高中，12年左右的语文学习时间，如果没有通盘考虑，统一安排，而是不同学段各行其是，我行我素，彼此不通声气，各自为政，没有照顾，没有呼应，没有衔接，就会出现遗漏、交叉、重复等种

---

1. 洪宗礼等：《母语教材研究[M]》（10）《中外比较视野中的语文教材模式研究》第6页. 南京：江苏教育出版社，2007.

种严重的问题，其中最大的不足就是教学内容的重复。于漪说："不探讨科学的序列，教学中有些十分突出的问题很难解决。比如重复劳动的问题，对某一语文知识小学教，初中教，高中还教。必要的循环是可以的，但如果既未在广度上加以开拓，又未在深度上进行发掘，那就浪费了师生的时间与精力，教师进行了许多无效劳动，做了许多无用之'功'。又比如写作训练的问题，有些学校要求小学一二年级学生就作文，但是进入初中仍然错别字连篇，写一两段话都写不通，更不必说组篇成文了。"[1]为什么会出现这种情况呢？根本原因是教材问题，小学、初中、高中的教材都由不同的人编，都是以选文为主，都没有认真研究相邻阶段语文教材的内容。

当前的作文教学似乎可以这样说，年年学作文，年年训练的内容大同小异，年年作文训练的要求似曾相识，年年交叉，年年重复，年年炒现饭。结果是年年老样子，年年无明显进步。总之一句话，年年学，年年学不好。识字教学、阅读教学、口语交际教学也差不多。小学、初中、高中三个阶段几乎都有识字、作文、现代文阅读、古诗文阅读等内容，只是在"简单的""比较复杂的""复杂的"等概念上加以区分，而实际上谁也不能真正准确地把这些概念区分开。小学学《少年闰土》，中学学《故乡》；小学学《将相和》，中学学《廉颇蔺相如列传》。"幼儿园教汉语拼音，小学又教，初中再教，甚至大学的现代汉语课还要教"，幼儿园、小学、初中都学"扛"字，[2]小学、初中、高中都培养现代文阅读能力，这样安排，教学内容和教学方法很难做到不雷同。老是讲究螺旋式上升，重复相同内容，学生很难始终保持高涨的学习热情。即使非常努力学，也不会有明显的收获。教学内容大量重复，既影响教学效率，又影响学生的学习积极性，最后的结果是现在的青少年语文程度不高。

---

1. 于漪：《于漪语文教育论集》[M].北京：人民教育出版社，1996.30.
2. 张志公：《语文教学论集》第113页[M].福州：福建教育出版社，1985.

2. 现在怎样直线贯通

把一个人一生从事一般工作需要哪些语文知识、哪些语文能力、哪些文化常识整理出来，然后在各级语文教材中恰到好处地呈现出来，做到不遗漏，不重复，从易到难、从简到繁、由浅入深、循序渐进，这样设计应该是能够做到的。张志公先生曾提出过一个直线布局的思想："要从幼儿园的语言训练考虑起，一直考虑到高中毕业为止，做全面的安排，不要一段管一段，井水不犯河水，各自为政，互不相谋。大体上可以分幼儿园早期、幼儿园后期（能不能识点字）、小学前期（前三年）、小学后期（后两年）、初中、高中六段，每段之中再按年、按学期以至按月、按周来分别规定。"[1]这是一个理想的设计，只是张先生没有提出一个具体的方案来。

我的想法是，按模块方式编。

先找出本学科青少年必须学习的内容，再按性质组成大大小小几个模块。首先，可将本学科的内容分成现代汉语和古代汉语两个大的模块。再将现代汉语分成阅读和写作两块，现代汉语阅读再分成常用字和书面词语两大块，现代汉语写作分成基础训练、课对、范文精读和一般作文训练四大块。将古代汉语分成韵文和古代散文两个模块。古代汉语韵文再分为古体诗、近体诗、词曲，古代汉语散文可根据文体分成几个模块。

再根据学生的年龄特征、心理特征、学习年限等因素，将这些内容进行统一规划，统一编排，像程端礼那样一次性地分布到从一年级到高中的12个学年中，每个内容只出现一次。大致可以这样安排：一二年级集中识字1500左右，三至六年级集中学习现代汉语书面词汇和民间谚语、俗语。其中古代韵文可贯穿小学各年级，只要不重复就行；课对安排一个单元，集中学习一个月左右，七至九年级精读作文范文、集中学习作文知识、学习古代散文，十到十二年级学习古代散文、复习高考。

---

1. 张志公：《语文教学论集》第77页[M].福州：福建教育出版社，1985.

这些内容本书下半部分有详细论述。

在这个直线贯通的教材设想中，先学对仗，后学近体诗，因为对仗是基础；先学韵文，后学散文，因为韵文读起来朗朗上口，便于诵读和记忆，符合儿童多记性少悟性的成长规律；作文放在现代汉语的最后，因为作文是最复杂最高级的语文活动，它不仅需要以读书为基础，从大量阅读中积累语言材料，学习表达技巧，而且需要丰富的阅历，开阔的视野，宽广的胸怀，高尚的境界，年龄太小不易学好。在这个设想中，教学内容没有重复，没有交叉，每年都学新的内容，甚至每天都是新的内容，前面的内容是后面学习的基础，后面的学习是前面内容的提高，由浅入深，由易到难，环环相扣，直线前进，便于教，也便于学。这样，就不会出现张志公先生说的这种奇怪的现象了："中学生如果缺了一堂数学课或者其他课，他要找老师或同学给补一补，把题目做一做。只有语文不必。不要说一课、两课、三课，即使缺十课、八课的，也不要紧，不必请人给补，自己对照注解把课文看一遍就行了，至于'分析'之类，反正这一课与那一课大同小异，没多少新鲜的东西。"[1]

人民教育出版社的黄光硕说："普通教育的三个教学阶段，小学、初中、高中的教材，应该统筹安排，从整体来考虑。小学、初中、高中各自负担什么任务，达到什么目标，都应该有所分工，有所配合，希望不久的将来，有一套从小学到中学、适合四个现代化需要、为大家所公认的好的语文教材诞生。"[2]如果语文教材真的做到了12年通盘考虑，统一安排，不断丰富，不断完善，那么语文教学的质量必将提高。

只有三个阶段同时兼顾，才能避免重复、遗漏、交叉、时好时坏的毛病。人教版课标教材的六年级下册和七年级下册都有《两小儿辩日》，苏教版课标教材七年级上、下册都有《题破山寺后禅院》《登岳阳楼》、高中必修四和必修五都有《滕王阁序》，这是一种很不应该的

---

1. 张志公：《语文教学论集》第41－43页[M].福州：福建教育出版社，1985。
2. 黄光硕：《语文教材论》第6页，北京：人民教育出版社，1996年3月第1版，此文写于1984年。

现象，完全可以避免。

第四节　难度标准：需要努力才能学好

古代留下的经典教材没有一本浅易到一看就明白的，都需要老师教，都需要自己动脑筋，要掌握它，需要付出意志努力，要挥洒汗水，要劳动筋骨。可以说，有足够难度是古代教材刻意追求的，浅易平实的内容是不会出现在需要教师讲解的教材中的。即便是识字教材，理解起来也都是有一定难度的。如《三字经》里的"如负薪，如挂角，身虽劳，犹苦卓"12个字，都是单音词，差不多每个字都要解释，但解释之后，都能懂，不是太难，因字数少，便于记忆，不用几分钟，学生便可把内容和字句全部储存在头脑中。稍作复习便可经久不忘。识字之后的课对教材、常识教材、典故教材、诗学教材、经学教材等都是有足够难度的，都需要努力才能学会，学了之后一定有收获，有长进。

过去有些家庭对孩子的启蒙教育，用的都是有难度的教材。如郭沫若五六岁发蒙的时候，就非常喜欢唐人司空表圣的《诗品》，六七岁时已将《诗三百篇》《唐诗三百首》《千家诗》等念得透熟。[1]钱穆识字起开始阅读的一本史书是祖父去世后留下的一部五色圈点的大字本《史记》。[2]刘师培开蒙是从《尔雅》《说文解字》读起，训练训诂的基本功，而不像其他私塾的学生那样，一开始只读些《三字经》《百家姓》之类的启蒙读本。[3]郭、钱、刘是大师，不是一般的人才，智力远远超过

---

1. 阎焕东编著：《郭沫若自叙》第39页《序我的诗》，2002年5月第3版第3次印刷。
2. 汪修荣：《民国教授往事》第93页，郑州：河南文艺出版社2008年4月第1版。
3. 章玉政：《狂人刘文典》第36页，桂林：广西师范大学出版社2008年5月第1版。

普通人，用的也不是一般难度的教材，而是难度很大的教材，但他们的经验也多少给我们一点启示，普通的孩子也可以用难一点的教材，这对他们的进步有利。

追求难度是符合认识规律和教育规律的。学生上学，是来学新的知识、过去不懂的知识、有一定难度的知识的。如果是已懂的知识，就没有必要到学校来；如果是很容易的知识，自己学就可以了。倪文锦先生说："'定篇'不俯就任何的学生，不管生活处境如何，不管阅读情趣如何，每个学生都应该按同样的要求去学习、掌握。"[1]专门研究小学语文教学的专家张田若说："任何学习都应有一定难度"，"学生的学习从一年级开始就和幼儿园的游戏不同。学习是一项脑力劳动，它应该是一个沿着一定方向不断克服困难的过程。"[2]苏联教育家赞科夫在《和教师的谈话》中提出五大新教学原则，第一条就是"高难度进行教学"，高难度不是越难越好，而是说教学内容对学生来说应该有一定难度，比学生原来的程度有所提高，不是炒现饭，不是原地踏步，也就是我们常说的跳起来摘果子的意思。凭借学生现有的知识基础和能力水平能够轻松学习的知识放在课外自学就行，不用老师在课堂上花时间教，也不用学生在一起相互切磋琢磨。赞科夫说："儿童的智力也像肌肉一样，如果不给以适当的负担，加以锻炼，它就会萎缩、退化。"课堂教学，应该让学生动动脑筋，这样才能充分满足儿童的求知欲和利用他们的认识可能性，使儿童的"最近发展区"不断地转变为"现实发展水平"，从而在知识和智力上不断地上台阶。

传统的经典教材，只有识字之后的日常行为规范教育（如《弟子规》）不追求教材有难度，因为这类教材强调的是身体力行，追求的是在现实生活中去做，而不是背诵其中的知识条文。这些行为规范是关于坐、立、行、走、说话、做事的要求的，学生上学之前有的已经初步学

---

1. 倪文锦：《语文教材编制与民族文化传承》，《语文建设》2015–6第7页。
2. 张田若等：《中国当代汉字认读与书写》[M].成都：四川教育出版社1998：326.

过，有的听说过，只是他所知道的不全面而已。老师上课不会像教学"三、百、千"那样要求每个字都掌握它的形音义，也不会像读经教材如《四书集注》那样不仅要理解它的内容，还要背诵它的语言文字，也不会像《文章轨范》《古文关键》那样要学习它的写作技巧。这类教材，让学生课后自己去学也行，如果老师用它来上课，可以做点解释，也可以完全不讲，只要求学生按照它的要求去做就行了。传统教育中其他教材对学生来说第一次学的时候都是新的，都是有一定难度的。如属对教材《对类》《声律启蒙》《笠翁对韵》，百科常识教材《名物蒙求》《幼学琼林》，典故教材《蒙求》《龙文鞭影》，历史知识教材《五言鉴》《十七史蒙求》，经学教材十三经、史学教材《史记》《汉书》《资治通鉴》等，对学生来说都是新的，都是过去没有接触的。教学时一本一本来，一科一科学，循序渐进，积少成多，再假以时日，自然就形成了全面的语文素养。

　　要让学生认真学教材，就要有一定的难度。学生在日常生活中已懂的东西不要放到教材里来了，基本懂的知识也不用入教材。其次要做到尽量不要重复，知识一般只学一次，保证学生每次见的都是新东西。

　　反观今天的语文教材则不是这样。语文自民国成立以来，有一种观点叫作"螺旋上升"，一个知识点或能力训练点，学生学一次可能学不会，于是就让它在教材中多出现几次，让学生和它多见几回面，以便能学得牢固。于是有的知识在小学出现过了，到初中、高中又再出现，甚至在同一阶段（小学或初中或高中）都出现几次。这样给学生的感觉是重复学习，热情和积极性很难充分鼓起来。

第五节　语言特点：整齐上口与庄重典雅并重

孔子说，言之无文，行而不远。没有文采，教材不可能流传久远。追求语言美，是古代经典教材的基本特点。在古代，语文教育的最初阶段，主要是识字教学和基本的行为规范教育及常识教育，这时的教材一般是专门撰写的，如《三字经》《百家姓》《千字文》《龙文鞭影》《幼学琼林》等，这样的教材语言上的优点是整齐上口，具体说是句子整齐匀称，对仗和押韵；之后的阅读教学和作文教学，其教材大多是文选制，即选择经过漫长历史大浪淘沙留下的经典诗文作为教材，如十三经、《唐诗三百首》《古文观止》《文章正宗》及经史原著，这样的教材语言上的主要特点是庄重典雅，具体说是简练、概括、精致、优美。

先说整齐上口。句子整齐是指连续几句话字数相同或大致相同，整齐匀称，读起来顺口，听起来悦耳。汉语单音字多，很容易形成句式整齐的句子。这样的句子，有气势，有力量，朗朗上口，声声动听。例如，"如衣服，如饮食，不如人，勿生戚。"（《弟子规》）都是三言，句子整齐，读来顺口，也容易记忆。这里用了排比的修辞手法，也用了典型的书面词汇"勿""戚"，这是刻意追求的结果，为的是便于儿童学习和接受。如果用散文的句式写，应该是："衣服和饮食，比不上别人不要伤心。"这样写，通俗明白倒是有了，但是，韵味没有了，力量没有了，感染力没有了，表达效果无法与原文相比。古代的经典教材一般都追求句子整齐，或者三字句，或者四字句，或者五字句与七字句，这样语气流畅，气韵生动。

另外，蒙学阶段的经典教材，大多对仗和押韵。对仗，充分利用了汉语单音字多容易形成对偶的特点，也符合中华民族崇尚对称均匀的审美心理，而且听觉效果也非常突出。押韵，主要优点是声律美，难度不高，入门容易。儿童乐意读，能够背。句子整齐的教材基本是押韵的，如《三字经》《百家姓》《千字文》《弟子规》《名物蒙求》《龙文鞭影》等；杂言的经典教材一般对仗，如《幼学琼林》等；有的经典教材既押韵又对仗，如《名物蒙求》《笠翁对韵》《声律启蒙》《增广贤文》等。除属对教材对仗、诗歌教材押韵外，其他经典教材的对仗和押韵都是刻意追求的结果。在识字教材、常识教材、典故教材、历史教材、格言警句教材中押韵和对仗，纯粹是为了激发儿童的学习兴趣，降低学习难度，提高学习效率，让儿童感到读书不仅可以长知识、增学问，而且也是一件轻松有趣的事。这样也就容易完成教育教学的各项任务。

相反，教材如果没有整齐上口的优点，那么，它的影响不可能广，流传不可能久。朱熹的《童蒙须知》，以散体文的方式写成，句子长短不一，不押韵，不整齐，不对仗。虽然总字数不多，虽然通俗，虽然重要，虽然有用，但儿童读来不易记住，当然更不易践行了。所以尽管朱子是名家，但它的流传远不如宋程端蒙的《性理字训》，更不如清李毓秀的《弟子规》。我想根本原因就在这里，语言没有做到整齐上口。

再说庄重典雅。主要是说经典教材语言优美大方，意味深长，清新隽永，简练不啰唆，概括不冗长，精致不单薄，高贵不粗俗。不讲废话闲话，不讲口水话，不讲大白话，每一词每一句都包括比较丰富的含义，需要想一想才理解得充分，懂透了之后留在心里的又只是那精致典雅的语言。例如，"将加人，先问己，己不欲，即速已"（《弟子规》），用非常简洁的语言教育青少年一条待人接物的重要原则，"己所不欲，勿施于人"。"富贵如浮云，觑破了，得亦不喜，失亦不忧"（《增广贤文》），讲的是一个对待富贵名利的大道理，用了比喻，用了书面词语"觑"，用了文言虚词"亦"，读了让人觉得语言美，思想深，哲理长。又如"爽欣御李，白愿识韩，黔娄布被，优孟衣冠"（《龙文鞭影》），意思是荀爽很高兴为李膺赶马车，李白愿意认识善于选拔人才的荆州刺史韩会，春秋时齐国贤士黔娄贫困到死后覆盖身体的布被不能同时盖住头和脚，春秋时楚国善于表演的优孟穿上孙叔敖的衣冠为孙叔敖的儿子争取到了封地。[1]一句话一个典故，一句话一个故事，概括到了极点。程度更高的文选教材更是如此，如十三经是用当时完全不同口语的典雅书面语写成，语言高度浓缩概括，精炼到了极点。《古文观止》也是五千年中国文学中的精品，都是用典雅精练的书面语写成的。经典教材多是这种语言，简洁概括，庄重典雅。即使用通俗的语言来表达，也会有哲理，不落俗套，如"野火烧不尽，春风吹又生"（白居易诗），"咬定青山不放松，立根原在破岩中"（郑板桥诗），"饶人不是痴汉，痴汉不会饶人"，"贪他一斗米，失却半年粮"（《增广贤文》），"战胜而回，谓之凯旋；战败而走，谓之奔北"（《幼学琼林·武职》），"冰生于水而寒于水，比学生过于先生；青出于蓝而胜于蓝，谓弟子优于师傅"（《幼学琼林·师生》）。用字简单平常，含义却深刻概括。可谓"平字见奇，常字见险，陈字见新，朴字见色。"（清人沈德潜语）

和庄重典雅相对的是粗俗浅白。过于粗俗浅白，那就是市井中语，生活中言，是顺口溜，是打油诗，不是文学，更不是经典，不能登教材的大雅之堂。如宋代以后称为杂字书的蒙学识字读物，在中下层社会中非常流行，极其通俗浅白，如"人生世间，耕读当先。生意买卖，图赚利钱。学会写账，再打算盘。"（《山西杂字必读》）"且耕且读正业，只图家庆身安。良田多买几顷，树木多栽旁边，幸遇连年丰稔，仓库银粮积攒。"[2]太白太浅太俗，所以只流行于当时的中下层社会中，没有被官方认可，没有被群众接受，所以没有被普遍推广，最后也就淹没在历史的长河中。

通俗明白应该是老师解释教材所追求的风格，这样学生才容易懂，容易接受，教学效率才高。课外读物也可以通俗一点，便于自学。而

---

1. 《中国蒙学经典大全集》第507页，北京：中国华侨出版社，2010年9月第1版。
2. 张志公：《传统语文教育教材论》第31－32页，北京：中华书局，2013年10月，第1版。

作为教材则不适宜。因为太浅白，它的含金量就不多，内容就不丰富，语言自然没有概括性，学生学习它收获就不大。并且，语言浅白，学生完全可以自学，哪里用得着麻烦老师在课堂上教呢？中国文学一向是唐诗、宋词、元曲、明清小说并称，但这些体裁进入古代经典教材的比例是明显不同的。古代经典教材主要选的是诗，并且以唐代为主。新文化运动以后，宋词、元曲、明清小说才慢慢进入教材中来，并且比例也不是很大。什么原因？我想主要是雅与俗、难与易的问题。学生在学校要学的主要是典雅有深度的内容，浅显的通俗的大众的内容一般不会放到教材中去，因为必要性不大。

反观今天的语文教材，语言不美、浅白平易的课文随处可见。

窃以为，语言美是语文精读教材的必要条件，语言不美的文章，绝不能成为青少年熟读精思的对象，不能用以浪费学生的宝贵光阴。中国历史五千年，从未听说过粗制滥造的作品可以进入教材成为经典！总之，教材不应追求通俗明白的风格，教材应该美，应该高贵，应该短小精悍，应该精致典雅。

过去有一种比较普遍的观点，认为古代的经典教材动辄使用数百年，重要原因之一是中国封建社会长期停滞不前。[1]这样说虽然有道理。但是，从某种角度来说，这个原因也可以忽略不计，过去也有过昙花一现的教材，如前面提到的班固、扬雄的识字教材。汉语教材能够长期流传，根本原因是这种教材完全体现了汉语的特点，挖掘了汉语的精华，反映了汉语的客观规律，同时又符合学习者的生理、心理特点，能够满足学习者的学习需求。现在如果能够编出具有这两个特点的汉语教材，同样也可以流传几十年甚至上百年！根据时代特点，稍作增删就行了。因为中国的历史没有变，中国的文化没有变，经史子集没有变，唐诗宋词没有变。

---

1. 张隆华、曾仲珊：《中国古代语文教育史》第92页，成都：四川教育出版社，2000年10月第2版。

第四章 经典教学法著作介绍

古代关于教学方面的经验总结和理论论述大多是零碎的,散见于教育家、思想家的其他著作或笔记之中。如《论语》《孟子》《中庸》《大学》《荀子》《墨子》《论衡》《颜氏家训》等著作中有不少关于教育的片段论述,董仲舒、韩愈、柳宗元、王安石、张载、程颢、程颐、朱熹、王守仁、顾炎武、王夫之、曾国藩等学者的著作中亦有不少论述,《礼记》中的《学记》、《吕氏春秋》中的《诬徒》《善学》、朱熹的《白鹿洞书院教条》《学校贡举私议》、王守仁的《教约》等都是单篇的教育论文,后面的《传统教育教学方法介绍》一章中略有提及。本章主要涉及集中讨论教学问题的专著,挑最重要的三种介绍。

第一节 程氏家塾读书分年日程

一、作 者

程端礼(1271—1345),字敬叔,号长斋,人称畏斋先生。祖籍江西鄱阳,后迁至鄞县(今浙江宁波)。至元、延祐年间先后为建平(今安徽郎溪县)、建德(今浙江建德市)两县儒学教谕,后历任台州路

（今浙江临海）、衢州路（今浙江衢江区）儒学教授及稼轩、江东书院山长、铅山州学教谕，以台州教授致仕。

二、结　构

姜汉椿校注《程氏家塾读书分年日程》，安徽古籍丛书（影印本），1989年版。全书分四部分：序、纲领、三卷正文、附录。

1.序

在简短的序中，程氏主要谈了写作本书的原因和作用。他认为当时的求学者，"要其有成，十不能二三"，原因是"曾未读书明理，遽使之学文"。大家都希望早日成才，获取功名。于是上学没几年，识字还不充分，书也没读几本，就开始学写作文，因为科举考试只考作文。创作没有充分的阅读和丰富的人生阅历作基础，不懂道义，没有判断是非的标准，怎么写得好呢？所以程氏认为有百分之七八十不能成功。这里的"有成"，应该不是指考取功名，而是指大致能读得懂书，写出的文章大致像样子。程氏是儒学教谕，有许多学生。他对社会上的这种学风很担忧，于是就在他的家塾中制定了这个《读书分年日程》，让学习者按照科学的次序读书作文。程氏认为用他的方法治学，最后可以达到这样的境界："经之无不治，理之无不明，治道之无不通，制度之无不考，古今之无不知，文词之无不达，得诸身心者，无不可推而为天下国家用。"

2.纲　领

纲领先引用《白鹿洞书院教条》《程董二先生学则》《西山真先生教子斋规》《朱子读书法》。《白鹿洞书院教条》是朱熹所订学规，包括五教之目、为学之序、修身之要、处事之要、接物之要这些内容。《程（程端蒙）董（董铢）二先生学则》包括必严朔望之仪（谒孔子、先生之礼)、谨晨昏之令、居处必恭、步立必正、视听必端、言语必谨、容貌必庄、衣冠必整、饮食必节、出入必省、读书必专一、写字必楷敬、堂室必洁净、相呼必以齿、接见必有定、使人庄以恕,而必专所听这些内容。引此两学堂规则的目的,"一则举其学问之宏纲大目,而使人之知所用;一则定为群居日用之常仪,而使人有所持循。"《西山真先生(德秀)教子斋规》包括学礼、学坐、学行、学立、学言、学揖、学诵、学书八项。《朱子读书法》只引居敬持志等六条,没作解释。有了读书治学的纲领方向,又有日常持守的行为规范,那么,学生就能够做到内心笃定、严于律己、言行不违了。

　　再引朱子《记经史阁》阐述学之本是明德新民、止于至善,敬存己心。引《记稽古阁》说明仁、义、礼、智、恻隐、羞恶、恭敬、是非人皆有之,引朱子上疏奏扎说明"为学之道,莫先于穷理;穷理之要,必在于读书。读书之法,莫贵于循序而致精。而致精之本,则又在于居敬而持志"。程氏是这样论述"致精之本,在于居敬而持志"的:"若夫致精之本,则在于心。而心之为物,至虚至灵,神妙不测,一不自觉,而驰骛飞扬,以徇(追求)物欲于躯壳之外,虽其俯仰顾盼之间,盖已不觉其身之所在,而况能反复圣言,参考事物,以求义理至当之归乎?孔子所谓'君子不重则不威,学则不固';孟子所谓'学问之道无他,求其放心而已矣'者,正谓此也。诚能严恭寅畏(寅畏,恭敬),常存此心,使其终日俨然(形容矜持庄重),不为物欲之所侵乱,则以之读书,以之观理,将无所往而不通;以之应事,以之接物,将无所处而不当矣。此居敬持志所以为读书之本也。"这里重点论述了"居敬",认为只要严谨持重,不被物欲蒙蔽心灵,那么读书求知没有不通的,接物应事没有不当的。

　　引朱子答汪尚书书说明一味求快求高,不能脚踏实地、沉潜玩索、循序渐进,这是不能成功的。

　　再引朱子语说明要用"敬"使自己内心正直、用"义"对别人态度端方,引李贯之语说明"敬"和"义"的重要性,认为"敬义二字,该尽《六经》《语》《孟》中所言之理。"引朱子《论孟集义序》盛赞二程等九家深得孔孟要义，引果斋史先生突出"尚志、居敬、穷理、反身"，又引孔子、孟子说明立志的重要性，引程子语曰："言学便当以道为志，言人便当以圣为志"，然后阐述"此志既立，便当居敬以涵养其本原"。

在《纲领》中，程氏主要强调的是立志、居敬、慎为，就是要有远大而正确的人生理想，要有恭敬、严谨的治学态度，谨慎规矩的行事方式。这是方向问题，是追求问题，是读书治学成功的先决条件，所以称之为"纲领"。

3. 正　文

正文三卷，一卷谈读经，二卷谈读史、读文和应科举，三卷是小学知识即语言文字知识。

（1）第一卷介绍

一卷，开头说"日程节目主朱子'教人读书法'六条修，其分年主朱子'宽着期限，紧着课程'之说修。说明程氏家塾读书的基本方法是"朱子读书法"的灵活运用，制定学习任务的原则是：学习要勤奋，要努力，不能松松垮垮，不能拖拖拉拉，但学习目标可以宽松一点，不要使自己太累，从而产生畏难、恐惧心理。

一卷正文分三部分。第一部分《八岁未入学之前》，内容是读《性理字训》和朱子《童蒙须知》，只有三行74字。

第二部分《自八岁入学之后》。内容是：①读《小学书》正文；②习写字；③放学时面属一对；④学习《大学》《论语》《孟子》《中庸》《孝经》《书》《诗》《仪礼》《礼记》《周礼》《春秋》及《三传》正文。

开头介绍读经方法：

日止读一书，自幼至长皆然。此朱子苦口教人之语。随日力、性资，自一二百字，渐增至六七百字。日永年长，可近千字而已。每大段内，必分作细段，每细段，必看读百遍，倍读百遍，又通倍读二三十遍。后凡读经书仿此。自此说《小学书》，即严幼仪。大抵小儿终日读诵，不惟困其精神，且致其习为悠缓，以待日暮。法当才完遍数，即暂歇少时，复令入学。如此，可免二者之患。

日程小学大学：小学读经三日，习字演文一日，所分节目，详见印空眼簿。必待做次卷工程，方许学文。

每夙兴，即先自倍读已读册首书，至昨日所读书一遍。内一日看读，内一日倍读。生处、误处记号以待夜间补正遍数。其间日看读，本为童幼文理未通、误不自知者设。年十四五以上者，只倍读，师标起止于日程空眼簿。凡册首书烂熟，无一句生误，方是工夫已到。方可他日退在夜间与平日已读书轮流倍温，乃得力。如未精熟，遽然退混诸书中，则温倍渐疏，不得力矣，宜谨之。凡倍读熟书，逐字逐句，要读之缓而又缓，思而又思，使理与心浃。朱子所谓精思、所谓虚心涵泳；孔子所谓温故知新，以异于记问之学者，在乎此也。

《日程》空眼簿的详细填法是：

以前日程，依序分日。定其节目，写作空眼，刊定印板，使生徒每人各置一簿，以凭用工。次日早，于师前试验，亲笔勾销。师复亲标所授起止于簿。庶日有常守，心力整眼，积日而月，积月而岁，师生两尽，皆可自见。施之学校公教，尤便有司钩铃考察，小学读经、习字、演文，必须分日。读经必用三日，习字、演文止用一日。本未欲以此间（间，间隔）读书之日，缘小学习字、习演口义、小文词，欲使其学开笔路，有不可后者故也。假如小学簿纸百张，以七十五张印读书日程，以二十五张印习字演文日程，可用二百日。至如大学，惟印读经日程。待《四书》本经传注既毕，作次卷工程时，方印分日读看史日程。毕，印分日读看文日程。毕，印分日作文日程。其先后次序，分日轻重，决不可紊。人若依法读得十余个簿，则为大儒也，孰御？他年亦须自填以自检束，则岁月不虚掷矣。今将已刊定空眼式连于次卷，学者诚能刊印，置簿日填，功效自见也。

结语是：前自八岁约用六七年之功，则十五岁前，《小学书》、《四书》、诸经正文，可以尽毕。既每细段看读百遍，倍读百遍，又通倍大段。早倍温册首书，夜以序通倍温已读书。守此，决无不熟之理。

第三部分《自十五志学之年 即当尚志》。开头说："为学以道为志，为人以圣为志。自此依朱子法读《四书注》。"接着强调要立志、要居敬：

必以身任道，静存动察，敬义夹持，知行并进，始可言学。不然，则不诚无物，虽勤无益也。朱子谕学者曰："学者书不记，熟读可记，义不精，细思可精。惟有志不立，真是无著力处。只如今人，贪利禄而不贪道义，要作贵人而不要作好人，皆是志不立之病。直须反覆思量，究其病痛起处，勇猛奋跃，不复作此等人，一跃跃出，见得圣贤千言万语，都无一字不是实语，方始立得此志。就此积累工夫，迤逦向上去，大有事在，诸君勉旃（勉旃，zhān，勉之，努力之意），不是小事。又如程子《四箴》，朱子《敬斋箴》、西山《夜气箴》，当熟玩体察外，有天台南塘陈先生名栢字茂卿《夙兴夜寐箴》曰："鸡鸣而寤，思虑渐驰，盍于其间，澹以整之。或省旧愆，或紬新得，次第条理，瞭然默识。本既立矣，昧爽乃兴，盥栉衣冠，端坐敛形。提掇此心，皎如出日，严肃整齐，虚明静一。乃启方册，对越圣贤，夫子在坐，颜曾后先。圣师所言，亲切敬听，弟子问辨，反复参订。事至斯应，则验予为，明令赫然，常目在之。事应既已，我则如故，方寸湛然，凝神息虑。动静循环，惟心是监，静存动察，勿二勿三。读书之余，间以游泳，发舒精神，体养情性。日暮人倦，昏气易乘，斋庄正齐，振拔精明。夜久斯寝，齐手敛足，不作思维，心神归宿。养以夜气，贞则复元，念兹在兹，日夕乾乾！

这个阶段主要学习经典的解读，以当时的权威注解为对象。先读背，再抄读，同时要抄多家解释。《四书注》《周易》《尚书》《诗经》《礼记》《春秋》及三传等各经书的传注都用这种方法学。然后说："前自十五岁，读《四书》、经注、《或问》，本经传注、性理诸书。确守读书法六条，约用三四年之功，昼夜专治，无非为己之实学，而不以一毫计功谋利之心乱之，则敬义立，而存养省察之功密，学者终身之大本植矣。"

（2）第二卷介绍

二卷，开头说："《四书》、本经既明之后，自此日看史，仍五日内专分二日倍温玩索《四书》、经、注、《或问》。本经传、注，倍温诸经正文，夜间读看玩索温看性理书，并如前法。为学之法，自合接续明经。今以其学文不可过迟，遂次读史，次读韩文，次读《离骚》，次学作文，然后以序明诸经，览者详焉。"

读《通鉴》的方法是：

> 虽不必如读经之遍数，亦虚心反复熟看。至于一事之始末，一人之姓名、爵里、谥号、世系，皆当于细考求强记。又须分项详看。如当时君臣心德之明暗，治道之得失，纪纲之修废，制度之因革，国本之虚实，天命人心之离合，君子小人之进退，刑赏之当滥，国用之奢俭，税敛之轻重，兵力之强弱，外戚宦官之崇

抑，民生之休戚，风俗之厚薄，外夷之叛服，如此等类，以项目写贴眼前，以备逐项思玩当时之得失。如当日所读项目无者，亦须通照前后思之，如我亲立其朝，身任其事，每事以我得于《四书》者照之，思其得失，合如何论断，合如何区处。有所得与合记者，用册随抄。然后参诸儒论断、管见、《纲目》、《凡例》，尹氏《发明》、金仁山《通鉴前编》、胡庭芳《古今通要》之类，以验学识之浅深。不可先看他人议论，如矮人看场无益。然亦不可先立主意，不虚心也。诸儒好议论亦须记。仍看《通鉴》释文，正其音读。看毕，又通三五日前者看一遍。

读韩文的方法是：

"读韩文，文法，原于孟子经史，但韩文成幅尺间架耳。先抄读西山《文章正宗》内韩文议论叙事两体华实兼者七十余篇，要认此两体分明后，最得力。正以朱子《考异表》，以所广谢迭山批点。篇法、章法、句法、字法备见。自（疑应为"日"字）熟读一篇或两篇，亦须百遍成诵，缘一生靠此为作文骨子故也。既读之后，须反复详看。每篇先看主意，以识一篇之纲领；次看其叙述抑扬、轻重、运意、转换、演证、开阖、关键、首腹、结末、详略、浅深，次序。既于大段中看篇法，又于大段中分小段看章法，又于章法中看句法，句法中看字法，则作者之心，不能逃矣。"

读楚辞的方法是：

读《楚辞》，正以朱子《集注》，详其音读训义，须令成诵，缘靠此作古赋骨子故也。自此他赋止看不必读也。

讲了看通鉴、读韩文、楚辞的要求和方法之后，说：

《通鉴》、韩文、《楚辞》既看既读之后，约才二十岁，或二十一二岁，仍以每日早饭前循环倍温玩索《四书》、经注、《或问》，本经传注、诸经正文，温看史，温读韩文、《楚辞》之外，以二三年之工，专力学文。既有学识，又知文体，何文不可作！

学作文，除了前面提到的熟读《文章正宗》里的韩文70篇，还要看韩愈全集，再看欧阳修、曾巩、王安石三家文，旁及柳宗元、苏洵。然后讲学策、学经问、学经义、学章表等的方法。主要是读相关的书和文章，以备科举考试。

作科举文字之法。用西山法。

读看近经问文字九日，作一日。

读看近经义文字九日，作一日。

读看古赋九日，作一日。

读看策九日，作一日。

接着说："作他文皆然。文体既熟，旋增作文日数。"

学作文时还要温习过去学过的知识。"仍以每日早饭前倍温《四书》经注、《或问》、本经传注、诸经正文，温史。夜间考索制度书，温看性理书，如前法。"

本部分最后讲到当时的弊病，及写本书的原因：

专以二三年工学文之后，才二十二三岁，或二十四五岁，自此可以应举矣。三场既成，却旋明余经，及作古文。余经合读合看诸书，已见于前。窃谓明《四书》本经，必用朱子读法，必专用三年之功，夜止兼看性理书，并不得杂以他书，必以读经空眼薄日填以自程。看史及学文，必在三年之外。……第因方今学校教法未立，不过随其师之所知所能，以之为教为学。凡读书才挟册开卷，已准拟作程文用，则是未明道，已计功，未正谊，已谋利。其始不过因循苟且，失先后本末之宜而已，岂知此实儒之君子小人所由以分，其有害士习，乃如此之大。……世之欲速好径，失先后本末之序，虽曰读书作文而白首无成者，可以观矣。此法似乎迂阔，而收可必之功，如种之获云。

下面是《批点经书凡例》，包括馆阁校勘法、勉斋批点四书例、续补句读例、批点韩文凡例（广叠山法）。这主要是为学生读经书、学作文提供规则和示范，便于操作执行。

接着是《刊印日程空眼簿式》

读经日程，详见工程，专治一书。　　　年　　月　　日，生员
　一、早令倍读册首已读书　至昨日书一遍，太长则分。起　　止
　二、面试倍读昨日书。
　三、面授本日书。计字数以约大段。面以大段分细段，令朱记段数。每细段，面令读正过句读字音，面说正过文义。
　四、令每细段，先看读百遍，即又倍读百遍。数足，挑试倍读、倍说过，面墨销朱记。后段如前段。足，令通作大段倍读试过。起　　止
　五、挑试夜间已玩索书。起　　止
　六、面授说已说书，就令反复说大义，面试过。起　　止
　七、只日之夜，玩索已读书。起　　止
　八、双日之夜。以序倍读凡平日已读书一遍。起　　止
　　又温读性理书。起　　止
　九、令暇日仿定本点句读。圈发字音。
　凡书忘记处，朱记，即补熟，墨销。

　　　　　　　　　　　　　　　　　　　　思勉斋

读看史日程　　　　年　月　日　生员

　　五日一周，详见工程

　　一日，以序倍读四书经注或问一遍，以序倍读经正文。夜读看性理书，并温。

　　一日，以序倍读本经传注一遍。以序倍读经正文。夜读看性理书，并温。

　　一日，看读说记通鉴。参合看史。夜仿点史，考释文。

　　一日，看读说记通鉴。参合看史。夜温记史。

　　一日，看读说记通鉴。参合看史。夜温记史。

　　日填起止

　　　　　　　　　　　　　　　　思勉斋

《读看文日程》　　　　年　月　日　生员

　　六日一周，详见工程。

　　一日，以序倍读四书经注或问一遍。以序倍读经正文。夜考索制度治道书。

　　一日，以序倍读本经传注一遍。以序倍读经正文。夜考索制度治道书。

　　一日，温记通鉴。以序倍读经正文。夜考索制度治道书。

　　一日，读看玩记文法。温记文法。夜钞点抹截文。

　　一日，读看玩记文法。温记文法。夜钞点抹截文。

　　一日，读看玩记文法。温记文法。夜钞点抹截文。

　　日填起止，及所考所钞

　　　　　　　　　　　　　　　　思勉斋

语文课程体系新构想

《读作举业日程》　　　　　年　　月　　日　　生员

十日一周，九日读看，一日作，旋增作文日。

一日　一日　一日　一日　一日　一日　一日　一日　一日	一日
以六日之早以序倍读四书本经传注或问三日之早温经骚韩文 　　以九日之饭后看读头场文字，以性理制度治道故事周而复始 　　以九日之夜随三场四类编钞格料批点抹截	以全日作头场作文 夜改所作

日填起止，及所读看钞点。详见工程。

思勉斋

小学习字演文日程　　　　　年　　月　　日　　生员

读经四日，内分一日，详见工程。

一、早令倍读册首已读书至昨日书一遍。太长则分。

二、令影写智永千文楷书，约一二十纸。写五七一易样。

三、以已读说《小学书》作口义。呈改上簿。

四、说认记字门类、平仄、虚实、动静等。

五、渐长，学《切韵》考字、始音、偏傍、音义、假借等。

六、夜以序倍读已读书一遍。

日填起止，及所看所作。

思勉斋

　　《日程簿》是每天活动的记录，包括当天读的新书、复习昨天的内容、温背这本书上过去学过的文章、复讲老师的讲课内容、练字的内容，以读书、背书为主，也有讲书、写字。这样做，对老师、对学生都是一种监督，一种提醒。这是一种实实在在的功夫，这是一种真真切切的努力！一年三百多天，一天十多个小时，没有虚度，没有荒废。以这种态度、这种方法学习，只要目标正确，怎么会不成功？这样的学校是务实而优秀的学校，这样的老师是业务精熟而责任心强的老师。所以，程端礼很有底气，这样做，可以成"大儒"！

（3）第三卷介绍

第三卷是文字学知识，提供一些识字、辨音的规律，也有不少实例，带有简明字典的性质。读书要能识字音、懂字义，这是学习文章义理和写法的前提。这说明《日程》为学生的学习考虑周到严密。本部分先是《正始之音序》，含贾昌朝撰《字音清浊辨》，《彼此异音辨》，夹漈郑樵《假借序》《同音借义》《借同音不借义》《协音借义》《借协音不借义》《因义借音》《因借而借》《语辞之借》《五音之借》《三诗之借》《十日之借》《十二辰之借》《方言之借》《双音并义，不为假》《论急慢声谐》《论谐声之惑》《论象形之惑》《论子母》《论变更》《论变革》《论迁革》《徐铉奏俗书伪谬不合六书之体者二十九》《字音正伪》（用说文切）《部位杂记》《点画伪舛》《字学》《唐艺文志》《象形》《指事》《会意》《谐声》《转注》《假借》。

再是《朱子学校贡举私议》，是照抄原文。《朱子调息箴》《集庆路江东书院讲义》主要谈朱子读书法六条。

4. 附　录

（一）清陆陇其校梓语

（二）清嘉庆时宋玉诏、王锡范谨识

（三）四库全书目录　子部　儒家类，讲元史提到过程端礼和他的《程氏家塾读书分年日程》。

三、《日程》所列学习内容和所用时间一览表

下面我们将《日程》第二部分的学习内容和所用时间列成一张表。

学习内容	学习所需时间	学习时的年龄
《性理字训》《童子须知》	没明说	8岁以前
《小学书》正文、写字、十三经正文	六七年	8－15岁
四书注、九经注	三四年	15－18.19岁
通鉴 韩文 楚辞	没明说	18.19－21.22岁
专力学文：韩愈全集，欧阳修、曾巩、王安石三家文，旁及柳宗元、苏洵。学策、学经问、学经义、学章表等	二三年	21.22－22.23/24.25岁

四、借鉴价值

《元史》说程端礼"独从史蒙卿游，以传朱氏明体达用之指，学者及门甚众。所著有《读书工程》，国子监以颁示郡邑校官，为学者式。"[1]说明当时的国子监和地方学校都以这个《读书日程》作为教与学的依据。胡文楷曾为《读书分年日程》作跋，他说："明初诸儒读书，大抵奉为准绳。"[2]

---

1. 《元史》列传第七十七《儒学二》《元史》第2903页，北京：中华书局，2000年1月第1版。
2. 《中国教育大系·历代教育论著选评第1125页》[C].武汉：湖北教育出版社，1994.

程端礼觉得当时许多学校为了让学生早日参加科举考试，一味强调"背文""学文"，而忽视读书，这样下去，学生既不能"读书明理"，又不能成就功名，结果是"失序无本，欲速不达"。他认为学校一件非常重要的事，就是规定一套完整系统而切实可行的教学程序，让学生学习有一定的步骤，遵循一定的计划。这样，学生毕业了，既能读书明理，又能适应科举考试，从而使"理学与举业毕贯于一"。《日程》在六万字的篇幅里，把培养目标、教育思想、教学内容、教学方法、教学阶段（过程）阐述得清清楚楚、明明白白，可操作性非常强。概括起来说有以下突出特点：

1. 治学先治心

"治心"是指求学的指导思想，包括人生的信仰、个人的抱负、世界观、人生观、价值观等，这是学习的方向，学习的动力。学习只有方向正确，动力常在，才能进步。《日程》非常重视学子的"治心"工作，在《纲领》部分有充分阐述，主要内容是尚志、居敬两个方面。

"尚志"就是树立正确、崇高的志向，程端礼认为，为士"莫先于尚志"。[1]他引程子说："言学便当以道为志，言人便当以圣为志。"[2]应当以学习、传布圣人之道为志，应当以学做圣人为志，如果不能树立这样的志向，而是屈从流俗，奔竞利欲，只能变成卑琐鄙陋的俗人，不可能达到高明广大的境界。[3]

"居敬"是一种态度，是敬畏之心，是敬学精神。《纲领》引用了《白鹿洞书院教条》《程董二先生学则》《西山真先生教子斋规》等内容。引用的目的是，"一则举其学问之宏纲大目，而使人之知所用；一则定为群居日用之常仪，而使人有所持循"。所谓"宏纲大目"是指求学的方向，学习的目标，是统治阶级思想在教育领域的体现，是朱熹

---

1. 姜汉椿校注：《程氏家塾读书分年日程》20，安徽古籍丛书（影印本），1989年。
2. 姜汉椿校注：《程氏家塾读书分年日程》20，安徽古籍丛书（影印本），1989年。
3. 姜汉椿校注：《程氏家塾读书分年日程》20，安徽古籍丛书（影印本），1989年。

"治心"的主要内容；所谓"日用之常仪"是指每天都要遵守的准则，是古代读书人的基本行为规范。最后引朱子语要求学子用"敬"字使自己内心正直、用"义"字对别人态度端方。

2.练功重练恒

学习贵在坚持，持之以恒，日积月累，从小到大，从少到多，从弱到强。求学是一个漫长的过程，十年树木，百年树人。要有滴水穿石，绳锯木断的信念，才有可能修成正果。

温书就要坚持数十年之久，从八岁读书开始，一直要到三十左右学业结束。所谓温书，就是按计划、按顺序阅读、背诵过去背过的书。比如四书，是八岁入学之后的第二项（第一项是《小学书》）内容，"既每细段看读百遍，倍读百遍，又通倍大段。早倍温册首书，夜以序通倍温已读书。"当时正在学习的时候，要背得滚瓜烂熟，同时早上温正在读的那本书，晚上要温已经背过的其他书。十五岁之后的几年要读四书注和其他的经书及其多家注释，同时要温背四书。此后读韩（愈）文阶段、读《通鉴》《楚辞》阶段、全力学文阶段、作科举文字阶段都要温习四书，时间延续近二十年。按照古人的想法，应该是一辈子须臾不能离的，科举成功之后，应该也还会温习的。温书是复习，与学新知并行，每天都要施行，只是所用时间比学新知少一些。一个知识，不管它有多难，这么几百次上千次的见面，哪有不熟的！古人的恒心和坚持，令人难及其万一。我们今天的人肚子里没有多少书，根本原因就是功夫未到，我们花在背书上的时间实在是少之又少。

3.立业先立本

人一生需要学习的内容非常多，在这众多的学习内容中有轻重缓急之分，在校期间，重中之重是学习最基础、最核心、最重要的知识。如果把需要学习的知识比作参天大树，这最基础的知识就是根。根生长得滋润充分，那么干枝花叶就能长得健康繁荣。《日程》安排的最基础的知识是《十三经》《资治通鉴》、韩文、《楚辞》。《十三经》是圣贤思想，是治国安邦的准绳，无论科举考试还是做官做人，都需要用它来指导。韩愈叙事、议论文70篇是学习作文的样板，《楚辞》是学写古赋的范文，《资治通鉴》是学习古人辅佐君上成功经验、失败教训的经典，都是要熟而又熟的内容。这些经典，是人生事业的根本，无论做官还是为民，无论工作还是生活，事事处处用得着，时时刻刻用得着，所以一定要学好。基础打好了，今后学再多的内容、学再深的知识都有底气了，也能循序渐进地学好。

4. 教学重教法

《日程》非常重视学生的积极性、主动性的发挥，重视教给学生方法，让学生养成良好的读书、学习、行事的习惯。在《日程》里，坐有坐的方法，站有站的方法，行有行的方法，待人接物有待人接物的方法，都要学生按照正确的方法形成正确的习惯。在文化学习方面，读经、读史、习字、演文、一般文章的写作、科举考试的应试写作，《日程》都指明了具体明确的方法，对任何困难的学习项目，学生都不会觉得难以下手。

5. 为教重为序

序即次序、顺序。人类任何认识活动都有顺序，一般是从易到难，从简单到复杂，语文教学也有一个先后顺序。程端礼按照学生的年龄特点和教学内容的难易程度将学习的全部过程分为几个阶段，每个阶段都有具体的教学任务，各个阶段之间没有重复。如果某个年龄段因为某个特殊原因空缺某个内容的学习，今后找个时间将这个内容补上便是。缺了课，学生不会无动于衷，不会补不补无所谓；同时，缺了课，学生也知道怎么去补，因为学习内容、学习方法、学习要求都明明白白摆在那里，自己知道怎样去完成。

《程氏家塾读书分年日程》所设计的学习内容是当时科举考试所需

要的全面的内容，要读经、读史、读文、读性理治道制度书，光背诵的内容应该超过100万字，这是一种理想主义的设计，是一种完美主义的设计，要完成全部学习任务，今天看来是有难度的。时代发展，今天的教学内容已远远超过古人的范围，现在的青少年不仅要学数理化等自然科学，还要学现代信息技术，因此给语文的时间就少多了，语文的教学内容也随之减少。

但是，《日程》还有值得今天学习的地方。我们可以学习它的理念、它的思路、它的方法。从某种意义上可以这样说，《日程》的内容相当于今天的基础教育语文科教学计划、语文课程标准、语文教学参考书、语文教材导读等书的总和，只是没有语文课本本身而已。程端礼在700年前可以将整个学校教学的内容制定出一个完整、严密、科学的计划，确实不容易，也确实不简单。他自己必须对所有教学内容有一个清晰的认识，同时还要有丰富的学习经验和教学经验，这样，制定出的教学计划才有可操作性，才便于执行。纵观今天的这些语文教育指导文件和参考书，似乎没有哪一种写得《日程》这么具体、清楚、明白，便于老师教，便于学生学，便于提高教学质量。今天的语文教育管理部门，应该可以从《日程》这里得到启发，制定切实可行的语文教学政策措施。

第二节　家塾教学法

一、作　者

据赵伯英、万恒德先生考证，唐彪，字翼修，明末清初瀫水（今浙江金华）人。曾一度出任武林（今浙江杭州）学官，后退居归田，整理教育著作，传世的有《家塾教学法》和《身易》。其《家塾教学法》由《父师善诱法》和《读书作文谱》两书构成。

赵伯英、万恒德选注《家塾教学法》，华东师范大学出版社，1992年第1版；王刚译评《家塾教学法》，中国画报出版社2017年第1版。

二、《父师善诱法》

《父师善诱法》分上下卷。上卷13节：父兄教子弟之法、尊师择师之法、学问成就全赖师传、明师指点之益、经蒙宜分馆、师不宜轻换、学生少则训诲周详、教法要务、读书分少长又当分月日多寡法、父师当为子弟择友、损友宜远、劝学、字画毫厘之辨。主要谈教法，内容含怎样选择老师、老师的重要性、怎样教学生理解课文、怎样选择朋友等。有很多观点具有借鉴价值，如：

重视老师的作用。学生要出成就，全靠老师教导："师之关系至重也，有孔子而后有七十二贤，有二程而后有三十高弟，有朱吕讲学于丽泽（书院名），而后金华诸贤哲后先相继迭出而不已，非得师成就之明验乎！"（《学问成就全赖师传》）

重视明师的指点。所谓明师，就是高明的老师，业务能力很强的老师。这样的老师指点，有"与君一席话，胜读十年书"的作用。"人之为学，第一在得明师。明师不必同处一堂讲解经义、改阅文章者也，或经年一晤，片言数语指点大概，谓某经讲说好，某史评断好，某古文时文佳选也，不可不读，某古文时文庸选也，不必著眼，则一日指点，受益已在终身。"（《明师指点之益》）

主张老师对学生严格要求。人有惰性，要求不严，容易懒散，不易进步。学生学业不能成就，如果是因为老师的要求不严，那就不是老师所应该有的境界。"先生欲求称职，则必以严为先务，不然，学问虽优，而教法过于宽恕，使弟子课程有缺，终非师道之至也。"（《教法要务》）

主张要讲书，让学生理解教材。这在普遍只要求学童死记硬背的古代是难能可贵的。"凡书随读随解,则能明晰其理,久久胸中自能有所开悟。若读而不讲,不明其理,虽所读者盈笥,亦与不读者无异矣。故先生教学工夫,必以勤讲解为第一义也。"(《教法要务》)

重视熏陶感染,主张交友谨慎,宜远损友。"一堂之中偶有一极不肖弟子,或博奕纵饮,或暗坏书籍,或离间同堂,或己不肯读书,而更多方阻人致功,一堂之中皆为其扰乱。子曰:'毋友不如己者',不如己者尚宜远之,况如此之甚者乎!"(《损友宜远》)

父母养子一定要教育,也一定要严格。"柳屯田《劝学文》云:父母爱其子而不教,是不爱其子也;虽教而不严,是亦不爱其子也。父母教而不学,是子不爱其身也;学而不勤,是亦不爱其身也。是故养子必教,教则必严,严则必勤,勤则必成。学则庶人之子为公卿,不学则公卿之子为庶人。"(《劝学》)

主张学习要有恒心,不能依恃聪明。"徐白谷曰:骐骥天下之疾走也,一日而千里,若伏枥而不驰,则蝼蚁过之矣。鹍鹏天下之捷飞也,瞬息而千里,若戢翼而不奋,则鹪鹩过之矣。士之当学,何以异是?"(《劝学》)

下卷18节:童子初入学、童子最重认字并认字法、教授童子书法、童子读书温书法、读书讹别改正有法、童子读注法、附古人大文与注分读法、附《四书》正文大注小注字总数、觅书宜请教高明、背书宜用心细听、童子学字法、童子宜歌诗习礼、童子读古文法、童子讲书复书法、童子读文课文法、改文有法、童子宜学切音、教学杂条。2个附录:不习举业子弟工夫、村落教童蒙法。主要谈学法,内容含怎样识字、怎样读书、怎样温书、怎样读注、怎样复书、怎样读古文等。有许多看法今天还值得重视,如:

学习任务不能安排得太重,使学生喘不过气来,应该让学生精神力量有余,让他们感到学习的乐趣,感到求知的轻松。"屠宛陵曰:凡授书不在徒多,但贵精熟。量其资能读二百字者,止可授一百字,常使精神有余,则无厌苦之患,而有自得之美。"(《童子读书温书法》)

重视因材施教，不同特点、不同智力的孩子给以不同的任务，施以不同的方法。"子弟聪明有志者，可以责扑骂詈愧耻之，使之激励精进；愚玩无志者，督责之则彼益自弃，而安于下流，无上进之机矣，惟故加奖誉，并立赏格鼓舞之，或踊跃向往之心生，未可知也。观古人为政，必赏罚并行，乃能致治。则知父兄教子弟，神机妙用，亦在奖励鼓舞与督责兼行也。"（《教学杂条》）

三、《读书作文谱》

《读书作文谱》共12卷69节。

卷一，共3节：学基、文源、读书总要。谈读书的"根本工夫"，包括要居敬、静心、分清书的轻重缓急、要精读博览相结合等。

卷二，共14节：看书总论、能记由于能解、讲书看书当求实际、看史实际并要决、看书须熟思又须卓识、读书作文当阙所疑、看书进一层法、书文标记圈点评注法、看书会通法、看书须分界限段落节次、看书分层次法、看书查考审问不可参入偏见、论古人读书同异之故、成人讲书之法及问难之理。介绍各类阅读方法，可借鉴的地方很多，如：

正确看待学习上的难点。如果这个难点是个非学不可的知识，那就不能畏难，要有信心，有决心，有方法，去战胜困难。"人之看书，先当分可已不可已。其可已之书，虽易解，不必披阅；其不可已之书，虽极难，必宜反复求通。如初看时，竟茫然一无所知，不可生畏难心也；逾时再看，或十中晓其一二，不可生怠倦心也；逾时再看，或十中解其五六，更不可萌可已之心也；逾时复看，工夫既到，不期解而自明矣。《大学》所谓用力久而一旦豁然贯通者，岂虚语欤！人安可一阅未能领会，即置之也？"（《看书总论》）

对自己不懂的知识，应该采取实事求是的态度，不懂就明确存疑，这为学生指示了治学的重要原则。"孔子云：'多闻阙疑。'又曰：

'君子于其所不知，盖阙如也。'又曰：'不知为不知，是知也。'然则学者必不能无疑，惟在于有疑而能阙。苟不阙而轻发之于言，或妄笔之于书，既贻有学者之非笑，而又误天下后世无学之人。贻有学者之非笑，犹可言也，误天下后世无学之人，过何如矣！"（《读书、作文当阙所疑》）

非常重要的内容要注意正确的教法和读法，师生、同学反复讨论辩驳，就可以把书读透。"学生复讲书时，全要先生驳回问，层层辩驳，如剥物相似，去尽皮，方见肉，去尽肉，方见骨，去尽骨，方见髓，书理始能透彻。不可略见大意，即谓已是也。虽然，凡书不特弟子复讲时，师宜驳难，即先生讲解时，弟子亦宜驳问。先生所讲未彻处，弟子不妨以己见证之。或弟子所问，先生不能答，先生即宜细思，思之不得，当取书考究，学问之相长，正在此也。切勿掩饰己短，支离其说，并恶学生辨难。盖天下事理无穷，圣贤尚有不知，何况后学？不能解者，不妨明白语学生：我于此犹未曾见到。如此则见地高旷，弟子必愈加敬之；不如此，反不为弟子所重矣。"（《成人讲书之法及问难之理》）

卷三，共8节：读书作文总期于熟、课程量力始能永久、为学有优游渐积一法、学有专功深造之法、深思、下问、请问大儒有法、良师友切磋之法。谈深入钻研的方法，许多方面揭示了语文学习的根本规律，今天看来仍然是金钥匙。如：

主张合理、科学地安排课程，学习任务要定得适当，太多则会累坏，太少则会进步慢。"学者用心太紧，工夫无节，则疾病生焉（惟立课程，则工夫有节）。余亲见读书过劳而夭者五六人。故父师于子弟，懒于读书者，则督责之，勿令嬉游；其过于读书者，当阻抑之，勿令穷日继夜，此因材立教之法也。""有恒是学人彻始彻终工夫，惟有恒，学业始能成就。然人谁不欲有恒？而每不能实践者，以课程不立，学无定规，初时欠缺，久即废弛。惟立简约课程，易于遵守，不使一日有缺以致怠惰因循，方能有恒。""吕东莱曰：读书最当准立课程，某时读

某书、温某书，某时写某字，如家常茶饭，不先不后，应时而供，自然日计不足，月计有余矣。"（《课程量力始能永久》）

卷四，共8节：书法总论、运腕运指法、笔锋、方圆、钩、真行草书、摹书临书、名人书法不一体。专讲书写方法。

卷五，共14节：文章宜分类读、读文贵极佳、读文贵极熟、读文不可有弊病、读文不可一例、风气转移 文章新旧、读书不可贪多、文章阅读评注之法、文章惟多做始能精熟、文章全藉改窜、作文有精研一法、作文上乘工夫、三先生实事、改窜法。谈读文和写作的方法。

卷六，共8节：临文体认工夫、布格、时文有取用自撰两端、修词、论文疏密长短奇正、作文引用经史典故、论应试文、临场涵养。本卷内容相当于今天的审题立意、布局谋篇等，主要是针对八股文的写作而言。其中论篇幅长短的观点今天看来还是至论："文章长短，不可拘一律，如司马迁《项羽本纪》长八千八百一十九字，《赵世家》长一万一千一百一十三字，《颜渊列传》仅有二百四十字，《仲弓列传》止六十三字，此司马迁文章长短不拘一律也。又如《左传·韩之战》一篇，长二千六百六十三字，《郑人侵卫》一篇，仅有八十字，《考仲子之宫》一篇，仅有六十二字，此《左传》之文长短不拘一律也。故知文章原有不得不长，不得不短之妙。如题无可阐发者，不可强使之长，长则敷衍支蔓矣；题应重阐发者，不可疏率令短，短则意不周详，词不畅达矣。"（《论文疏密、长短、奇正》）

卷七，共3节：文章诸法、文中用字法、文章诸要。本卷专谈八股文的写作技巧。

卷八，只有诸题作法1节，谈八股文各题的做法。

卷九，共3节：制艺体裁、制艺有六位、制艺发题面与所以然之分。总结八股文的写作规律。

卷十，只有评古文1节，评价左传、孟子、国策、史记、韩文、欧文、大苏的写作特点。

卷十一，共4节：论读古文、论选古文、后场体式、诸文体式。指导古文的读法、选法和其他考试文体和应用文体的写作。

卷十二，共2节：惜书、杂论。谈要爱书、作文有多寡、敏迟之分。其中谈写作速度有敏捷也有迟慢，并且各有短长，应该恰当对待，这为我们今天评价作文提供了原则标准。"文思有得之至敏者，或片时成数艺，如袁宏、刘厂、柳公权之俦其人也（桓温北征，唤袁宏倚马前作露布，不辍笔立成；刘厂在西掖时，一日追封皇子、宫主九人，厂立马却坐，一挥九制，昌明、典雅，各得其体；柳公权从文宗至未央宫，帝驻辇曰：'朕有一喜，边城赐衣久不时，今中秋而衣已给。'公权为数十言称贺。帝曰：'当贺我以诗。'宫人迫之，公权应声成文，婉切而丽。诏令再赋，复无停思。天子甚悦，曰：'子建七步成一诗，尔乃三焉。'）。有得之至迟者，或数月成一艺，如桓谭、王充之俦其人也（桓谭每数日作一文，文成辄病；王充著《论衡》，闭户二十年始成）。大抵士人应试之作，与词臣承命作文，类皆刻期以需，非敏不足以应急。敏者固胜于迟者，然而文未必工也。其欲自为撰述以垂永久，不嫌于迟，迟则能精，精则可传，迟者又胜于敏也。故二者各有所长，取才者不当以此分轩轾焉。"（《杂论》）

四、借鉴价值

仇兆鳌在《序》中说："翼修金华名宿，胸罗万卷，而原本于道。向者秉铎武林，课徒讲学，人士蒸蒸蔚起，其所著学规二书（指《父师善诱法》和《读书作文谱》两书），详而有法，自延师受业以还，先令穷究经史，次及秦汉唐宋之文，莫不有条绪可依，而循途易致。且于执笔临池，吟诗作赋，兼能旁通，曲畅其指。而于制举之文，尤注意焉。"高度概括地介绍了两书的内容。

"人士蒸蒸蔚起"，说明唐彪的教学内容合理，教学方法科学，教学效果突出。在今天看来，唐彪的语文教育思想不但没有过时，而且闪耀着真理的光芒。它能为我们今天解决语文教学的众多棘手问题提供方法，能为我们今天提高教学效率、创设语文教育新局面提供思路。语文教学的内容主要包括识字写字、阅读和作文三个方面。唐彪的识字教学思想和古代其他教育家一样，也是集中识字；唐彪的写字教学标准高，要求严，在今天很难切实执行。所以我们按下识字、写字教学不提，专就读书治学的态度和阅读教学及作文教学谈谈值得借鉴的方面。

（一）读书治学的态度

唐彪认为居敬、静心是为学的根本工夫，是读书治学的先决条件。"涉世处事，'敬'字工夫居多；读书穷理，'静'字工夫最要。然涉世处事，亦不可不静，读书穷理，亦不可不敬。二者原未尝可离。故周子（指北宋理学家周敦颐）言圣人主静，程子喜人静坐，已包敬字在内。朱子恐人流于禅寂，于是单表敬字。"（《读书作文谱卷一 学基》）"心非静不能明，性非静不能养，静之为功大矣哉！灯动则不能照物，水动则不能鉴物，静则万物毕见矣。惟心亦然，动则万理皆昏，静则万理皆彻。古人云：静生明。《大学》曰：'静而后能安，安而后能虑。'颜子未三十而闻道，盖静之至也。伊川见其徒有闭户澄心静坐者，则极口称赞。或问于朱子曰：程子每喜人静坐何如？朱子曰：静是学者总要路头也。"（《学基》）"每日间取半日静坐，半日读书，行之数年，不患不长进。然世人有终日读书不辍者，竟无片时静坐者，是止知读书之有益，而不知静之为功大也。"（《学基》）"人性多喜流动而恶寂静，坐不数刻，心未起而足先行矣，此学人通病也。昔金仁山以带系足于椅，足行而带绊之，乃转复坐。许白云亦于门阃上加横木，每行至门，为木所格，复转静坐。昔之先哲，皆于禁足一事，极其留意也。"（《学基》）"心无累能静，勤省察以驱闲念能静，不疾行大声能静，不见可欲能静。"（《学基》）

静心是说心要安静，要专注，要平和、要虚空、要少欲、要笃定、要纯洁无杂念。在静心状态下学习，可以全神贯注，可以聚精会神，可以毫无旁骛，这样就能学得进，学得快，学得好，与我为化，理与心浃。眼睛、耳朵、手在学习，心却在想着天空中有大雁飞过，那是无论如何学不好的。所以孟子认为治学最重要的是"求放心",把自己放纵散漫了的心找回来,放到自己的胸腔里,以全神贯注地学习圣贤之学。唐彪注重静心,可谓说到根本了。我们今天对待学习,如果也能做到敬畏、严谨、慎重、内心宁静、平和、纯粹,就不怕不长进了。

（二）阅读教学

我们今天说的阅读教学在唐彪那里就是读书、读文,唐彪把要读哪些书文、为什么要读这些书文、怎样读这些书文都说得很清楚,对今天糊里糊涂的阅读教学有重要借鉴价值。

1.唐彪把书按轻重缓急、好坏精粗分成五类,对学生安排学习顺序、区分主次美丑、正确开展课外阅读有很好的指导作用。"有当读之书,有当熟读之书;有当看之书,有当再三细看之书;有必当备以资查考之书。书既有正有闲,而正经之中,有精粗高下,有急需不急需之异,故有五等分别也。学者苟不分别当读者何书,当熟读者何书,当看者何书,当熟看者何书,则工夫缓急、先后俱误矣。至于当备考究之书,不备则无以查考,学问知识何从而长哉?"（《读书作文谱卷一 读书总要》）

2.读书要读好书,读精品,这样才能用尽量少的时间获得尽量多的营养。"所读阅之书得善本,自然见识高,才情长;若所阅读之书非善本,自然见识卑,才情劣矣。"（《读书作文谱》卷三《请问大儒有法》）"凡书文之陋劣者,能蒙闭我之聪明,卑隘我之学问。"（《读书作文谱卷一 读书总要》）"大凡一人所著,有最上之文,有其次之文,有又次之文,三者相较,而高下大悬殊矣。故选古文者,须选最上之文,其次与又次者即可已也。学人之资性工夫俱有限,最上之文,且不及多读,焉有余力及其次焉者?"（《读书作文谱卷十一 论选古文》）

重视古文,认为古文内容正,写法美,应该多读。很显然,唐彪把优秀古文放在好书好文之中。"古文法详笔健,远过时文,故读经史古文,则学充识广,文必精佳;不读经史古文,则腹内空虚,文必浅陋。

且经史之益，更在身心，读之其用又不止于作文已也。"（《父师善诱法上卷　读书分少长又当分月日多寡法》）"古今来佳文虽多，至如《左传》《国策》《孟子》《南华》《史记》《汉书》、相如、昌黎、永叔、子瞻诸公之文，则可谓之登峰造极，无以复加者也。学者能熟读精思，则文章已探骊得珠矣。至于永叔、子瞻之文，初学尤宜先读，以为造就之阶，则工夫易于入手。即或资钝，不及再读他文，然亦足以扩充才思，流畅笔机矣。"（《读书作文谱卷十　总评》）

　　3.选书、读书要有见识，有判断能力，因为书有好坏之分，即使名家之文也不可能篇篇皆美。"朱子尝言：合昌黎、柳州、永叔、南丰、明允、东坡数家之文，精加选择，可读者不及二百篇，此外便不必读，读之能令人手笔低。此不刊之论也。今人于名人之文，概视为锦绣珠玑，谓可不必选择，乃率意诵读，岂知平常之文，读之能令人手笔低乎？"（《读书作文谱卷十一　论读古文》）名家之文也会有瑕疵："文章未有无瑕病者，虽以《左》《史》文中之圣，而或详略欠审，或位置失宜，或字句粗率，往往有之，下此者可知矣。学者读其文，先存成见，但求其美，而不辨其瑕，非深造自得者也。惟精加玩索，能辨其美玉微瑕，然后已之所为文，瑕疵亦可免矣。"（《读书作文谱卷十一　论读古文》）

　　4.重视熟读、背诵，读的遍数要多，这样才能记得牢。"古人读书，必细记遍数，虽已成诵，必须满遍数方已。故朱子云：'读一百遍时，自然胜五十遍时；读五十遍时，自然胜三十遍时也。'""欲学生书熟，必当设筹以记遍数，每读十遍令缴一筹。一者书之遍数得实，不致虚冒；二者按期令缴筹，迟则便可催促督责之；三者筹不容不缴，则学生不得不勤读，以早完课程。殆一举而三善备矣。"（《父师善诱法下卷　童子读书温书法》）

　　读书切忌半途而废，对于重要的书、文，一定要透彻掌握，精熟于心才能放手，如果学至半熟停下，则几乎是前功尽弃。"凡经史之书，惟熟则能透彻其底蕴，时文、古文，熟则听我取材，不熟，安能得力也？然

103

熟亦难言矣，但能背，未必即熟也。故书文于能背之后，量吾资加读几多遍，可以极熟不忘。最忌者，书读至半熟而置，久而始温。既已遗忘，虽两倍其遍数，亦不熟矣！"（《读书作文谱卷三　读书作文总期于熟》）

主张读文要少，不能贪多；要熟，不能浅尝辄止。这样才能学到别人的长处。"或问云：'先达每言读文篇数欲少，而遍数欲多，亦有说乎？'余曰：文章读之极熟，则与我为化，不知是人之文、我之文也。作文时，吾意所欲言，无不随吾所欲，应笔而出，如泉之涌，滔滔不竭。"（《读书作文谱卷五　读文贵极熟》）

5.注重专精和博览相结合，正确地阐述了专精与博览的关系。读书先要专精，然后博览，最后再专精和博览相结合。这对指导学生正确处理精读与泛读的关系有很好的指导意义。"窃谓所读之时文，贵于极约，不约，则不能熟，不熟，则作文时神、气、机、调皆不为我用也。""从古未有止读四书一经之贤士，亦未有止读四书一经之名臣。故欲知天下之事理，识古今之典故，欲作经世名文，欲为国家建大功业，则诸子中有不可不阅之书，诸语录中，有不可不阅之书，典制、志记中，有不可不阅之书，九流杂技中，有不可不阅之书。即如制艺，小技耳，唐荆川、归震川、金正希辈，皆读许多书，而后能作此可传之制艺也。"（《读书作文谱卷一　读书总要》）

6.对于精读和浏览，要因人因书而异。学生是专门读书的人，所以对重要书籍要精熟；政治家、军事家是以读书为用的人，获得有益于己的信息就行了，所以有时是略读。"朱子云，读书之法，要先熟读；熟读之后，又当正看、背看、左看、右看；看得是了，未可便说是，更须反复玩味。乃吴主教吕蒙读书与诸葛孔明读书，皆止观大意，则又何也？彪尝以意推之，大凡书有必宜熟读者，有止宜看而会其大意者；至于读书之人，亦有不同，或年长而且禄仕，事机繁杂，读书止取记其理，不取记其词，所以有观大意之说也；少壮未仕者，记性既优，事复稀少，读书既欲精其理，又欲习其词，所以有熟读、熟看之说也。二者各有所指，学者既知其异，又不可不求其同，盖大意所在，即书之纲领，一篇之中，不过数句，加功记之，乃读书至简捷之法。吴主、孔明致功如此，即朱子于但当看之书，亦何尝不如此也？故曰，求其异，又不可不知其同。"（《读书作文谱卷二　论古人读书同异之故》）

7.主张读书要深思。首先要读得很熟，这样方便随时随地思考。其次要用心，这样思考才有质量。书里有一个唐彪自身亲历的有关学书法的例子。"一人学曹娥碑数年，而毫发不能相肖，因欲学他书。余曰：他书亦未必易学也。凡学艺者，舍手用目，舍目用心，方称善学。今子所用，不但非心，且非目也，徒任手耳，安能得字之神乎？子何不通体将诸字之上下左右而深思其结构之何若也，通体将其点、钩、直、画而深思其笔法之何若也？其人大悟，曰：善。吾昔未闻此言也，徒劳苦吾之手矣。于是反复思维，半月后，而字已肖其七八。噫！学艺且非深思不能得也，而况于读书与处事之大焉者乎？"（《读书作文谱卷三　深思》）

8.主张同学之间讨论、交流、切磋，以便相互学习，相互促进。其中有些做法似乎失传而又很值得提倡。"联会背文，最为佳法，从事于此而成名者极多。如先达凌子文联十人会，而发者大半，张心友亦联十人会，而七人中式。其法读文篇数贵少，遍数贵多，背时生涩、讹误字句必标记之，使知改正，兼以志罚。昔者江南几社诸公，背时艺之外，更背诸经古文，故不惟科甲多，而名士亦多也（按，背书会每月一举，各背书文十首，逐月递加，一字误，亦有罚，资贮公所，以行善事。遇乡荐之年，背表一篇，策一篇，各出酒肴，背毕聚饮，过奢亦罚）。""余闻三吴之士，联会讲书，或十人，或二十人，每月一会，人与书皆以签定，得签者讲，亦有驳难，诚盛举也""学者少壮之后，不可不与品学兼善之友讲书、背书、课文，不然，则记诵不熟，书史不明，文艺不进。"（《读书作文谱卷三　良师友切磋之法》）唐彪介绍的"背书会"和"讲书会"都是志同道合的学友自己组织的。举行活动时，背书和讲书的人都接受同学的监督和帮助，每次准备都要下足功夫，活动之后水平一定会上一个台阶。下次轮到自己，同样要下功夫，同样要上台阶。这样既巩固了知识，又培养了表达能力和组织能力，很多方面都得到了提高。

（三）作文教学

唐彪的作文教学思想重点放在写八股文应付科举考试上，但八股文也是文章，对一般文章的写作亦有参考价值，只是写法要求特别而已。唐彪的作文教学方法有很多今天还很有用。

1.注重平时的"涵养"。"文源"中强调"涵养"，包括"凝神"和"养气"。唐彪引用武叔卿的话说："石韫玉而山辉，水怀珠而川媚。"然后指出："文字俗浅，皆因蕴藉不深；蕴藉不深，皆因涵养未到。涵养之文，气味自然深厚，风采自然朗润，理有余趣，神有余闲，词尽而意不穷，音绝而韵未已。所谓渊然之光，苍然之色是也。"他首先引用武叔卿的话论述"凝神"："文者心之精也，而神所为也。神有清浊，则文有纯杂；神有静躁，则文有粗细；神有昏明，则文有显晦。有诸内必形诸外，若表影相符，未有或爽者也。故修文之士，先务凝神。"然后引用杜牧之的话论述"养气"："文以气为主。气和，文自雍容大雅；气壮，文自充实雄健；气清，文自澄洁鲜明。凡欲作文，须先养气。""凝神""养气"就是要把身心修养作为读书作文的根本。（王文彦《唐彪家塾教学法评注代序》）仇兆鳌在《序》中说："盖养其根而俟其实，加其膏而希其光，不汲汲于为文而文愈工，此唐子辑书之大意也。"平时养根加膏，注意自身修养，写起文章来自然有光泽。

2.读书作文相结合，读什么体裁，就练什么体裁，这样容易从阅读中学会写法。"童子某时读某类文，即宜以其类命题课文，最佳法也。"（《父师善诱法下卷　童子读文课文法》）唐彪主张阅读和写作结合起来进行。读的多了，很多名家名篇的写作技巧会烂熟于心，再者读多了，积累的材料也就多了。作文自然越写越好了，即所谓劳于读书，逸于作文。

3.主张分类读文，这样容易学习同类文章的写作技巧。"余欲学者分类读文，分类可将一类之文聚于一处，其理其法亦聚于一处，则易于探讨，易于明晰。""学者苟能分类读文，不使此类重叠过多，以至彼类有所欠缺，则三百篇无乎不备矣！"(《读书作文谱卷五　文章宜分类读》)今天的语文教材在这一点上做得很不科学，一般的记叙文、散文偏多，几乎册册都有，而议论文则少得可怜，基础教育十二年没有几篇。这样不便于培养学生议论文的概念，自然影响了他发表见解、阐述观点的能力。其表现是，在学校时不会写议论文章，长大之后不会搞学术研究。

4.强调文章要多做。唐彪在论述多读与多做的内在关系时说："学人只喜多读文章，不喜多做文章；不知多读乃藉人之功夫，多做乃切实求己功夫，其益相去远也。"要想文章写得好，必须多写、常写才行。唐彪说："谚云：'读十篇不如做一篇'，盖常做则机关熟，题虽甚难，为之亦易；不常做则理路生，题虽甚易，为之则难。沈虹野云：'文章硬涩由于不熟，不熟由于不多做。'信哉言乎。"(《读书作文谱卷五　文章惟多做始能精熟》)作文是多方面能力的综合运用，只有通过多次反复的训练才能形成能力，才能更好地掌握文章的写作技巧。

5.重视修改。

传统语文教学不仅提倡作文要"多做"，而且强调文章要"多改"。多改也是训练作文能力的一个重要方法。通过学生自己修改，或老师批改指点，可以使学生从文章的症结所在进一步体会和掌握文章写作的规律。唐彪对多修改十分重视。"文章最难落笔便佳。如欧阳永叔为文，既成，书而粘之于壁，朝夕观览，有改而仅存其半者，有改而复改，与原本无一字存者。"(《读书作文谱卷五　文章全藉改审》)"文章不能一做便佳，须频改之方入妙耳。此意学人必不可不知也。"(《读书作文谱卷五　文章惟多做始能精熟》)唐彪修改作文的方式大致是三种：一是文章写成之后马上修改。"……如草创已定，便从头至尾一一检点。气有不顺处，须疏之使顺；机有不圆处，炼之使圆；血脉有不贯处，须融之使贯；音节有不叶之处，须调之使叶；如此仔细推敲，自然疵病稀少。倘一时潦草，便尔苟安，微疵不去，终为美玉之玷矣。"二是文章写成之后，过一段时间再改。唐彪说："文章初脱稿时，弊病多不自觉，过数月后，始能改窜。其故何也？凡人作文，心思一时多不能遍到，过数月后，遗漏之义始能见及，故易改也。又，当其时，执着此意即不能转改他意，异时心意虚平，无所执着，前日所作，有未是处，俱能辨之，所以易改。故欲文之佳者，脱稿时固宜推敲，后此尤不可不修饰润色也。"（《读书作文谱卷五　改窜法》）今天看来，这是一种成人修改创作或研究论文的方法。就中学生而言，对于那些自己花了很多心血、倾注了大量感情的力作，也可用这种方法修改。三是对初学写作的学生作文多就少改，尽量依着学生的意思，能不改尽量不改。大删大改容易挫伤初学写作者的积极性。唐彪甚至认为，如果学生作文完全不成体统，可以不改；等他写得有点像样子了，再指导修改。他说："先生于弟子之文，改亦不佳者，宁置之。……盖不可改而强改，徒费精神，终不能亲切条畅，学生阅之，反增隔膜之见。惟可改之处，宜细心笔削，令有点铁化金之妙，斯善矣。善学者于改就之文细心推究，我之非处何在，先生之妙处何在。逾数月，又玩索之，玩索再四，则通塞是非之故明，而学识进矣。"（《父师善诱法下卷　改文有法》）

6.重视语言的锤炼。《读书作文谱卷六　修词》一节专门谈作文语言的锤炼。"词有宜，有忌。其宜者，曰清新，曰秀逸，曰明显，曰老健，曰典雅，曰润泽，曰流利，曰长短相间，曰奇偶停匀，曰抑扬合节，曰平仄和调；其忌者，曰板重，曰粗俚，曰暗晦，曰庸熟，曰凿空，曰涩拗，曰重叠。宜者合一二亦佳，忌者必宜全去。"好的语言表现在很多方面，文章有一两方面就不错了；坏的语言也表现在很多方面，但是写文章，任何坏的语言都要去掉。"落笔之时与脱稿之后，俱宜润色之。"要"捶炼"使之精，要"淘洗"使之洁。唐彪在修辞方面的主张是重简洁而反丽靡，他说："说理之词不可不修，若修之而理反以隐，则宁质无华可也；达意之词不可不修，若修之而意反以蔽，则宁拙毋巧可也。"（王文彦《唐彪家塾教学法评注代序》）

唐彪认为修词就是使文章语言"轻松秀逸、古雅典确、奇偶相参、虚实长短相间。"修词的方法就是"换字","琐碎字，宜以冠冕字换之；庸俗字，宜以文雅字换之，务令自然，毋使杜撰，此即修词之谓也。若以浮靡之言，反掩文之真意，则可鄙之词也，何以修为？"

换字之外，还要讲究平仄。"文章有修词琢句，反复求工而不能尽善，其故何也？以与平仄不相协也。盖平仄乃天然之音节，苟一违之，虽至美之词，亦不佳矣。作文者，苟知其理，凡句调有不顺适者，将上下相连数句或颠倒其文，或增损其字，以调其平仄，平仄一调，而句调无不工矣。"

对我们今天而言，《家塾教学法》最可取的地方是方法，这是一本真正的语文教学方法的专著。唐彪的时代，教学组织形式以家塾为主，学生人数较今天少；课程编排主要是语文一科，语文学习的时间较今天多得多；考试检测以考有特殊格式要求的八股文（所谓时文）为主，写作的自由度较今天（可以文体不限）要拘束得多。今天的时代虽然和清初有诸多不同，但都是母语教育，还有很多相同的一面。教学内容基本相同，只是有多寡、难易、深浅的区别。如都要教识字、写字，都要教作文，都要培养理解文章书籍的能力，都要进行思想政治教育、道德伦理教育等等。如果我们今天能在一些具体内容的教学方法上对唐彪有所借鉴，对提高教学质量肯定会有很大帮助。

第三节　教童子法

一、作　者

民国时期王云五主编《教童子法　弟子职正音等》，商务印书馆发行，书林书局2015年6月影印。

语文课程体系新构想

王筠（1784—1854），字贯山，号菉友，山东安邱人。道光元年举人，后官乡宁、徐沟、曲沃等县知县。少喜篆籀，及长，博涉经史，服官之暇未尝废学。著作有《说文句读》《文字蒙求》《四书说略》。王筠热爱教育事业，对儿童教育付出了巨大心血。其《教童子法》就是一篇经典的教育文献，此文为语录体，不算小字注释大约5080字，不分章节，将关于教学方面的话题一个个写下来，前后没有必然的联系。

二、《教童子法》的基本内容及借鉴价值

《教童子法》论述了从识字开始一直到参加科举考试所要学习的内容、方法及他人的成败得失经验。下面整理几条对今天语文教学有较大借鉴价值的经验：

1.**教学顺序**。王筠主张先集中识字2000左右，为以后的阅读和作文打基础。识字，五十字作一包，每日一包。每字一方寸纸，正面写正楷，背面写小篆，先在无上下文的情况下解说这个字，再在具体的语句中学习这个字。

到"八九岁时，神智渐开，则四声、虚实、韵部、双声叠韵，事事都须教，兼当教之属对，且每日教一典故。"

然后是阅读教学，主要内容是经史，标准是："才高者，全经及《国语》《国策》《文选》尽读之；即才钝，亦《五经》《周礼》《左传》全读之，《礼》《仪》《公》《谷》摘抄读之。"和程端礼相比，就内容而言，王筠增加了《国语》《国策》《文选》，少了《资治通鉴》和十三经的注疏，总的来讲，内容应该少了很多。就教学要求而言，王筠只说"读"，没说读多少遍，读到什么程度，比程端礼的百遍成诵要容易得多。不过，一般来讲，古人对教材要求的"读"是熟读。

最后是作文教学。学作文的时间，"才高者十六岁可以学文，钝者二十岁不晚"。学写作文的顺序是先选读范文后学写文章。"初学文，

第四章 经典教学法著作介绍

先令读唐宋古文之浅显者；即令作论，以写书为主，不许说空话；以放为主，越多越好；但于其虚字不顺者，少改易之，以圈为主；等他知道文法而后，使读隆、万文，不难成就也"。先读后写，读写结合，读浅显的文章，读容易学的文章，写自己的见解，写自己能写的文章，以学习作文门径。最后读"隆、万文"，即明朝隆庆、万历年间的八股文，因为王筠认为八股文"法莫巧于隆万"，这是时文的典范，科举写作的方向。

2. **属对教学**。学对联的开始时间是，"读书一两年，即教以属对。"或者说是八九岁时，这时学习了常用字的基本用法，属对只要注意虚实和四声即可，我感觉学对联的时间大致可以确定是在开始识字之后一年左右。属对的教学方法是："初两字，三四月后三字，渐而加至四字，再至五字，便成一句诗矣。"集中学属对时间大概半年，之后还有大量练习的机会。每天学多长时间，王筠没说，我感觉不用太久，应该是几分钟或者十几分钟。王筠提出属对出题要针对本日所读书来出，这样学生容易对。

3. **学 诗**。王筠主张"每日必使作诗"，只要求押韵就行，不要求对偶平仄，也不要求句数字数，完全放开，让童子愿写，能写，乐意写，放胆到一定程度再提格律要求，学生就不会觉得难了。

4. **文史知识教学**。读书之余，王筠主张教一些文史知识，即所谓的"死典故"，如《十三经》何名？某经作注者谁？作疏者谁？也进行一些思维能力、创造能力的培养，即王筠所谓的"活典故"，如"两邻争一鸡，尔能知确是某家物否？"

5. **教法原则**。在教学方法上，王筠的基本原则有：

集中教学。王筠认为读书、作文和识字一样，都应该集中进行。读书（主要指经、史）时专心读书，全力以赴，尽量要读得多、读得熟、读得好，以加强自己的修养，丰富自己的知识，培养自己进一步的阅读能力，也为后来的作文打下坚实的基础。作文时就专门学作文，读范文，练技巧，熟文体，一步一个脚印，一段一个台阶。"识字时，专

111

心致志于识字，不要打算读经；读经时，专心致志于读经，不要打算作文"。在应该集中读书时学作文，在应该集中学作文时要花很多时间读书，王筠用俗语说叫做"鬼扯腿"，前者是"文扯书之腿也"，后者是"经扯文之腿也"，两件事都做不好。

循序渐进。学习要重视打基础，不要急于求成，否则到了要写奏疏时就会自恨没有读史，要写诗赋时就会自恨没有读《文选》。

因材施教。王筠认为人的资质各不相同，因而教学内容、教学方法、教学目标都应不同，因材施教才能把学生培养成"最好的自己"。如读经，有的多读，有的少读。作文，有的学得早，有的学得晚。

先放后收。作诗文必须放，不加羁绊，久之必自厌而收束矣，这时再讲规矩，他必乐从。

遵循教育规律。"教弟子如植木，但培养浇灌之，令其参天蔽日，"不能人为"曲折"他，要顺着他的特点和可能性自然生长发育，以至成熟。

6.具体教学方法。《教童子法》也介绍了一些具体的学习方法，如：

札录法："每读一书，遇意所喜好，即札录之，录讫，乃朗诵十余遍，粘之壁间，每日必十余段，少亦六七段；掩卷闲步，即就壁间观所粘录，日三五次以为常，务期精熟，一字不遗；粘壁既满，乃取第一日所粘者收笥中，俟再读有录，补粘其处，随收随补，岁无旷日，一年之内，约得三千段，数年之后，腹笥渐富。每见务为泛览者，略得影响而止，稍经时日，便成楞腹，不如予之约取而实得也。"这是一种典型的学习作文优美语言的方法。阅读中碰到了写得美的句子段落就抄下来，常常读一读，背一背，久而久之，别人的优美语言就变成了自己的优美语言了。

连号法："邢懋循尝言：其师教之读书，用'连号法'：初日诵一纸，次日又诵一纸，并初日次日所诵，诵之三日，又并初日次日所诵诵之，如是渐增引至十一日，乃除去初日所诵，每日皆连诵十号，诵至一周，遂成十周，人即中下，亦无不烂熟矣。""连号"就是连环背诵

第四章 经典教学法著作介绍

法,每天背诵此前多天的学习内容。同一篇文章,重复背诵十遍甚至更多,这样就记牢了。这个方法,不仅可以用于背诵优美的作文片段,也可用于背诵重要的儒家经典及史籍。

诘问法:"为弟子讲授,必时时诘问之,令其善疑,诱以审问,则其作文时,必能标新领异,剥去肤词。"经常诘问,迫使学生学习时积极思维,不致于只会读死书。常问常思,能将书理解得深刻透彻,能使学生的思维品质新颖、周密、深刻,养成良好的思维习惯。

圈抹法:"入学后,每科必买《直省乡墨》,篇篇皆使学子圈之抹之,乃是切实工夫。工夫有进步,不防圈其所抹,抹其所圈。不是圈他抹他,乃是圈我抹我也。即读经书,一有所见,即写之书眉,以便他日涂改;若所读书,都是干干净净,绝无一字,可知是不用心也。"对于重要的书籍文章,不止读一次,要读很多遍,每遍都认真读,每次都会有新的感受、新的体会、新的认识,每次都将自己的想法写在书上,或用记号标在书上。每次都会不同,每次都有进步。

启发法:"孔子善诱。孟子曰,教亦多术。故遇笨拙执拗之弟子,必多方以诱之。既得其机之所在,即从此鼓舞之,蔑不欢欣,而惟命是从矣。"王筠在这里提出了一个怎样对待学困生的问题。这是教育的一个重要问题,也是一个难题。我们不少老师对待这个问题是听之任之,随其自然。王筠的观点是用多种方法启发诱导,一旦某个方法对头,就激发鼓励,使学生热爱学习。

王筠这些具体教学方法今天仍然没有过时。经常运用这样的方法,一定能学好语文。

113

第五章　经典教学方法

传统教育的教学方法没有专门集中的论述。第四章介绍了三大经典教学法专著，也没有专门的章节谈教学方法，他们的教学方法介绍都是结合教学内容、教学任务进行的。朱熹是大教育家，有丰富的读书学习和教育教学的经验，他的门人弟子辑录老师的言论形成《朱子语类》，有不少谈教育方法的精彩观点，但也没有分门别类进行专门的论述，只是将朱熹的方法概括为"朱子读书法"六条：循序渐进、熟读精思、虚心涵泳、切己体察、着紧用力、居敬持志，其中后三条应该属于学习态度。

传统教育的教学方法散见于各种教育著作中，如《学记》《论语》《孟子》《中庸》《大学》《荀子》《颜氏家训》《曾国藩家书》等；也见于教育家的著作中，如张载、程颢、程颐、朱熹、陆九渊、王守仁、王夫之、颜元等人的著作中都有相关的论述。

本章将散见于各处的教学方法作一概括整理，形成初读精确、熟读成诵、循序渐进、量力而行、自悟自得、深思善疑、因材施教、摘录札记、圈点批注、抄录整书、先专后博专博结合等条目。能详则详，该略则略，尽量结合当今语文教学的现状，谈谈怎样借鉴运用。

古人重视精读，忽视泛读，这些方法都是适合精读的。就今天而言，速读、浏览、跳读等读书方法也是必要的。

第一节　初读精确

　　所谓初读，就是刚开始接触精美诗文（重要的语文学习材料）时的朗读学习。对于需要精读的诗文，在知道每个字的读音、每个词在诗文中的意义以及诗文的基本思想内容之后，就要开始发出声音地读。起初声音可小点，慢慢地可大点，之后声音大小快慢高低强弱抑扬就随各人的爱好而定，怎么舒服就怎么读，怎么有成效就怎么读，怎么适合自己就怎么读。初读的时间应依所读诗文的长短难易而定，一般不宜太短，时间太短则不易牢固记住。初读的遍数也不宜过少，太少则不熟，读过十遍八遍绝不算多。几遍过后，这种朗读就是诵读。"诵读这种读书方法，是一种目视其文、口发其声、耳闻其音、心通其情、意会其理的综合阅读活动；是从字、词、句到段篇，从文字到语音、语义，从表层意思到深层含义、潜在情味的全面感知。使人在反复诵读之中潜心涵泳，认知文字，感受声律，体会词语，疏通文脉，捕获作品的艺术形象，感悟作品的思想感情，领略作品的韵味意境，体味作品的语言艺术，通达作品的奥妙之处，化古人的神气为自己的神气。"[1]初读是学习新诗文的开始，一定要认真对待。俗话说："良好的开端就是成功的一半。"开始学得好，今后复习就轻松，且记得住，记得牢，得益是深远的。古人强调初读要做到八点：精确、出声、用心、理解、循序渐进、反复、勿贪多、有得。

一、初读要精确

---

1. 谭桂声：《熟读成诵，培养语感——谈义务教育初中语文教材的文言文安排》[J].语文学习，1997，（2）:15.

语文课程体系新构想

初读是首次接触学习材料，形成的是"第一印象"，这"第一印象"在后来的学习过程中具有至关重要的作用，它往往形成一种"定势"，这种"定势"很不容易改变。因此，如果初读形成的是一个精确的"第一印象"，那么今后复习的也是精确的知识，记住的也是精确的知识，提取来运用的也是精确的知识；如果初读形成的是一个歪曲的"第一印象"，那么今后复习的也是歪曲的知识，记住的也是歪曲的知识，提取来运用的也是歪曲的知识。即使在复习过程中发现了原来初读时的错误，要把错误的东西纠正过来也很不容易，要费几倍甚至十几倍的功夫，并且今后还很容易又回到过去错误的轨道上去。所以在初读时一定要精确，不能有丝毫差错。字的读音要精确，字形的写法要精确，词语的理解要精确，朗读的句读停顿和强弱抑扬要精确，诗文的主旨和作者的感情倾向要精确。朱熹说："读之……不可误一字，不可少一字，不可多一字，不可倒一字，不可牵强暗记"，[1] 必须丝毫不差，精确无误，绝不能牵强附会，含糊其词。崔学古在《幼训》里也表达了同样的意思："毋增、毋减、毋复"。[2]崔氏还增加了"毋复"的要求，就是初读时不要单个字、单个词、单个短语地重复，这种重复有似"口吃"，容易形成重复不流畅的阅读习惯。

初读是整个学习过程中最关键的一个环节，"精确"在初读中占有特别重要的地位，无论如何要做到百分之百的精确，不然，初读时"差之毫厘"，今后用起来会"谬以千里"。

---

1. 《中国教育大系·历代教育论著选评》[C].武汉：湖北教育出版社，1994.909页。
2. 《中国教育大系·历代教育论著选评》[C].武汉：湖北教育出版社，1994.1588页。

二、初读要出声

初读的阅读对象是精美诗文，这些作品今后经常需要运用，所以应该学得牢固透彻。因此得想办法来达到这一目的，出声音地朗读就是一种行之有效的办法。要读出声音，口舌就一定要动，耳朵也就要听了，前提是眼睛先要看，手也要配合着指指画画，同时大脑一定要思考，这样各种感觉器官都参与了读书活动。多种感觉器官都参与学习，比单用一两种感觉器官效果要好得多。学习语言是一种特别的智力活动，不发出声音是不可能学得会的。朱熹说："……读之，须要读得字字响亮"，[1]也就是说，每个字的声母、韵母和声调都要读准确，每个字在具体的语言环境中的变调也要读准确，每句话的句读和停顿要读准确。正确的读音出来了，再加上各种感觉器官相互作用，变成牢固而精确的印象，从而为下一步的学习准备了良好的条件。姚鼐在《与陈硕士书》中说："大抵学古文者，必要放声疾读，只久之自悟；若但能默看，即终身作外行也。"曾国藩也说："读书如《四书》《诗》《书》《易经》《左传》诸经、《昭明文选》、李杜韩苏之诗、韩欧曾王之文非高声朗诵则不能得其雄伟之概，非密咏恬吟则不能探其深远之韵。"[2]都说明读出声音的重要性。

不同的老师有不同的个性和特长，不同的学生也有不同的禀赋和习惯，因此在出声地朗读的时候，在内容精确的前提下，朗读的风格可以因人而异，不必太拘泥。韩军说："扯开嗓子，忘我吟唱，摇头晃脑，或婉转，或铿锵，即美读吟诵。"[3]就是一种读法。我们在教与学的实践中可以根据自己的特点总结出适合自己的出声朗读的方法来。

今天，值得庆幸的是，学界基本上达成了共识：语文课，如果没有

---

1. 《中国教育大系·历代教育论著选评》[C].武汉：湖北教育出版社，1994.909页。
2. 《曾国藩家书》第85页，郑州：大象出版社，2011年6月第一版。
3. 韩军：《韩军与新语文教育》[M].北京：北京师范大学出版社，2006.44.

琅琅的读书声，就不是一堂正宗地道的语文课，也就不是一堂成功的语文课！

三、初读要用心

读书学习是一种复杂艰巨的脑力劳动，要想有收获，必须集中精力，汇聚心思，全神贯注。如果一心二用，三心二意，心不在焉，即使用了时间，也不可能获得知识，只是虚度光阴、浪费生命而已。古人读书，非常强调用心，主张多思，善疑。朱熹说："读书须将心贴在书册上，逐字逐句，各有着落，方始好商量。大凡学者，须是收拾此心，令专静纯一，日用动静间，都无驰走散乱，方始看得文字精审，如此方是有本领。"[1]朱熹又说："余尝谓读书有三到：谓心到、眼到、口到。心不在此，则眼不看子细，心眼既不专一，却只漫浪诵读，决不能记、记不能久也。三到之中，心到最急，心既到矣，眼口岂不能到乎？"[2]朱熹是一个博览群书的人，也是一个伟大的教育家，这是他的读书经验的总结，也是他的教学经验的总结。读书，首先要把心思用在书上。

四、初读要理解

理解是书本知识变成自身学问的基本前提。一般来讲，文章没有读懂，不容易记住，更不用说运用了。所以只要是识字的人读书，大致理解是必要的。只有理解了，才能读得透，才能记得牢，才能运用自如。古人要求对所读文章的基本理解是非常严格的，也是非常具体的。元人程端礼说："凡倍读熟书，逐字逐句，要读之缓而又缓，思而又思，使

---

1. 孟宪承：《中国古代教育文选》[M].北京：人民教育出版社，1979.269页。
2. 《中国教育大系·历代教育论著选评》[C].武汉：湖北教育出版社，1994.909页。

理与心浃。"[1]这是从整体上作要求，要一字一字地读，要慢慢地读，要用心地读，最终要使所读文章的道理与自己的思想见解融合为一，因而感到熨帖舒畅。朱熹则从所读文章的单位大小提出了具体细致的要求。首先是就字词单句的理解而言："字求其训，句索其旨，未得乎前则不敢求其后，未通乎此则不敢志乎彼，如是循序而渐进焉。"[2]词语要懂意思，句子要懂含义，前面的没有理解，就绝对不要去看后面的。其次是句与句之间的理解（即今天说的句群，古人说的章）："凡读书，须有次序，且如一章三句，先理会上一句，待通透，次理会第二句，第三句，等分晓，然后将全章反复紬绎（紬绎，寻求事物的道理和原因）玩味。如未通透，却看前辈讲解，更第二番读过，须见得身分上有长进处，方为有益。"[3]前一句透彻理解之后才能读后一句，如果没有透彻理解，就要看别人的注释或请师长讲解。再次是段的理解："看一段有下落了，然后又看一段。"[4]

从字、词、句到段篇，都要理解，这是初读的基本要求。

五、初读要循序渐进

凡事都有一个顺序，事物的发展有个时间顺序，事物的变化有个因果顺序。读书也是有顺序的，只有按照学科知识本身的难易顺序和求知的规律，循序渐进地进行学习，才会学有所得。如果不按顺序进行学习，这里学一点，那里学一点，今天学骈文，明天学汉赋，杂乱无章，顾此失彼，既学不系统，也记不牢固，最后自己还是空空如也。古人非常重视读书的循序渐进。前面在阐述"初读要理解"时实际已涉及这个问题。顾炎武在《日知录》中批评当时学者好高骛远、不能脚踏实地时

---

1. 《中国教育大系·历代教育论著选评》[C].武汉：湖北教育出版社，1994.1117页。
2. 《中国教育大系·历代教育论著选评》[C].武汉：湖北教育出版社，1994.914页。
3. 孟宪承：《中国古代教育文选》[M].北京：人民教育出版社，1979.265页。
4. 孟宪承：《中国古代教育文选》[M].北京：人民教育出版社，1979.268页。

说："又曰（按：指朱子）：'近日学者病在好高。《论语》未问学而时习，便说一贯；《孟子》未言梁惠王问利，便说尽心。《易》未看六十四卦，便读《系辞》，此皆躐等之病。"[1] "学而时习之"是《论语》开篇的第一句话，"一贯"出自第四篇第十五章，顾炎武在这里用"一贯"可能是指对孔子思想的概括，"梁惠王问利"也是《孟子》一书开篇谈到的问题，《尽心》是《孟子》一书最后一篇。《周易》一书先讲六十四卦，《系辞》是对六十四卦的阐释。《论语》第一句话都没弄懂，就想将孔子的思想贯通理解，《孟子》第一章没看，就要看最后一篇，《周易》没有读卦爻，就要看对卦爻的论说，这些做法都是与循序渐进背道而驰的：颠倒先后，混淆次序，所以引起了顾氏的担忧。对最重要的书籍，必须是一本一本地学，第一本学通了，掌握了才学第二本。"朱子读书法"里谈循序渐进的内容很多，可见这一条对读书学习有多重要。

六、初读要反复

初读要反复是说要想把这篇课文学懂学透，永久不忘，刚开始时一定要反复阅读。只有遍数读得多了，新的诗文才会在大脑皮层形成牢固的永久的痕迹，才会变成自己的知识。古人读书非常强调要读足遍数。朱熹说："书只贵读，读多自然晓。"[2] "看一段，须反复看来看去，要十分烂熟，方见意味，方快活，令人都不爱去看别段，始得。人多是向前趱去，不曾向后反复，只要去看明日未读底，不曾绅绎前日已读底。须玩味反复，始得。用力深，便见意味长；意味长，便受用牢固。"[3] 他又说："古人云：'读书百遍，其义自见。'谓读得熟，则不

---

1. 田正平、肖朗：《中国教育经典解读》[C].上海：上海教育出版社，2005.253页。
2. 《朱子读书法》http://guoxue.dahe.cn/DaCai/2008/2561.html
3. 《朱子读书法》http://guoxue.dahe.cn/DaCai/2008/2561.html

解说，自晓其义了。"[1]可见古人非常重视读得熟。

要掌握一篇新的诗文，不是一次学习能够完成的，第一次学了之后，今后还要不断地复习，不断地运用，才能彻底学会。我们觉得初读时反复的遍数最好不低于10遍。今后还要用足够的时间进行复习。

七、初读勿贪多

凡事都有规律，一定的时间只能完成一定数量的任务，如果想用一天的时间来完成一个月的任务，这就违背了规律，最后要遭到规律的惩罚。俗话说："贪多嚼不烂。"读书也一样，要根据自己的吸收能力，根据读物的难易程度，适当规定阅读的数量，确保自己掌握了这个量的知识还觉得轻松有余力，这样自己的感觉就是既学到了知识，又不觉得辛苦，自己还有很大的潜力，还有更大的发展空间。古人在读书求学上非常注意量的适当，强调让孩子学得轻松，学得愉快，使他并不觉得读书是一件多么痛苦的事。元人程端礼说："不必多，《论语》止看得一章二章三章足矣，只要自得。凡先说者，要极其精通，其后未说者，一节易一节，工夫不难矣。"[2]《论语》一书将近500章，约2万字，章的篇幅有长有短，平均起来一章大概40字，三章就是120字左右。初学时一次就攻读这100来字就行了，但一定要学会掌握。读书首先要追求的不是数量，而是质量。掌握了，一点一点积累，就会积少成多，聚沙成塔，从而学富五车。以我们今天的情况来比照，短文章就学一篇，长文章就学其中的一两个大段。以学生学得能掌握不辛苦为标准。

贪多求快，是我们读书和教学中容易出现的问题，需要引起高度注意。

---

1. 《中国教育大系·历代教育论著选评》[C].武汉：湖北教育出版社，1994.909页。
2. 《中国教育大系·历代教育论著选评》[C].武汉：湖北教育出版社，1994.1118页。

八、初读要有得

　　知识的海洋是一点一滴汇聚的，学问的大厦是一砖一石砌成的。读书学习，每花费一段时间，一定要有所收获，时间投入越来越多，收获越来越大，以至于有成。学有所得，是有效学习的基本要求，根本没有收获，又何必付出时间呢？学有所得，是未来进一步求知深造的前提，没有前面的有效学习做基础，知识的高楼怎么也建不成。学有所得，也是培养自信心的必要条件，如果老是花时间学习，老是一无所获，就会对自己丧失信心，认为自己做什么都不行。朱熹说："园夫灌园，善灌之夫，随其蔬果，株株而灌之。少间灌溉既足，则泥水相和，而物得其润，自然生长。不善灌者，忙急而治之，担一担之水，浇满园之蔬。人见其治园矣，而物未尝沾足也。"[1]有经验的成功的园丁，他浇灌蔬菜果树，要根据蔬菜果树大小疏密的具体情况，每棵都浇上适量的水，使它既充分滋润，又不至于淹死，从而有利于它的茁壮成长。没经验的鲁莽的园丁，匆匆忙忙，乱浇一气，表面上是在浇园，实际上蔬菜果树根本就没有受益，有的甚至涝死。读书人应该是"善灌之夫"，每次学习，都有成效见出。朱熹还说："须是一棒一条痕，一掴一掌血；看人文字，要当如此，岂可忽略。"[2]每次行动，都见出实效来。

　　上面总结了古人在学习新知识时注意的八个方面，这是传统教育的读书经验，对于我们今天的读书学习和汉语教学，还是很有用的。

---

1. 田正平、肖朗：《中国教育经典解读》[C].上海：上海教育出版社，2005.202页。
2. 孟宪承：《中国古代教育文选》[M].北京：人民教育出版社，1979.266页。

第二节 熟读成诵

熟读成诵是传统教育众多方法中最重要、最根本、最核心的方法，也是最适合汉语这种简洁、概括、典雅、高贵的语言的方法。

所谓熟读，就是不停地读，熟练地读，反反复复地读，隔了一段时间之后又回过头来读。读到什么程度才叫"熟"呢？古人对熟读的要求是"使其言皆若出于吾之口"，[1]熟到书上的话就好像是自己说出来的一样。程端礼说："凡玩索一字一句一章，分看合看，要析之极其精，合之无不贯。去了本子，信口分说得出，合说得出，于身心体认得出，方为烂熟。"[2]朱熹说："莫说道见得了便休。而今看一千遍，见得又别；看一万遍，看得又别。须是无这册子时，许多节目次第都恁地历历落落，在自家肚里，方好。"[3]阅读经典著作，要把整个书清晰完整地保存在脑子里，一清二楚，决不含糊。

一、古代的经验

（一）熟读的方法

熟读精美诗文，古人的作法是：

1.反复读，读足遍数

传统教育非常重视读书的遍数，因为"遍数多，则久不忘。"[4]到

---

1. 《中国教育大系·历代教育论著选评》第914页[C].武汉：湖北教育出版社，1994.
2. 《中国教育大系·历代教育论著选评》第1118页）[C].武汉：湖北教育出版社，1994.
3. 《朱子读书法》http://guoxue.dahe.cn/DaCai/2008/2561.html
4. 明·吕坤：《社学要略》。

底读多少遍才算读足了遍数呢？朱熹说："遍数已足，而未成诵，必欲成诵。遍数未足，虽已成诵，必满遍数。但百遍时，自是强五十遍时；二百遍时，自是强百遍时。今所以记不得、说不去、心下若存若亡，皆是不精不熟之患。"[1]朱熹在这里指出了"成诵"与"遍数"的辩证关系和要求，没指明遍数的具体数字，只是强调遍数越多越好。

程端礼说："每大段内必分作细段，每细段，必看读百遍，倍读百遍，又通倍读二三十遍。"[2]程端礼自己热爱读书，教育教学经验丰富，这个遍数要求应该是经过实践得出的科学结论。首先是在他自己的私塾实行，后来别的私塾和官学很可能借鉴了他的做法，在历史上应该风行了很长的时间。中央电视台第10套有个专栏叫"百家讲坛"，北京满学会会长阎崇年讲"清十二帝疑案"时提到：康熙皇帝自己少年时读书，朗诵120遍，背诵120遍。后来又要求他的皇室子弟这样做。大臣看到皇室少年读得太辛苦，向康熙提出能不能只读100遍呢，康熙坚决不同意。康熙的读书实践还超过了程端礼的要求。

曹魏时董遇精通《左传》，有人跟他学习，他说："必当先读百遍，读书百遍而义自见。"[3]

2.连环背诵法

所谓连环背诵法，是指当天不仅要背诵当天读过的书，还要复习背诵过去读过背过的书，以免忘记。清人王筠把它叫作"连号法"，第四章已做了详细介绍。邢懋循的老师是连环十天为一周，每天除学新书外，还要背诵前面十天的诗文。如果读的遍数不是很充分，那么连环的周期还应该长一些，每天背十五天的内容或二十天的内容，可依具体情况而定。

3.温书或理书

读过的书需要复习，不复习就会很快忘记。复习要讲究方法，要

---

1. 《中国教育大系·历代教育论著选评》第1123页[C].武汉：湖北教育出版社，1994.
2. 《中国教育大系·历代教育论著选评》第1117页[C].武汉：湖北教育出版社，1994.
3. 熊承涤：《中国古代学校教材研究》第100页，北京：人民教育出版社，1996年8月第1版。

及时复习，复习的频率要适当，只有这样，才能用最少时间取得最好效果。在古代教新课前，要将前数日或前数月所读的书，轮流背诵，称"温书"或"理书"。许多"训蒙法"在谈到读书时都规定要"逐日带温""逐旬逐月通理"。教新书不忘温旧书，是蒙学读书教学很注意遵守的一个原则。

每次温书要用多少时间呢？崔学古在《幼训》中明确规定："逢十总理十日书文，限午前背完。……逢月总理一月书文，作三日理，限第三日午前完。逢季总理一季书文，作五日理。凡书念完一本则通本理一遍，年终将一岁书总理一遍。"[1]

周振甫说："我曾经听开明书店的创办人章锡琛先生讲他小时的读书。……到了节日，如阴历五月初五的端阳节，七月初七的乞巧节，九月初九的重阳节，年终的大节，都不教书了，要温书，要背书。如在端阳节要把以前读的书全部温习一下，再全部背出。到年终，要温习一年读的书，全部背出。到第二年年终，除了要背出第二年所读的书外，还要背带书，即把第一年读的书也要连带背出。[2]可见温书的做法到近代还在执行。

记忆容易遗忘，古人对付遗忘的办法就是温书，不断地复习。隔了一段较长的时间之后，再温习一下，重新背一次，这样重复的次数一多，也就彻底记住了。

4.背整本的书

古人读书，一篇一篇一章一章读过背了之后，对单篇文章已经非常熟了，这还远没有过关，还要将整本的书流利地背出。这种做法在古代正规的私塾里是非常普遍的。下面也举几个读过私塾的近人为例加以说明：

现代著名哲学家冯友兰回忆说，我们先读《三字经》，再读《论

---

1. 《中国教育大系·历代教育论著选评》第1582页[C].武汉：湖北教育出版社，1994.
2. 赵志伟：《旧文重读：大家谈语文教育》第241页[C].上海：华东师范大学出版社，2007.

语》，接着读《孟子》，最后读《大学》和《中庸》。一本书必须从头背到尾，才算读完，叫做"包本"。[1]

中国科学院研究员敏泽回忆说：我5岁进入私塾，一学就是5年。对于古书的学习都是要求做到从头到尾背得烂熟之后，才可以丢掉不读，开始一种新古书的诵读的。比如说，你认为《诗经》你已经学好了，不必再读了，你就要将它放在老师的面前，行个礼，然后转身背诵，从第一篇《关雎》的"关关雎鸠，在河之洲"背起，一直背到最后一篇《殷武》的最后一句"旅楹有闲，寝成孔安"为止，老师认为你背熟了，才同意你不再读此书，而另读新书。[2]

在古代，能背长篇巨著的人不在少数。杨树达是国学大师，天资聪颖，勤勉好学，精通《汉书》，被称为"汉圣"。他对《汉书》熟悉到这种程度："诵班孟坚书，不复持本，终卷不失一字"。[3]杨树达把《汉书》作为自己的终身事业之一，集中精力攻读，故能流利背诵。

国学大师钱穆能够背诵《三国演义》："看得次数多了，一部洋洋百万言的《三国》竟背得烂熟。父亲的一位朋友听说他能背《三国》，便任指一段考他，钱穆居然一字不落地当众背了出来，而且还绘声绘色，十分传神，众人惊为神童"。[4]钱穆天资高，记忆力好，几乎能过目不忘，加之勤奋好学，故能背长篇小说。

背整本书的例子还有：北京大学教授辜鸿铭能够一口气背诵上千行的弥尔顿《失乐园》。[5]历史学家黎澍能背《水浒传》，[6]巴金能够背诵《古文观止》，茅盾能够背诵全本的《红楼梦》。[7]

---

1. 冯友兰：《冯友兰自述》[M].郑州：河南人民出版社，2004.3.
2. 王丽：《名家谈语文教育》第38页[C].上海：华东师范大学出版社，2007.
3. 王晓清：《学者的师承与家派》[M].武汉：湖北人民出版社，2007.98.
4. 汪修荣：《民国教授往事》[M].郑州：河南文艺出版社，2008.93.
5. 王丽：《名家谈语文教育》第73页[C].上海：华东师范大学出版社，2007.
6. 王丽：《名家谈语文教育》第13页[C].上海：华东师范大学出版社，2007.
7. 教育部师范教育司：《韩军与新语文教育》第58页[M].北京：北京师范大学出版社，2006.

第五章　经典教学方法

古代科举考试以四书五经为主要内容，所以私塾教育以儒家经典为主要课程，要求学童熟读经书，并能成诵，这是古代非常平常的现象。我们后面说到近代现代人背《汉书》《红楼梦》《三国演义》《古文观止》，他们都是在学问上取得了巨大成功的人，他们悟性高，记忆力强，勤勉有恒心，为了自己的毕生事业，将行业内的重要著作熟读成诵，以便将来用起来得心应手。这些前辈是我们学习的楷模。

前面介绍了四种古人常用的熟读成诵的操作方法。那么古代私塾教育是怎样检查学童的背诵的呢？王充闾先生谈塾师检查背诵的时候这样说："到时候，先生端坐在炕上，学生背对着他站在地下，听到一声'起诵'，便左右摇晃着身子，朗声地背诵起来。遇有错讹，先生就用手拍一下桌面，简要地提示两个字，意思是从这里开始重背。背过一遍之后，还要打乱书中的次序，随意挑出几段来背。若是不做到烂熟于心，这种场面是难应付的。"[1]

（二）熟读的作用

熟读能使新学的知识记得准确，不和过去的知识相混淆。朱熹说："某旧苦记文字不得，后来只是读。今之记得者，皆读之功也。"[2]程端礼说："凡册首书烂熟，无一句生误，方是功夫已到。方可他日退在夜间与平日已读书轮流倍（背）温，乃得力。如未精熟，遽然退混诸书中，则温倍渐疏，不得力矣。"[3]用我们今天的话来说，新学的知识，只有非常精熟了，才能纳入自己的知识体系中，在原有的知识系列中找到一个位置，清晰醒目，和别的知识不相交错混杂，从而真正变成自己的学问。

熟读能够理解诗文的内涵。朱熹说："大凡读书，须是熟读，熟读

---

1. 王丽：《名家谈语文教育》第119页[C].上海：华东师范大学出版社，2007.
2. 《朱子读书法》http://guoxue.dahe.cn/DaCai/2008/2561.html
3. 《中国教育大系·历代教育论著选评》第1117页[C].武汉：湖北教育出版社，1994.

了自精熟，精熟后理自见得。如吃果子一般，劈头方咬开，未见滋味便吃了；须是细嚼教烂，则滋味自出，方始识得这个是甜、是苦、是甘、是辛，始为知味。"[1]也就是说，熟读能够把握诗文的内涵，欣赏诗文的美。如同吃果子一般，如果一口吞下，果子没有在口腔里待一段时间，果肉和口腔与舌头牙齿不"熟"，那么就尝不出果子的味道；如果细嚼慢咽，果肉和舌头牙齿充分接触渗透，相互磨合穿插，彼此非常"熟"了，那么就能充分感受到果子的滋味了。朱子的这个比喻可谓形象到家了。

熟读能够领略精美诗文的形式美。形式美包括字词的选择、句式的安排、修辞的讲究，典故的使用、意境的追求等。文章熟了，这些形式方面的特点自然也会有准确深刻的印象。朱自清说："'熟读'不独能领略声调的好处，并且能熟悉诗的用字、句法、章法。"[2]

熟读能够为写作服务，为写作提供源源不断的具有表现力的生动形象的语言。这一点在《精读范文的作用》里详细论述。

二、今天如何借鉴

今天我们应该怎样对待熟读成诵这种读书方法呢？

我们先看著名特级教师程红兵的做法："我要求每节语文课由一位同学（按学号轮流）介绍一首诗，然后全班同学用3分钟左右的时间把它背下来，其时我和同学一块儿口中念念有词，兴致上来，我会用浑厚的男中音（当然这完全是自我感觉）作一个诵读表演，摇头晃脑，作得意状，引来满堂喝彩（这当然是学生给我面子）。一个月一本书，一节课一首诗。"[3]程老师是非常优秀的语文老师，要求学生一节课用3分钟学

---

1. 田正平、肖朗：《中国教育经典解读》[C].上海：上海教育出版社，2005.202.
2. 《朱自清语文教学经验》第79-80页，北京：教育科学出版社，2007年6月第1版。
3. 教育部师范教育司：《程红兵与语文人格教育》[M].北京：北京师范大学出版社，2006.7-8.

一首诗，一个月读一本书，非常难得。学习一首诗是课堂教学的插曲，不是主旋律，所以程老师只用了3分钟，有领读，有自读，然后学生"把它背下来"。我相信当时学生能背得下来。当然程老师也许会要求学生在课后不断复习这首诗，名师的学生也许会自觉在课后反复吟诵学过的诗，以至于把它完全记住，今后不管什么时候都能背得出来。

这是名师，效率自然高。一般老师情况就不同了。用几分钟时间让学生学会甚至记住一首诗，有的学生可能记得住，有的可能记不住，有的可能还会在课后进行复习，有的可能在课堂上学了之后就基本上不会去看了。结果会怎么样呢？极个别同学完全记住了，今后随时能背得出来；绝大多数同学可能背不出来了，当别人说起这首诗时他可能会觉得有点面熟，好像学过，但要他自己说绝对讲不完整了，别人在说时他也许能附和一言半语；差一点的同学可能完全忘记了。

用几分钟学习一首诗，学生能够读多少遍呢？当然随诗的长短而异，就以绝句而言，我想用心认真读的话，难得超过20遍。这和我们前面说的看读百遍背读百遍相差甚远。同时又没有经常复习，隔一段时间温习，隔较长时间集中复习。这样，它怎么能够在大脑皮层建立牢固的永久的痕迹呢？

这是很长一段时间我们的中小学语文教学的基本现实。最后导致什么结果呢？2007年在香港回归十年庆典的时候，中央电视台有个专题叫"岩松看香港"。其中有个节目是介绍香港城市大学的，白岩松采访这个大学的教授时，问及城市大学作为理工科为主的大学为什么要开"中国文化"这样的课程。这个教授深有感触地追忆起他们的校长上任之前的一段发人深思的经历：校长问过20名大学生是否喜欢中国的文化，学生都答喜欢古代的诗词。校长要他们背几首听听，结果这些"爱好"唐诗宋词的大学生，不约而同地背出了"床前明月光"这首幼儿时学的诗，让校长惊诧不已。从这里我们大致能够看出当前语文教育的结果来了，那就是："爱好"诗词的大学生只记得一首诗，当然个别也许能背多几首，但可以肯定的是，绝大多数的中学毕业生甚至大学毕业生不能随时背出几十首诗来，更别说几百首！

香港的情况是这样，内地也好不到哪里去！

对于10多年前中国学生的积累，特级教师韩军是这样描述的："除了为应付考试记住的只言片语所谓名言佳句外，每人存贮于记忆中的完整的经典诗文，平均绝对不会超过1000字！"[1]

对于读书不温习、中小学各段不衔接、学生学了东西就忘记的现状，韩军这样说："现在严重的问题是，语文教育急功近利，语文教师各管一摊，只检查自己眼下的一时一段。期中只检查上半学期的，期末只检查下半学期的，这学年不检查上学年的，初中不检查小学的，高中不检查初中和小学的。学生到了初中，小学的基本忘光；到了高中，小学初中的基本忘光；出校门，走上社会，中小学背诵的基本忘光。想想，学生背诵时，费了多少心血，耗了多少时光，就因为语文教育急功近利、各管一摊，让学生把背诵的诗文轻而易举地还回了书本。语文教育千重要，万重要，而背诵、积累最最重要，可这'最最重要'，却如此轻易被毁掉，这应该是现代中国语文教育最惨痛的教训，应该汲取。"[2]

现在，党中央重视传统文化的教育，国人的文化自信也逐渐增强，教材中增加了古代诗文的比重，已经达到了百年来的最高峰，也可以说是一种饱和的状态、一种理想的状态了。人们对背诵的态度也发生了明显的变化，过去常常把背诵说成是"死记硬背"，现在基本能持肯定的态度。假如我们运用古人熟读成诵的方法来进行语文教学，应该是这个样子：

首先，对于单篇精美的诗文，在学生基本懂得意思之后，老师先领读几遍，然后学生自由朗读，读的时候切莫忘记把标题、作者一起读！一定要读足遍数！之后，学习新诗文时，一定要先复习前一篇，朗读几遍，再背诵。

---

1. 韩军：《韩军与新语文教育》第147页[M].北京：北京师范大学出版社，2006.
2. 韩军：《韩军与新语文教育》第148页[M].北京：北京师范大学出版社，2006.

其次，一个月或者两个月要安排一两天时间集中进行复习，先朗读，再背诵。

第三，半期考试之前安排三四天时间集中复习，先朗读，再背诵。

第四，一个学期结束前要对整个学期的精读内容进行复习，先朗读，再背诵。

第五，一个学年结束前要安排一星期左右的时间对整个学年的精读内容进行复习，先朗读，再背诵。

第六，三年级时要复习检查背诵前两年的精读内容，四年级时要复习检查背诵前三年的精读内容，小学毕业时要复习检查背诵整个小学阶段的内容。

第七，初中要检查背诵小学阶段的内容，初中的精读内容照小学的方法去做。

第八，高中照小学和初中的要求与方法去做。高中要检查背诵整个初中、小学阶段的精读内容。

同时，我们可以通过考试对背诵进行强化。在平时考试、高考、中考和小学升初中的考试中增加"照课文填空"的权重，并且要求应该广泛，不只是考名言佳句，还要考作者和普通语句。不然，学生可能只读名言，其他句子不读，甚至只读选有名言佳句的书，而不去读原诗原文。结果，学生可能只记得名言，至于这句名言是谁写的，是哪首诗里的，则不清楚了。这不是真正地懂这篇诗文！由于考试的压力，迫使学生认真诵读，牢牢掌握。

这样，学生到高中毕业时，整个中小学阶段的精读内容都能十分流利地背诵出来，就好像古人背《论语》《诗经》一样，诵读自如，得心应手。

21世纪语文课程改革之后，中小学的背诵情况得到了明显改善，背诵的质量和数量都有提高。小学要背160篇（段），初中要背80篇（首），高中要背70篇（首）。能将这300多篇（首）精美诗文烂熟于心，运用自如，那也还可以说不错了。从理论上，就潜力来说中小学生的背诵能力还有巨大空间，希望今后能够做得更好。

第三节 自主自悟

所谓"自主自悟"，就是自己主动去学习、自己主动去领悟。学习有一个由不懂到懂、由不会到会、从低级到高级、从幼稚到成熟、从浅薄到渊博的过程。在这个过程中，学习者的积极性、主动性、求知欲和进取精神是非常重要的。一个无动于衷的人，想要他学得快，比登天还难；一个求知迫切、欲望强烈的人，稍加点拨，便可进步神速，一日千里。道理很简单，因为学生是学习的主体，学习是学生自己的事。学习数量的多少、质量的高低、速度的快慢、效率的高低从根本上说取决于学生自己，取决于学生智力的高低、付出的多少、方法的优劣。所以传统教育非常重视学习者自己的作用，重视调动他们的学习积极性，重视发挥他们的主观能动作用。

一、古代的经验

（一）古代关于自主学习思想的论述

中国自主学习思想的源头在《论语·述而》和《礼记·学记》。《论语·述而》说："不愤不启，不悱不发，举一隅不以三隅反，则不复也。"对一段学习材料，如果学生没有充分的自学，自学没有自己的心得，有心得没有自己的疑问，那么老师就不能讲，也不用讲，即所谓"不愤不启，不悱不发"。因为学生的理解还不够，老师讲了学生的进步也不大。朱熹引程子曰："不待愤、悱而发，则知之不能坚固；待其愤、悱而发，则沛然矣。"[1]对于一段学习材料，学生自认为达到了一定的程度，或者老师误认为学生达到了老师可以讲的程度，老师给他讲，一个屋子有四个角，分析了一个角，学生不知道其他三个角，那也就不再讲了。因为此时学生还没有真正理解，还没有真正动心，他的状态还不够，老师讲了，效果也微乎其微，对学生没有多少提高。可以说孔子是真正的学生中心论者，强调学生是学习的主体，学生想学、爱学、乐学、好学才是学习进步的真正关键。1980年叶圣陶在评论孔子的"启发"思想时这样说："孔子的想法更进一层，他不仅主张让学生先思考一番，而且要在学生思考而碰壁的时候老师才给教。""从这两句话看，可见孔子极重视学生的主观能动性。学生自己想得通的，说得清楚的，自然不必教。想不通了，说不清楚了，这就是碰了壁了，其时学生心头的苦闷多么厉害，要求解决的欲望多么迫切，可想而知。在这种情况下受教师的教，真好比久旱逢甘雨，庄稼就会蓬蓬勃勃地滋长。"[2]可见，孔子对学生学习的主动性是多么重视！《礼记·学记》关于启发教育的观点和《论语》基本一致。《学记》说："故君子之教喻也，道而弗牵，强而弗抑，开而弗达。"以学生的充分自学为前提，在非不可的情况下老师适当的"导"（引导）"强"（督促）"开"（开导），"喻"就是开导、点拨，其真意应该是让学生自己完成主要的学习工作，达到既定的学习目的，老师在适当的时候引导、提示、鼓励，而不是强迫、压制、直接告诉他答案。

孔子是自主学习思想的第一个倡导者。自此以后，中国古代社会的教育，从私学到官学，从蒙学到书院，都奉行此法，都强调学生自己学习主动性的重要，都强调学生本人作用的重要。可以说，学生中心论的观点和实践占据了中国传统教育几千年。大大小小的教育家都在践行孔

---

1. 王浩整理，朱熹：《四书集注》第100页，南京：凤凰出版传媒集团，2005年5月第1版
2. 叶圣陶著，杨斌选编：《如果我当教师》第77页，北京：教育科学出版社，2012年5月第1版。

子的自主学习思想。

孟子认为只有通过自己探求获得的知识，才能掌握得牢固，才能随心所欲地为我所用。所以，老师应该追求让学生自学，这样学来的知识才能得心应手。孟子说："君子深造之以道，欲其自得之也。自得之，则居之安；居之安，则资之深；资之深，则取之左右逢其源，故君子欲其自得之也。"[1]

北宋教育家张载说："教之而不受，虽强告之无益，譬之以水投石，必不纳也。今夫石田，虽水润沃，其干可立待者，以其不纳故也。"[2]当学生没有读书的欲望，没有求学的要求，他此时的心思根本不在书上，老师这个时候如果勉强对弟子进行教学，那就不可能有效果。此时此刻的学生，就犹如一个石头，周围的洪水再大，它也无法吸收得进，洪水一退，石头立即干了。因为学生的思想还没开窍，他的心思根本不在这里，讲了白讲，是做无效劳动，对老师是浪费，对学生是煎熬。

南宋朱熹在注释《论语》中"不愤不启，不悱不发"一章时说："愤者，心求通而未得之意；悱者，口欲言而未能之貌。"老师的启发只能在学生的自学已经达到了相当的程度，只差一层窗户纸没有捅破，但仅凭自己的能力实在无法再进一步了，这时老师稍加点拨，学生便豁然开朗了。朱熹认为，老师的任务在于启发学生发现问题，帮助学生解决问题。他说："指引者，师之功也。"教师只是"示之于始而正之于终"，对学生的学习起指导、指引和解疑的作用。他特别强调学生自己的主观能动性。他说："读书是自己读书，为学是自己为学，不干别人一线事，别人助自家不得。"好比饮食，"不能只待别人理会，安放自家口里。"他坦率地告诉学生："某此间讲说时少，践履时多，事事都

---

1. 《孟子·离娄下》，陈襄民等：《五经四书全译》P3372，郑州：中州古籍出版社，2000年8月第一版。
2. 张载：《经学理窟》，出自孟宪成编《中国古代教育文选》第255页，北京：人民教育出版社，1979年4月第一版。

用你自去理会，自去体察，自去涵养。书用你自去读，道理用你自去究索，某只是做得个引路底人，做得个证明底人，有疑难处，同商量而已。"[1]

明末清初思想家王夫之说："有自修之心则来说（请教），而因以教之。若未能有自修之志而强往学之，则虽教亡益"。（《礼记章句》）又说："教者但能示之以所进之善，而进之之功，在人之自悟"。[2]他在《四书训义》中对"不愤不启"一段是这样解释的："若是者，岂教者之有隐哉？盖教在我，而自得在彼。虽以诲人不倦之情而施之，心不专，志不致之士，则徒以多言谢教者之责，君子之所不屑，亦君子之所不忍也。然则学者于不启不发不复之下，亦当思君子之何徒吝此，而自反以自励也与！[3]（）王夫之强调的也是学生主动性的重要。学习者自己不想学，没有基础，没有热情，老师多讲只是敷衍塞责而已。这种做法是正直有责任感的老师（君子）所不屑做的，也是不忍心做的，因为这样做是害学生，敷衍而已。

（二）古代自主学习思想的实践

上面介绍的是古人在学生的自主学习方面理论上的重视，思想上的重视。在实际教学中古人又是怎样做的呢？下面我们以孔子和朱熹作例子进行说明。我们千万不要认为孔子强调学习要自己主动，自己践行，不到万不得已老师不作讲解，这种做法是在偷懒，不负责任。孔子"诲人不倦"，有教无类，任何人都教，并且是不厌其烦地教，孔子的责任心是不容置疑的。但是什么内容教、什么时候教、用什么方式教他可是

---

1. 《中国教育大系·历代教育论著选评》（上）[M].武汉：湖北教育出版社，1994. 第924页。
2. 《四书训义》卷五，张隆华、曾仲珊著：《中国古代语文教育史》第395页，成都：四川教育出版社，2000年10月第2版。
3. 《中国教育大系·历代教育论著选评》（下）[M].武汉：湖北教育出版社，1994. 第1431页

很讲究的，他注重的是效果，要对学生有用，要有利于学生健康成长与完善发展。孔子教学，注重学生的学习状态。当学生对学习材料理解得比较深入，学生的学习状态比较亢奋，学生求知欲比较旺盛，孔子当然乐于讲解。《论语》里这方面的例子很多。如子贡问："贫而无谄，富而无骄。何如？"孔子答："可也。未若贫而乐，富而好礼者也。"子贡再说："诗云：如切如磋，如琢如磨。其斯之谓与？"孔子感慨："赐也，始可与言诗已矣。告诸往而知来者。"（《论语·学而》）朱熹在《四书集注》中对这段话的分析是，子贡经商，自贫而富，一直以"无谄""无骄"自守，孔子认可他的作为，也提出还有更高的境界，子贡很快就理解了。于是引用《诗经》形容风流优雅的美男子的"如切如磋，如琢如磨"（朱熹解释：言治骨角者，既切之而复磋之；治玉石者，既琢之而复磨之：治之已精，而益求其精也）的句子，[1]表示人生应该追求精益求精，锦上添花。老师很高兴，这是真正的举一反三、由此及彼，从老师已有的讲解想到了老师还未讲的意思。孔子认为子贡学《诗经》可谓真懂了，毫不吝惜地进行了表扬。当时和后来应该给子贡透彻地讲解了《诗经》。可见孔子教学，不是不讲，而是要在学生自学很充分的时候才讲，因为只有这样，学生才能理解得更深，把握得更透，提高得更快。

对于有些内容，孔子认为是应该知道的常识，是应该坚持的原则，即使弟子不问，他也会主动讲的。如：

> 子曰："由也，汝闻六言六蔽矣乎？"对曰："未也。""居，吾语汝。好仁不好学，其蔽也愚；好知不好学，其蔽也荡；好信不好学，其蔽也贼；好直不好学，其蔽也绞；好勇不好学，其蔽也乱；好刚不好学，其蔽也狂。"（《论语·阳货》）

---

[1]. 王浩整理，朱熹：《四书集注》[M].南京：凤凰出版传媒集团，2005：54。

朱熹引范氏曰："子路勇于为善，其失之者，未能好学以明之也。故告之以此。曰勇，曰刚，曰信，曰直，又皆所以救其偏也。"[1]子路在孔子的启发诱导、熏陶感染下，粗鲁好勇的毛病改了不少，但还是未能尽善尽美，孔子觉得离君子风范还有一段距离，应该有所提高。所以子路没有问，他就主动教育起来了。

朱熹在教学实践中是怎样对待教师讲解和学生自学的呢？朱子知识渊博，热爱教育，他"一日不讲学，则惕然以为忧。"[2]但朱熹教学有讲究，他不是时时讲，事事讲。他在非常重要的时候讲，在非常关键的时候讲，在效率最高的时候讲，在非讲不可的时候讲。黄宗羲在《明儒学案发凡》中说："胡季随从学晦翁，晦翁使读《孟子》。他日问季随'至于心，独无所同然乎'，季随以所见解，晦翁以为非，且谓其读书卤莽不思。季随思之既苦，因以致疾，晦翁始言之。古人之于学者，其不轻授如此，盖欲其自得之也。"[3]

重视学生主动性的教育思想在中国古代社会是深入人心的，是教育教学遵循的基本原则。这一点在私塾中也有很好的体现。在古代私塾或类似的教育中，一般的做法是：如果学童年龄小，理解能力、领悟能力有限，那么，塾师一般是不讲解的，领读几遍后就由学童自由诵读，读了几十遍上百遍之后再背；不能背，再读。如果学童年龄大一点，有一定的理解能力和领悟能力，那么，塾师领读后稍微讲解，学童大致懂意思了，就由学童自由诵读，直至熟读成诵为止。私塾的教学主要是学童在活动，以读为主，习字作文与之相结合。蔡元培的私塾生活就是这样

---

1. 王浩整理，朱熹：《四书集注》第193页，南京：凤凰出版传媒集团，2005年5月第1版。
2. 张隆华、曾仲珊：《中国古代语文教育史》第327页，成都：四川教育出版社，2000年10月第2版。
3. 出自孟宪承《中国古代教育文选》第304页，北京：人民教育出版社，1979年4月第1版。

的:"李先生的教授法,每日上新书一课,先朗读一遍,令学生循声照读,然后让学生回自己座位上复读,到能背诵止,余时温习已读各书。在上课以前,把读过的书统统送到先生的桌上,背先生而立,先生在每一本上撮一句,令学生背诵下去,如不能诵或有错误,就责手心十下退去,俟别的学生上课后再轮到,再背诵,如又有不能诵或有错误,就责手心二十下。每次倍加。我记得有一次背诵《易经》,屡次错误,被责手心几百下。其他同学当然也有这种状况。"[1]塾师"朗读一遍"后就是学童自己读书背书了,塾师剩下的工作就是检查学童的背诵。从这里我们可以看出,在私塾里,学童是真正的读书的主人,教学活动以学童为中心,读书被看成是学童自己的事,由自己执行并完成,教学时间主要由孩子来支配。老师是极少讲或基本不讲的。

总之,在古代,从孔子到朱熹,从教育理论到私塾实践,在教育教学的所有活动中,都重视学生自己的主动性和积极性,把学生看作矛盾的主要方面,认为学生自己的求知欲、学习状态、学习方法、努力程度是关系到学习成败的根本因素;老师只起一个指引学习内容的作用,解疑的作用,监督的作用,证明的作用。

二、今天如何借鉴

激发学生想学的愿望,培养学生自学的能力,是教育成功的根本。古代教育家倡导并践行的这种教育思想,今天也有部分先锋学校在全校范围内实施这种主张,如江苏的洋思中学、山东的杜郎口中学就是这样的学校。洋思中学创立了"先学后教、当堂训练"的课堂教学模式,在课堂上,教师先提示课堂教学目标,指导学生自学,暴露问题后,引导学生研讨解决,教师只作评定、补充、更正,最后让学生当堂完成作

---

1. 蔡元培:《蔡元培自述》[M].郑州:河南人民出版社,2004,(8).

业。[1]"每堂课教师讲授不超过4分钟，其余的时间全部让学生自学。"[2]。在洋思模式中，教师已从过去"满堂灌"的第一线退到"第二线"，由知识的传授者，变成学生学习的组织者、引导者。[3]杜郎口中学于2002年秋对课堂时间作出"10+35"的硬性规定，教师所讲时间等于或小于10分钟，学生自主活动不少于30分钟。[4]杜郎口中学的崔其升校长认为，只要学生通过探索可以学会的东西，教师都不要讲。[5]可以说，这是对自主学习的最科学、最精确的理解。

当然学生资质有差别，勤奋有不同，兴趣有分别，当时学习的心情也不会一样。因此，同一堂课的学习任务完成情况会有差别，有的学生学完了学好了还没吃饱，有的根本学不完。这没有关系。吃不饱的往前学就是，学不完的回家后补课或下次上课时再学。学生的基础有好坏、智力有高低，学习结果一定会有差异，这是事实，也是科学，再伟大的科学家和教育家也改变不了。何况，老师讲满了45分钟，学生的学习结果不一样也有高低之别吗？这样做，是培养学生的自学能力，是注重学习效率，是关注学生的长远发展和终身发展。1983年叶圣陶说："自学能力的强或弱根据在校时候所受教育的好或差。假如在校时常被引导向自学方面前进，学生有福了，他们一辈子得到无限好的受用。而且，不但他们自己，社会和国家也得到无限大的利益。不怕他嗤笑，我简直要外行地说，所有各级各类学校以及补习、进修的机构的主要职能，全都在引导来学的人向自学方面不断进展。"[6]

语文科与其他科不同。一般的学科，有丰富而严密的知识体系要学，还要及时将知识和方法加以运用。语文则不是，这门课程一多半的

---

1. 肖川、周颖：《新中国基础教育典型学校》P35，天津：天津教育出版社，2010年。
2. 肖川、周颖：《新中国基础教育典型学校》P41，天津：天津教育出版社，2010年。
3. 肖川、周颖：《新中国基础教育典型学校》P40，天津：天津教育出版社，2010年。
4. 肖川、周颖：《新中国基础教育典型学校》P46，天津：天津教育出版社，2010年。
5. 肖川、周颖：《新中国基础教育典型学校》P49，天津：天津教育出版社，2010年。
6. 叶圣陶著，杨斌选编：《如果我当教师》第79页，北京：教育科学出版社2012年5月第1版。

时间是读书背书（我认为应该这样），少部分的时间练写作。诵读文章，除了个别特别难的地方非讲不可外，主要的时间还是给学生自学为好，当学生自学得很充分的时候自然会来问老师的。可以说，在语文课上，通过自学而掌握背诵，比老师上课老是讲，学生的收获会大得多。

现在的情况是，我们强调教师主导作用的思维方式已经根深蒂固，突然要放手让学生自己去学，并且自由度很大，要求很宽松，老师只在一旁，退居次要地位，只起布置任务、解疑、辅助、监督、证明的作用，我们的脑子不容易转过弯来。但是，要真正培养出积淀深厚、勤于独立思考、具有创新意识、动手能力强的人才，我们就要让学生多活动，让他们自己学习知识、搜集材料、发现问题、分析问题、解决问题，让他们真正成为学习的主人，在学习的过程中获得充分的发展。

第四节　因材施教

因材施教是指老师根据学生的具体情况施以不同的教育，包括提出不同的要求，施用不同的方法，完成不同的任务。因为学生资质有高低、勤惰有不同、家境有差异、学习目标有区别、兴趣爱好和职业追求也会有明显的个性特征。

一、古代的经验

古代教育家非常重视因材施教。《论语》里有不少例子，如《闻斯行诸》：

子路问:"闻斯行诸?"子曰:"有父兄在,如之何其闻斯行之?"冉有问:"闻斯行诸?"子曰:"闻斯行之。"公西华曰:"由也问'闻斯行诸',子曰'有父兄在'。求也问'闻斯行诸',子曰'闻斯行之'。赤也惑,敢问。"子曰:"求也退,故进之;由也兼人,故退之。"《论语·先进》

两个学生虽然问的是同样的问题,但老师却做出了不同的回答。孔子的理由是性格不同。子路大胆莽撞,所以孔子故意压一压他,让他知道进退伸缩,不然,有时可能会造成重大失误;冉有谨慎胆小,老师有意鼓励他,让他放开步子向前迈,不然,老是谨小慎微,该快的时候不敢快,该选择的时候怕前怕后,也会影响进步。这是因材施教的典型例子。

《礼记·学记》说:"学者有四失,教者必知之。人之学也,或失则多,或失则寡,或失则易,或失则止。此四者,心之莫同也。知其心,然后能救其失也。教也者,长善而救其失者也。"《学记》认为"多(贪多)、寡(怕多)、易(怕难)、止(轻易停止)"是四种学生常见的错误现象,而由于每个学生的情况各有特点,犯这四种错误的频率和程度也必然会不同。因此老师对学生应该有一个全面的了解,这样才能针对他们的不足对症下药,帮助学生发扬长处,克服缺点。

《学记》还说:"君子知至学之难易,而知其美恶,然后能博喻,能博喻然后能为师。""至学之难易"是指教师应该对本学科的教学内容了如指掌,知道哪里难,哪里易;"知其美恶"就是指教师应该知道,学生谁接受能力快,谁接受能力慢,谁的基础好,谁的基础差。老师既娴熟教学内容,又了解学生,只有这样才能因材施教,才能使学生学有所成。

北宋张载说:"教人至难,必尽人之材,乃不误人。观可及处然后告之。圣人之明,直若庖丁之解牛,皆知其隙,刃投余地,无全牛矣。"[1]老师要全面透彻地了解学生,知道他的优点,也知道他的缺点,知道他对什么有强烈兴趣,知道他对什么毫无兴趣。老师了解学生要像庖丁了解牛一样,知道哪里有空隙,哪里有骨头,哪里有经络,然后施刀,这样才能游刃有余。教学要教在学生的兴趣上,教在学生力所能及的地方。

朱熹在《孟子集注·尽心章》"有成德者,有达材者"注解说:"此各因其所长而教之者也。"又说:"圣贤施教,各因其材,小以成小,大以成大,无弃人也。"在《论语集注·雍也》中说:"教人者当随其高下而告语之,则其言易入而无躐等之弊。"《论语·先进》提到孔门分德行、政事等四科,朱子在此处注云:"孔子教人,各因其材,于此可见。"[2]

与朱熹同时代的陆九渊也持同样的观点。他说:"人之资质不同,有沉滞者,有轻扬者,有恣纵而不能自克者,有能自克而用功不深者";"人各有所长,就其所长而成就之"。他在象山讲学五年,来学的有几千人,据他的学生冯元贞说"随其人有所开发,或教以涵养,或晓以读书之方"。可见他是认真地实践了这一原则的。[3]

明人王阳明说:"才能之异,或有长于礼乐、长于政教、长于水土播植者,则就其成德,而因使益精其能于学校之中。"[4]学校教育应该使学生在自己的兴趣特长方面更上一层楼。

明末清初思想家王夫之说:"教思之无穷也,必知其德性之长而利

---

1. 《张子全书·语录抄》,顾树森:《中国古代教育家语录类编下》第106页,上海:上海教育出版社,1983年2月第2版。
2. 熊承涤:《中国古代学校教材研究》第229页,北京:人民教育出版社,1996年8月第1版。
3. 熊承涤:《中国古代学校教材研究》第195页,北京:人民教育出版社,1996年8月第1版。
4. 林晖、周小蓬:《中国语文教育思想发展史》第154页,北京:北京大学出版社,2016。

导之，尤必知其人气质之偏而变化之。"[1]这是说教育要根据学生品德的优点和气质的特性进行。王夫之又说："顺其所易，矫其所难，成其美，变其恶，教非一也。理一也，从人者异耳。"[2]发扬他的长处，解决他的困难，成全他好的一面，改变他坏的一面，教学方法不止一种。原则只有一个，即因材施教。

清初教育家颜元说："人之质性各异，当就其质性之所近，心志之所愿，才力之所能以为学，则易成圣贤，而无龃龉捍格、终身不就之患。"[3]教育应该选择与学生天赋相近、志之所愿、力之所能的内容，这样才可避免学生终身无成的遗憾。

古代办学规模小，学生人数少，为因材施教提供了便利条件。不管是官学，还是私塾，都比较注重根据学生的情况提出不同的要求。如宋代《京兆府小学规》不仅具体规定了当时地方官办小学的教学计划，而且将学生分为三等，根据其程度，规定每日的功课。第一等学生每日完成的功课：回答经义问题三道，念书200字，书写字10行，吟诵诗一首，三天试赋一首，看史传书3—5页。第二等学生每日念书100字，书写字10行，吟诗一首，属对一联，念赋二韵，记故事一件。第三等学生每日念书五七字，学书10行，念诗一首。[4]这是官学。私学也一样。清人唐彪在他的家塾里给学生定的复习温书任务也各不相同：资钝者一次复习30行，资颖者一次复习40行。[5]聪明与一般、有志与平庸，有不同的方法和内容。

可见古人很重视因材施教。

---

1. 林晖、周小蓬：《中国语文教育思想发展史》第167页，北京：北京大学出版社，2016。
2. 《张子正蒙注·中正篇》，《中国语文教育思想发展史》第167页。
3. 林晖、周小蓬：《中国语文教育思想发展史》第170页，北京：北京大学出版社，2016。
4. 《中国古代的学校和书院》第95-96页，北京：北京科学技术出版社，1995年1月第1版。
5. 赵伯英、万恒德：《家塾教学法》第21页，上海：华东师范大学出版社，1992年。

二、今天如何借鉴

古代的教学规模一般比较小，不论是私塾、书院还是太学，学生人数都不多。古代的教学方法以学生的自学为主，老师的主要工作是布置任务，提出要求，提示方法，监督检查。这为因材施教提供了方便。

近现代教育都是大班制教学，学生人数多，任课教师多，学科门类多，这对因材施教是不利的。我们应该根据现代社会和教育的特点，尽最大可能地进行因材施教。

首先，应该重视家庭的因材施教。家庭是因材施教的最理想的场所。家庭孩子少，父母了解孩子全面透彻，孩子有哪些弱点，有哪些强项，喜欢什么，讨厌什么，父母心里都有数。只要父母懂教育，尊重客观规律，因材施教最容易取得成绩。有些内容自己教不了，可以请专业人员代劳。

其次，学校教育也可以适当地进行因材施教。班级教学如果放弃因材施教，学生的潜力就得不到充分的挖掘，特长就得不到充分的发展，学校教育的成就会大打折扣。老师通过观察、谈话、调查、家访等方法是可以比较透彻地了解学生的。班级众多的科任老师对学生可以分工负责，老师彼此之间可以相互交换信息，也便于因材施教。

今天，也有不少老师非常重视因材施教，于永正、魏书生就是其中的代表。于永正说：通过不断地学习，不断地反思，我懂得了学生是千差万别的，世界上没有两片相同的树叶，更没有两个相同的学生。承认差别，尊重每个学生的个性，并千方百计地使其在各个方面都得到发展的同时，尽量发展他的特长，把每个学生培养成"一个个"的人，这就是我的学生观，也是我的教育观。通过学习和反思，也使我认识到了，三百六十行，行行都需要人去做；三百六十行，行行出状元。……柳斌先生曾讲过这样一件事：一位记者对一位美国总统的母亲说："您很了不起，因为您有一位了不起的儿子。"这位母亲微微一笑说："您是说，我有一位当总统的儿子？我呀，还有一位同样了不起的儿子。"记者问："他是做什么的？"这位母亲说："他呀，现在正在地里挖土豆！"柳斌先生说："这就是正确的人才观。我们当老师的，应该具有这样的人才观。"[1]不同的人有不同的特点，有不同的潜质，老师应该根据他的特点去施教，最后让学生成为他能成为的人。于永正的学生，有的当主持人，有的当大学老师，有的当保安员，有的当画师，各尽其能，各尽其才。

魏书生说："要注重发展学生的个性。丰富多彩的世界，培育了人们多种多样的个性。世界的丰富多彩又需要人们具有多种多样的个性。我们社会主义祖国也不需要每个学生都成为文学家、艺术家、诗人。实际上，国家需要的是我们现在培养的学生80%以上在将来能成为高素质的各行各业的工作者、劳动者。这样想来，我们就能尊重学生的个性，发展他们的特长，就不必逼着100%的学生都去按统一的模式进行高难度训练了。同时又能鼓励学生从自己的特长出发，通过不同的途径，掌握尽可能多的语文知识，提高听说读写的能力。"[2]

张中行先生主张读物选择要因人而异，就是很好的因材施教。他说："以读为例，不同的学生，资质不同，兴趣不同，学力也有高下之分，那就不能求划一，要读什么都读什么，要读多少都读多少；而最好是，应该吃酸的就供山楂，应该吃辣的就供青椒，只要能够吃饱了养壮了就成，食单却不要求一律，而常常是故意不一律。"[3]教育教学的其他各个方面如写作、背诵、书法等都一样，不同的人应该有不同的目标，自然也应该有不同的方法。

教育很需要因材施教，但今天做得很不够。所有的学生都是同样的教学内容，同样的要求、同样的考试、同样的方法、同样的课堂训练和

---

1. 于永正：《于永正与五重教学》第52-53页，北京：北京师范大学出版社，2011年。
2. 魏书生：《魏书生文选第二卷》第241页，南宁：漓江出版社，1995年12月。
3. 张中行：《怎样作文》第192页，北京：中华书局，2017年。

家庭作业，使很多智力低常甚至智力中常但反应慢、接受慢的学生非常痛苦，上学累得不行，自己的特长和爱好没有得到发展，最后的结果自己还是一个差生，要接受众人不太尊重的目光。这是当今教育需要正视的现实！

要真正实行因材施教，需要老师以欣赏的眼光看待差生，以平和的心态接受自己班学生平均分低于平行班。俗话说，上帝关上了一扇门，必然会打开一扇窗。很多文化学习落后的同学，都有其他的优点和兴趣，如果发展起来，同样是他喜欢的领域的状元或佼佼者。由于自己的努力，依然可以在自己热爱的事业上取得了令世人瞩目的成就。我们当老师的，要像于永正一样善待学生，要像霍懋征一样优先照顾调皮到极点的学生，最后学生一定会取得他能够取得的成就。

第五节　先专后博

所谓专，就是专精，指初学的时候学习某个学科的基础知识、核心知识，学得通透牢固，滚瓜烂熟，运用自如，然后以此为基础慢慢地学习本学科的其他内容，再延伸到其他领域，一点一点扩大，一点一点积累，由点到面，由专到博。吕思勉说："凡事必先立基础，基础稳实，其余一切，皆可不烦言而解。否则无论有何妙法，终属空中楼阁。"[1]蔡元培也说："治学治事，非专不可。"[2]都说明专的重要性。

所谓"博"是指博览群书，广泛涉猎，多方搜罗，以加深理解，扎根牢固，从而巩固自己的知识，提高自己的本领，更进一步则是在继承

---

1. 洪宗礼、柳士镇、倪文锦主编：《母语教材研究》（9）《语文教材编制基本课题研究》第97页，南京：江苏教育出版社，2007年9月第1版。
2. 《蔡元培自述》145页，郑州：河南人民出版社，2004年5月第1版。

的基础上推陈出新,有所开拓,有所发明,有所创造。

在专与博的问题上,初学者应该先专后博,只有"专"很精很深了,才能"博",才能多看书,才能多涉猎其他学科。如果自己原来就精通某个知识或某本书,然后再循序渐进地涉猎一些知识,最后自然就能学有根底知识渊博了。

朱熹说:"为学须是先立大本,其初甚约,中间一节甚广大,到末梢又约。"[1]这是古人在专与博的问题上的基本观点,先要专,后要博,最后是专博结合。

一、古代的经验

(一)先要专精

读书求学先要专精。内容要专,数量要少、质量要高,这样容易理解,容易记住,也容易化为自己的知识。怎样才能做到专精呢?

首先,要读一个专业中最重要最基础的书。每个专业都有自己的基本内容,初学者如果想涉足这个领域,应该先精通本专业的基础知识,重点学习本专业的经典教材。把这门学科垫底的知识学到手了,把基础知识学到家了,把基本理论学到位了,这样有了牢固可靠的基础作保证,再往后学深一点、难一点的知识就能稳得住,学得牢。朱熹说:"为学须是先立大本。"[2]就是这个意思。

不同的学科,它的最重要最基础的知识不同。举例说来,史学应该是《史记》,经学是四书五经,中医是《本草纲目》,道学是《老子》,儒学是《论语》,等等等等,不一而足。

第二,读书的数量要少。这里"少"的意思是适当,自己能够吃得消,学习起来不会困难,能够比较轻松地理解它掌握它。人的时间精

---

1. 孟宪成编:《中国古代教育文选》第268页,北京:人民教育出版社,1979年4月第一版。
2. 孟宪成:《中国古代教育文选》第268页[C].北京:人民教育出版社,1979.

力有限，只有将有限的能量用在一定的对象上，才能见出成效来。朱熹说："读书，小作课程，大施功力。如会读得二百字，只读得一百字，却于百字中猛施工夫，理会子细，读诵教熟。如此，不会记性人自记得，无识性人亦理会得。若泛泛然念多，只是皆无益耳。读书，不可以兼看未读者。却当兼看已读者。"（朱子读书法）学习的内容要少，花费的功夫却要大，这样才能学得透。就可能性而言，能够读200字，现在只读100字，却在这100字内"猛施工夫"，理解体会，熟读成诵，把它完全变成自己的知识，这样就学牢固了。

明代教育家王阳明在《教约》里也表达了大致相同的观点："凡授书不在徒多，但贵精熟，量其资禀，能二百字者止可授以一百字，常使精神力量有余，则无厌苦之患，而有自得之美。"[1]学习内容一少，学习者就容易掌握，学会了就能增强自信心，并且心情愉快，身心两益。

清代学者戴震说："学贵精，不贵博，吾之学不务博也。"[2]他又说："知得十件而都不到地，不如知得一件却到地也。"[3]戴震的学问在当时学者中，堪称博大精深，创见极多，影响深远。他治学贵专精，不务淹博，所以卓有成就，在乾嘉时代成为学人楷模。

朱自清说："一个高中文科的学生，与其囫囵吞枣或走马观花地读十部诗集，不如仔仔细细地背诵三百首诗。这三百首诗虽少，是你自己的；那十部诗集虽多，看过就还了别人。我不是说他们不应该读十部诗集，我是说他们若不能仔仔细细读这些诗集，读了还不和没读一样！"[4]

第三，读书要集中。就是说在某一段较长的时间内，专门学习一个内容，集中时间、集中精力攻读这个方面的书，把其中重要的内容读懂读透记牢，并且能够运用自如。不能三心二意，一会儿学史，一会儿

---

1. 孟宪成：《中国古代教育文选》第300页[C].北京：人民教育出版社，1979.
2. 李建国：《汉语训诂学史》[M].上海：上海辞书出版社，2002：238.
3. 《中国大百科全书·教育卷》[M].北京：北京中国大百科全书出版社，1985：46.
4. 中央教育科学研究所：《朱自清论语文教育》[M].郑州：河南教育出版社，1985：65.

学经；也不能朝秦暮楚，今天学《论语》，明天学《老子》。朱熹说："须是看《论语》，专只看《论语》；看《孟子》，专只看《孟子》；读这一章，更不看后章；读这一句，更不得看后句；这一字理会未得，更不得看下字，如此，则专一而功可成。若所看不一，泛滥无统，虽卒岁穷年，无有透彻之期。某旧时看文字，只是守此拙法，以至于今思之，只有此法，更无他法。"[1]

读书是一种复杂艰巨的脑力劳动，蜻蜓点水、走马观花，那是学不透也记不牢的。

元人程端礼说："窃谓明《四书》本经，必用朱子读法，必专用三年之功，夜止兼看性理书，并不杂以他书。看史及学文，必在三年之外。"[2]如前所述，程氏在他的私塾里，课程是非常集中的，学经、学史、学作文都是集中时间攻读，一个内容完全过关了，再学下一个内容，这样就能确保每个内容都学到手。

曾国藩家书中很多地方都谈到读书做学问要专精。"求业之精，别无他法，曰专而已矣。"[3]"若志在穷经，则须专守一经；志在作制义，则须专看一家文稿；志在作古文，则须专看一家文集。作各体诗亦然，作试帖亦然。万不可以兼营并骛，兼营则必一无所能矣。"[4]"每日习字不必多，作百字可耳，读背诵之书不必多，十叶可耳，看涉猎之书不必多，亦十叶可耳，但一部未完，不可换他部，此万万不易之理。"[5]"读书不二：一书未点完，断不看他书，东翻西阅，都是徇外为人。"[6]"经则专守一经，史则专熟一代，此皆守约之道，确乎不可易者也。若夫经史而外，诸子百家，汗牛充栋，或欲阅之，但当读一人之专集，不当东

---

1. 孟宪成：《中国古代教育文选》第265页[C].北京：人民教育出版社，1979.
2. 中国教育大系·历代教育论著选评第1122页[C].武汉：湖北教育出版社，1994.
3. 《曾国藩家书》第49页[M].郑州：大象出版社，2011.
4. 《曾国藩家书》第49页[M].郑州：大象出版社，2011.
5. 《曾国藩家书》第245页[M].郑州：大象出版社，2011.
6. 《曾国藩家书》第60页[M].郑州：大象出版社，2011.

翻西阅，如读《昌黎集》，则目之所见，耳之所闻，无非昌黎，以为天地间除《昌黎集》而外，更无别书也。此一集未读完，断断不换他集，亦专字诀也。"[1]"弟要学诗，先须看一家集，不要东翻西阅，先须学一体，不可各体同学，盖明一体，则皆明也。"[2]"尔字姿于草书尤相宜，以后专习真草二种，篆隶置之可也。四体并习，恐将来不能一工。"[3]曾国藩是晚清中兴大臣，自己有科举功名，这些教育子弟的家书，都是经验之谈，都是肺腑之语。

第四，读书要循序渐进。学习是一个系统工程，要一件一件来，一步一个脚印，前面的知识点学会了，再开始学后面的内容，基础的掌握了，才开始学有难度的，这样才能把知识学牢固。朱熹说："须看一书彻了，方再看一书。若杂然并进，却反为所困。"[4]前一本书完全学会了，变成了自己的知识，才能开始学下一本书。如果同时学多本书，往往容易相互穿插，相互混淆，到时什么也学不会。一本一本来，一点一点积累，是进步的不二法门。

（二）专精之后要博览

在日常生活中，要涉及各方面的学问，在学习研究中，会牵扯很多学科的知识。因此，只懂一两本书或只钻研自己那一门学科，是不能满足需要的。所以，光有专精还不行，还应该广博。只有在广博基础上的"专"才能自成体系，才能渐成气候。读书治学要先专学一个领域，专攻一本书，当研究的程度不能再提高了的时候，就要想到涉猎旁的领域，阅读相关的书籍。先专后博，问题才能研究得彻底，书才能读得透彻。因此，除了掌握得很精深的知识外，还得开阔自己的视野，广泛涉猎，丰富自己的知识，增长自己的见闻。这样，精专与宽博并重，打基

---

1. 《曾国藩家书》第64页[M].郑州：大象出版社，2011.
2. 《曾国藩家书》第67页[M].郑州：大象出版社，2011.
3. 《曾国藩家书》第24页[M].郑州：大象出版社，2011.
4. 孟宪成：《中国古代教育文选》第266页[C].北京：人民教育出版社，1979.

础与广视野相结合，知识才丰富，学问才扎实，眼界才高远，能力才强大，洞察才深邃。这样才能成为一个有裁断的读书人，有底气的读书人，有魅力的读书人，有自信的读书人。

王安石是宋代卓越的思想家，博学多才。他主张广泛阅读各方面有用的书，触类旁通，博观约取。他认为只读经书，就会钻牛角尖，不能理解经书的道理。他在给曾巩的信中说："读经而已，则不足以知经。故某自百家诸子之书，至于《难经》《素问》《本草》诸小说，无所不读，农夫女工无所不问。然后于经为能知其大体而无疑。"[1]和王安石同时代的张载说："惟博学然后有可得以比较琢磨，学博则转密察，钻之弥坚，转笃实，转诚转信。"[2]只有广泛学习，知识渊博，视野宽广，才有内容比较，才有东西琢磨，才可以向前进步，从而达到精密、笃实、深刻、可靠的境界。

曾国藩非常重视精专，但也绝不忽视博览。他说："纪泽看《汉书》，须以勤敏行之，每日至少亦须看二十页。不必惑于在精不在多之说。今日半页，明日数页，又明日耽搁间断，或数年而不能毕一部。……甲五经书已读毕否？须速点速读，不必一一求熟，恐因求熟之一字，而终身未能读完经书。"[3]曾国藩把"看生书宜求速，不多读则太陋"看作"为学四要事"之首，[4]可见他对旁通博览的足够重视程度。

胡适非常重视博览对专精的帮助作用。他说：

即如《墨子》一书在一百年前，清朝的学者懂得此书还不多。到了近来，有人知道光学，几何学，力学，工程学……等，一看《墨子》，才知道其中有许多部分是必须用这些科学

---

1. 熊承涤：《中国古代学校教材研究》第207页，北京：人民教育出版社，1996年8月第1版。
2. 林晖、周小蓬：《中国语文教育思想发展史》第125页，北京：北京大学出版社，2016。
3. 《曾国藩家书》第138页[M].郑州：大象出版社，2011.
4. 《曾国藩家书》第98页[M].郑州：大象出版社，2011.

的知识方才能懂的。后来有人知道了论理学，心理学……等，懂得《墨子》更多了。读别种书愈多，《墨子》愈懂得多……所以我们说，读一书而已则不足以知一书。多读书，然后可以专读一书。譬如读《诗经》，你若先读了北大出版的《歌谣周刊》，便觉得《诗经》好懂的多了；你若先读过社会学，人类学，你懂得更多了；你若先读过文字学，古音韵学，你懂得更多了；你若读过考古学，比较宗教学等，你懂得的更多了。……达尔文研究生物演变的现状，前后凡三十多年，积了无数材料，想不出一个单简贯串的说明。有一天他无意中读马尔图斯的人口论，忽然大悟生存竞争的原则，于是得着物竞天择的道理，遂成一部破天荒的名著，给后世思想界打开一个新纪元。[1]

因为别的书读得多，有了理解《墨子》的广泛背景了，原来不懂的东西自然就迎刃而解了。

二、今天如何借鉴

古人读书讲究要学核心的内容，要学精要的内容，要学重要的内容，要学基础的内容。由于人的时间有限，学习不能追求多，要少一点，要专门一点，这样才能学得好，记得牢，才能变成自己的知识。这对我们今天的语文教学有什么启示呢？

语文教学首先应该专。学习切忌贪多，食而不化，过分追求数量上的多，如果没有变成自己的营养，学得再多还是"0"。如果学得少而精，学懂了，学透了，完全变成自己的营养了，然后再慢慢扩大自己的地盘，就会变成一个知识丰富的人。

我们语文学科的最核心最基础的知识是什么呢？或者说语文的"大

---

1. 陈平原选编：《胡适论治学》第179页，合肥：安徽教育出版社，2006年11月第1版。

本"具体是指什么内容呢？我觉得应该是汉语历史上几千年来留传下来的语言文字运用上的经典之作。

我们觉得确定语文基本内容的标准就可以简单定为"文质兼美，以质为基础，以文为根本"，思想内容健康是前提，形式优美是核心。现在的语文课本中有很多现代文，内容（质）平平，形式（文）也并不美，不应该算在"大本"之内，不能作为基本内容放在语文课本之中。古代有很多经典如《孝经》《礼记》等过于强调内容（质），不太突出形式（文），虽然应该了解，但也不应该算在"大本"之内，不能用作教材。史书、诸子著作如果没有兼顾"文质"的，也一样不能进入教材。《千家诗》《唐诗三百首》《古文观止》上面的很多篇章文质兼美，感人肺腑，动人心魄，令人赏心悦目，感官能得到极大的享受，心灵能够受到极大的鼓舞，这样的文章就可以归在"大本"之内，作为语文教学的基本内容让学生学。

如果我们的语文教材选的都是精美的诗文，文采与思想俱在上品，我们的青少年把它作为专精的内容，作为自己求学深造的台基，基础打得扎实，根基垒得牢固，那么，他们还会单瘦浅薄、营养不良吗？

韩军老师要求每个学生"每天背诵一段诗、文，具体背诵篇目，每星期都有规定"。[1]窦桂梅老师重视积累古诗词，每天早上，充分利用"晨读"的时间进行诵读，每学期背诵25首，小学六年背诵古诗300首。同时还要积累《论语》《中华古诗文》中古人经典的格言警句，从中感悟先人的哲理与智慧。"[2]这都是在教学上重视专精的突出表现。

当学生熟读背诵了相当数量的精美诗文之后，就要引导他们博览群书，广泛涉猎，兼收并取。这时，可以看百科知识，看史传作品，看外国名著，看自己有兴趣的各类书报典籍。韩军老师也重视博览。

---

1. 韩军：《韩军与新语文教育》第136页，北京：北京师范大学出版社，2006年4月第1版。
2. 窦桂梅：《窦桂梅与主题教学》第58页，北京：北京师范大学出版社，2006年4月第1版。

153

他说："我规定每个学生每学期至少应读10本课外书，多的要读20本以上。自由阅读时间，学生读小说、诗歌、散文、剧本，读历史、地理、传记，读报纸、杂志，读得津津有味，读得身心投入。""每周读一本书，并写出一至两篇读书随笔。"[1]窦桂梅老师对博览的实践是："六年来，根据年段不同特点，我为学生开出100多本阅读书目，让孩子们博览群书。"[2]

在今天，学生背诵的内容、熟读的内容、反复看过多遍的内容，就是精读的内容；只读过一遍或几遍的内容、浏览过的材料，可算博览的内容。今天的语文教学，首先要重视精读，让学生有一块自己的领地。没有充分的精读，学生腹中空空如也，始终是飘在空中的，立不起来。然后才是泛读，多读，涉猎群书，广泛搜罗。

---

1. 韩军：《韩军与新语文教育》，北京：北京师范大学出版社，2006年4月第1版，第136页
2. 窦桂梅：《窦桂梅与主题教学》第14页，北京：北京师范大学出版社，2006年4月第1版。

第六节 循序渐进

循序渐进就是遵循一定的顺序一步一步前进，渐渐地提高。万事万物都是按照自身特有的规律自然地发展的，认识事物只有遵循它本来的规律才有可能得到正确的结论。学习也有它自身的规律。循序渐进就是按照认识规律去学习的科学方法，是学习者根据学习材料的性质和难易程度，根据自己的基础和能力，通过一步一步地学习逐步提高、日渐完善的过程。

一、古代的经验

循序渐进是"朱子读书法"六条之一，朱熹所谓的"序"，主要指群书先后缓急之序和每书诵读考索之序。读经书，先《大学》，而后《语》《孟》，然后《诗》《书》《礼》《春秋》。读史则先看《史记》《左传》，次之《汉书》《后汉书》《三国志》，再次《资治通鉴》。[1]关于每书的学习顺序，朱熹说："以一书言之，则其篇、章、文句首尾次第亦各有序而不可乱也。量力所至，约其课程而谨守之，字求其训，句索其旨，未得乎前则不敢求其后，未通乎此则不敢志乎彼，如是循序而渐进焉，则意定理明，而无疏易凌躐之患矣。"[2]实际就是一章一章学，一篇一篇来，前面的没懂，就不要学后面的。程端礼说："必

---

1. 陈雪虎：《传统文学教育的现代启示》第256页，广州：广东教育出版社，2006年9月第1版。
2. 《中国教育大系历代教育论著选评（上）》第914页，武汉：湖北教育出版社，1994年7月第1版。

待一书毕，然后方换一书，并不得兼读他书。"[1]表达的是相同的意思。

要想循序渐进地进步，必须做到：

第一，打牢基础。建高楼要有地基，栽树木要有土基，学习也要有知识的根基。根基打牢了，基础知识学好了，才能从这里起进步，这就是前文说的学习先要专精。《学记》说："良冶之子，必学为裘。良弓之子，必学为箕。"学打铁，先要学用零碎的兽皮做裘衣；学做弓，先要学弯曲柳条做筐。这是先练基本功，先学容易的事情，然后才进行正规学习。《朱子大全·读书之要》也说："君子教人有序，先传小者近者，再后教以大者远者。"

程端礼说："凡先说者，要极其精通，其后未说者，一节易一节，工夫不难矣。"[2]把基础打牢了，有了根基了，然后再抬头向前看，向上看。

第二，勿贪多。学习量的安排，要根据自己的学习能力，超过了自己的接受能力，就会把自己压倒、压垮。还没成长就累坏了，也就谈不到进步了。朱熹说："读书，只看一个册子，每日只读一段，方始是自家底。若看此又看彼，虽从眼边过得一遍，终是不熟。"（朱子读书法）看得太多，只是过一眼，看了也就看了，又还回给书本了，跟自己没什么关系了。

第三，勿求快。拔苗助长，苗不仅长不起来，而且必死无疑，所以说欲速则不达，想要太快达到目的，反而做不到。凡事都有规律，按照规律去做，一步一步来，功到自然成。朱熹说："急不得，也不可慢。所谓急不得，功效不可急；所谓不可慢者，工夫不可慢。"[3]"急不得"是不能求快，太快往往没效果；"不可慢"是说付出不能少，汗水不能

---

1. 《中国教育大系·历代教育论著选评（上）》第1117页，武汉：湖北教育出版社，1994年7月第一版。
2. 《中国教育大系·历代教育论著选评（上）》第1118页，武汉：湖北教育出版社，1994年7月第一版。
3. 《朱子语类》卷七。

少，努力不能少。

孟子反对急于求成，他特意编寓言"拔苗助长"说明违背规律、人为地赶进度，只能事与愿违。（《孟子·公孙丑上》）孟子说："其进锐者，其退速。"[1]学习应该"盈科（洼地）而后进"[2]像有源头的水流滚滚向前，昼夜不停，先把低洼之处注满，又继续向前奔流，一直注入大海。

张载说："今日勉强，有太甚则反有害，欲速则不达，亦须待岁月至始得。"[3]，内容多，速度太快，学生接受不了，硬逼着他去学，学生不仅学不会，反而会生厌恶之心。学习要慢慢来，一点一点积累，时间够了，自然成了。

第四，勿停留。俗语说，不怕慢，只怕站，锲而不舍，金石可镂。如果学一段时间就停下来了，即使很聪明的人，也达不到顶峰。"勿停留"的另一个意思是不要原地踏步，不要老学同样难度的东西，更不能越学越容易。要有进取精神，要有攻坚克难的意志，要敢于学新东西，学难东西，这样才能进步。朱熹说"功夫不可慢"就是说学习不能停留，不能懈怠，不能松松垮垮，不能原地踏步。

第五，勿倒序。正常的顺序是从易到难，从简单到复杂，从前面学到后面。如果不按顺序，乱学一气，先学难的，先学复杂的，先学后面的，这就是倒序。倒序违背了科学的规律，必然失败。《学记》说："不陵节而施之谓孙"，没有超越学习内容深浅的次序才叫循序而教。

古代的语文教育已经摸索出了各种"序"，如写字的序是先描红再仿影再临帖后创作，作文的序先模仿后创作、先放后收、先课对再写诗后写骈文，阅读的序先韵文后散文。

---

1. 许嘉璐：《文白对照诸子集成》第201页，南宁：广西教育出版社、广东教育出版社等，2006年广东第2版。
2. 陈襄民等：《五经四书全译》第3373页，郑州：中州古籍出版社，2000年8月第一版。
3. 林晖、周小蓬：《中国语文教育思想发展史》第125页，北京：北京大学出版社，2016。

二、今天如何借鉴

今天的教学内容和教学要求与古代已有很大不同了，主要是内容减少，要求降低。但教学内容的先后顺序还是不能少的。我们把当今的语文内容简单分为现代汉语阅读、现代汉语写作、古代汉语阅读，每个项目内又有更细的项目，后面《重建语文课程体系》有详细的论述。大致说来，当今语文教学的"序"应该是：第一级：先学现代汉语，后学古代汉语；先学阅读，后学写作。第二级：现代汉语阅读：先学常用字，后学书面词语；现代汉语写作：先学组词、造句、课对、写段等打基础的内容，后学整篇作文的写作；古代汉语阅读：先学韵文后学散文。还有第三级、第四级、第五级。当今语文教学在"序"的安排上存在明显不合理的情况。如：

作文教学没有遵照循序渐进的原则。作文的序应该是：先写段落后写整篇文章，先模仿后创作。现在的小学，在同一年级，往往是组词、造句、写段落、写整篇文章同时进行，而不是组词、造句过关了才写段落，写段落过关了才写整篇作文。这样不按"序"而行的后果是，小学三年级开始写作文，一直写到高中三年级，写了十年作文，最后还是写不好。如果一步一个脚印，一步一个台阶，经过十年磨炼，怎么可能还不会写作文！这正是《学记》说的"杂施而不孙，则坏乱而不修"。杂乱施教，胡乱学习，最后都会导致学业失败。

现代汉语阅读则是刚好相反的情况。学会了还学，不是学一年两年，而是学十年八年，一直到高三还在学。如前所述，白话文就是用白话（口语）写成的文章，认识了常用字、掌握了一定数量的基本词汇就能阅读了。在小学的前期用三四年的时间基本上可以达到这个要求。但现在的教材安排是，初中和高中都要进行白话文的阅读教学，这实际上是重复劳动，基本上可以看作无效劳动。可以说，当前的白话文阅读教学，既无"序"，也无"进"。

古代有白话文，如《水浒传》《三国演义》《西厢记》《牡丹亭》

等，但不教学，因为这些作品属日常口语范畴，不学也基本能懂。古代的蒙学教材如《三字经》《弟子规》等就是掺杂了口语的浅显书面作品。老师教这些蒙学教材，解释用白话，老师日常对学生的教导也用白话，如后来辑录成书的《朱子语类》。古代教学专教书面语，从易到难，课后学生读不读口语作品听便。

语文课程只有按照汉语本身的序进行教学，才能取得应有的成绩。

第七节 量力而行

所谓量力而行，就是安排学习任务时，不要将自己的力量用满，留点余地，让自己不会太辛苦，以致累垮。这样，每次学习之后都有收获，但自己的精力和体力都没有用尽，还可以做其他事情，待会儿再安排学习任务也有信心对付。如果学习任务定得过多，让自己满负荷甚至超负荷工作，就会很累，学习任务不一定能完成，即使完成了，也会很疲惫，下次再面临学习任务时心理上就会惧怕，甚至拒绝，以致学习难以为继。俗话说，做事要"悠着点"，就是这个意思。无论体力劳动还是脑力劳动，都不能过度。清人唐彪说："课程量力始能永久"。[1] 给自己定的任务合适，才能妥妥当当，稳步前行。

一、古代的经验

传统教育非常注意根据学生的能力来定学习任务，能力大者多学，

---

[1]. 赵伯英、万恒德选注：《家塾教学法》第72页，上海：华东师范大学出版社，1992年第1版。

能力小者少学，使种类层次不同的学生都对学习抱有希望和热情。

学习内容丰富广博，自然科学、社会科学，上有天文，下有地理，中间四万八千里，凡是生产、生活需要的知识都要学习。容量大，任务重，需要分期分批、循序渐进地各个击破。学习的时间也不是一天两天，也不是一月两月，要几年甚至十几年才能完成集中学习任务。有些内容的学习要持续一辈子。因此需要细水长流，各时期体力脑力的安排要科学得当。前一个时间如果用力过度，必然影响下一个阶段的学习。

古人读书，重要诗文一般要背诵。因此定量的目标主要是规定背诵的字数。

前面介绍的《程氏家塾读书分年日程》的规定是："随日力、性资，自一二百字，渐增至六七百字。日永年长，可近千字而已。"这是读经阶段的字数规定。看每天的学习时间有多少，看自己的智力情况如何，看自己的学习能力有多大。年纪小就少学一些字，年纪大一点就多读一些字；智力好任务定重点，智力差任务定轻点；时间多就多学点，时间少就少学点。程端礼这个字数任务的高端，今天看起来有点重，但在科举时代应该是切实可行的。因为那时的学子整天就是读书，并且是集中时间读某一本书，从清晨到深夜，从周初到周末，一年到头都在学儒家经典。经过几年纯粹的训练，有了坚实的基础、良好的语感、足够强大的学习能力之后，非常聪明的人每天学六七百字应该是可以的。学上千字可能是到炉火纯青、驾轻就熟的境界才行，这个境界应该只有极少数智力超常、接受能力特快的人才能达到。

程端礼又说到学习任务过重的危害："大抵小儿终日读诵，不惟困其精神，且致其习为悠缓，以待日暮。法当才完遍数，即暂歇少时，复令入学。如此，可免二者之患。"（程端礼《程氏家塾读书分年日程》）学习到有点困倦时就休息片刻，让脑细胞放松放松。等下再学习时不致于太累，还留有心气余力，同时也不会养成慢条斯理、敷衍塞责、马虎应付的坏毛病。

清朝末年《奏定学堂章程》的规定是：初等小学一年级一天背诵儒

家经典40字，二年级60字，三、四年级100字，五年级及高等小学的四年每年都是每天120字，中学4年每年都是每天200字。初等小学和高等小学读经的时间都是每周12节，中学是每周9节。这已是20世纪初，现代学校教育制度开始建立，学生学习的课程已达十来门，分给读书背书的时间少得多了，所以背诵任务明显低于古代。《奏定学堂章程》实施没几年，就被中华民国的教育制度所取代。那时兵荒马乱，没有安静的教育环境，《章程》实施得怎样，没有准确具体的统计数字。但《奏定学堂章程》是在前一年的《钦定学堂章程》的基础上修订而成的，应该基本符合读经的规律的。以今天的眼光来看，这个任务量对普通学生来说，可能重了一点。因为今天人们对儒家经典的认识与过去已有明显不同，而现在的青少年的古文基础也不可同日而语了。

朱熹是教育家，有科举功名，是成功的读书人。一生读书、写书、教书，经验丰富。他对量力宽松这个方法有充分而透彻的论述。他说："书宜少看，要极熟。人多看一分之十，今宜看十分之一。宽着期限，紧着课程。"（《朱子读书法》）"一分之十"意思是自己只有一分能力，却要做十分的事情，结果肯定做不好；"十分之一"的意思是自己有十分的能力，却只做一分的事情，如果认真做的话，肯定能做得非常好。任务定得少，功夫用得多，就能读得熟，记得牢，理解得透彻。"不可终日思量文字，恐成硬将心去驰逐了。亦须空闲少顷，养精神，又来看。"（《朱子读书法》）不能终日用功，要劳逸结合，才有效率。

人的智力有高低，有的智商160，有的30还不到，这是先天形成的，谁也改变不了。正因为大家不同，才构成这个丰富多彩的世界。孔子说："生而知之者上也，学而知之者次也，困而学之，又其次也。困而不学，民斯为下矣。"（《论语·季氏》）"生而知之"，应该不是一出生就知道，而是天生智力好，学东西快；"困而学之"，应该是智力平平，甚至智商偏低，学东西慢，且有困难。一般人都是"学而知之"，通过努力获得知识，得到提高。心理学将智力分为超常、中常和低常三类，智力不同，能力也不同，能完成的学习任务肯定不一样。欧阳修学习儒家经典，每天读三百字，不过四年半就读完47万字。他说如果资质稍为愚钝一点，每天读一百五十字，九年也可以完成。智力中常背300字，低常就背150字。超常就可以超过300字。[1]

  智商高，多学点也不会有压力。历史上不乏学得快的人：少年戴震（1724—1777）"就傅读书，过目成诵，日数千言不肯休。"[2]钱穆六七岁读私塾，每天读七八十个生字，皆能强记不忘。他父亲对塾师说："这小孩，或许前生曾读过书。"[3]郑逸梅四五岁时为了能早一点自己看书，要求外祖父教他识字，一再增加，直至每天能识五十余字为止。[4]钱钟书"经史子集，无所不读；一目十行，过目成诵。"[5]这些都属于非常聪明又非常勤奋且方法非常巧妙的人，自然可以学得比常人多。我们普通人学他们的精神就行，至于任务，学少一点也用不着惭愧。

二、今天如何借鉴

  现在有的中小学老师给学生布置繁重的家庭作业，要做上两三个小时，直到深夜学生还在忙碌，没有喘息的机会，没有思考的时间，作业还没写完就累得筋疲力尽。有的同学，心大好功，好高骛远，希望一蹴而就，于是给自己定出不切实际的学习任务，远远超过自己的承受能力。这样的结果适得其反，事与愿违。

  量力宽松的学习方法对今天的老师和学生都有重要的参考价值。理想志愿的确定、学习任务的安排，都要根据自己的基础和能力而定，不

---

1. 林白、朱梅苏：《中国科举史话》第116-117页，南昌：江西人民出版社，2011年3月第6版。
2. 李建国：《汉语训诂学史》第235页，上海：上海辞书出版社，2002年8月第1版。
3. 周勇：《国学宗师钱穆》第17页，北京：北京大学出版社，2007年7月第1版。
4. 王木春主编：《人生第一课——民国名家忆家庭教育》第19页，上海：华东师范大学出版社，2017年2月第1版。
5. 汤晏：《一代才子钱钟书》第82页，上海：上海人民出版社，2005年5月第1版。

符合自己的实际情况，是很难心想事成的。安排学习任务的基本原则应该是根据学习材料的难易和学习者个人的能力来定，既要学有所得，又要留有余力。下文"重建语文课程体系"建议白话文每节课学10个书面词语，文言文每节课教学诵读50个字的段落。

第八节 深思善疑

所谓深思，就是读书时要深入思考，要动脑筋，看书中说得对不对，说得好不好；所谓善疑，就是面对书中说得不对不好的地方要善于提出疑问，表达自己不同于作者的看法。"深思善疑"是习惯的说法，其实际意思是古人重视读书时的主动思考和质疑。"朱子读书法"六条的第二条便是"熟读精思"。朱子最概括的解释是："大抵观书，先须熟读，使其言皆若出于吾之口，继以精思，使其意皆若出于吾之心，然后有得尔。""精思"就可以理解为认真思考、主动思考，也即深思的意思。朱熹"精思"的标准是"使其意皆若出于吾之心"，实际就是真正读懂原文、彻底理解原文。如果要求再高一点，在理解的基础上作进一步的判断、概括、比较、推理，以看出原文的是非对错美丑好坏，从而提出自己的相关主张，这便是善疑了。

读书先要读懂，理解书中的内容和思想，感受其形式和表达。当阅读进入比较高级的层次之后，对所读的书就会有自己的看法，甚至有不同的意见。因为作者和读者生活的时间不同，生活的地点不同，家庭背景不同，基础知识也不同。因为这种种的不同，对于同样的问题，可能会有不同的看法；面对同样的材料，可能得出不同的结论。

当读书读得很认真的时候，读得很深入的时候，有时会发现书中的文字有错误，有时会发现书的思想是不对的，这时就要大胆质疑，提出自己的不同看法，批驳作者的错误思想。有时自己开始觉得书中有错，随着经历的丰富，阅读的扩大，最后发现不是书中有错而是自己错了。清代阎若璩的《古文尚书疑义》就是通过质疑而产生的千古名著。

读书如果只是有口无心地念一念，或者无动于衷地看一看，那么对书中内容印象就不深，更不用说接受书中的新思想，或更进一步对书中错误观点进行批判了。因此，只有通过深思和质疑之后才学得好，学得全面深刻。

一、古代的经验

（一）古代深思善疑的方法

简单地说，深思善疑就是在读书的时候要精力集中，全神贯注，看书中的材料是否真实，观点是否正确，表达是否充分。如有问题，要及时记录下来，进行分析。古代教育家都非常重视读书时的主动思考，其中朱熹论述得最多。且看朱子如何说：

> 看人文字，不可随声迁就。我见得是处，方可信。须沉潜玩绎，方有见处。不然，人说沙可做饭，我也说沙可做饭，如何可吃！

这是说读书不思考就会上当。

> 读书之法，读一遍了，又思量一遍；思量一遍，又读一遍。读诵者，所以助其思量，常教此心在上面流转。若只是口里读，心里不思量，看如何也记不子细。

这是读书思考的基本做法。

> 凡看文字，诸家说有异同处，最可观。谓如甲说如此，且挦扯住甲，穷尽其词；乙说如此，且挦扯住乙，穷尽其词。两家之说既尽，又参考而穷究之，必有一真是者出矣。

这是读书思考的高级做法。

在《读书之要》中又说：

> 至于文义有疑，众说纷错，则亦虚心静虑，勿遽取舍于其间。先使一说自为一说，而随其意之所之以验其通塞，则其尤无义理者不待观于他说而先自屈矣；复以众说互相诘难，而求其理之所安，以考其是非，则似是而非者，亦将夺于公论而无以立矣。

这应该是读书思考的很高级的层次了。先顺着作者的思路去分析，再比较众家的说法，最后一定可以得出一个正确的结论。

朱子提出了一个如何思考的基本思路："无疑——有疑——解疑"。他说：

> 读书始读，未知有疑。其次则渐渐有疑。中则节节是疑。过了一番后，疑渐渐解，以至融会贯通，都无所疑，方始是学。

这里说的从无疑到有疑再到解疑的过程，即是发现问题和解决问题的过程，无论发现问题还是解决问题，都是深入思考的结果。朱熹认为读书若真能做到既读得熟，又深入思考，那么就真正把书读通了，而且会永远记住。

程颐说："学者须要会疑。""不深思则不能造之于道，不深思而行者，其得易失。"[1]这是说会质疑是会读书的前提。不深思，就不能理解知识的本质，没有认真思考学到的东西，很快就忘记了。可见，深思善疑是读书做学问的基本要求。

程端礼在《程氏家塾读书分年日程》中说："凡倍读熟书，逐字逐句，要读之缓而又缓，思而又思，使理与心浃。""已读《大学》，字求其训，句求其义，章求其旨。每一节，十数次涵泳思索，以求其通。"程氏的思想来源于朱子，这里"思而又思"也是强调要再三思索，使书上的道理变成自己的知识。

明代王守仁在《教约》中说："讽诵之际，务令专心一志，口诵心

---

1. 顾树森：《中国古代教育家语录类编补》第101页，上海：上海教育出版社，1983年5月第1版。

惟，字字句句，绅绎反覆，抑扬其音节，宽虚其心意，久则义礼浃洽，聪明日开矣。"[1]这里的"心惟"也是"思索"的意思。王守仁在《答罗整庵书》中说："夫学贵得之心，求之于心而非也，虽其言之出于孔子，不敢以为是也，而况其未及于孔子者乎！求之于心而是也，虽其言之出于庸常，不敢以为非也，而况其出于孔子者乎！"这里的深思就是"求之于心"，比读懂要求更高了，要能判断是非对错了。

明末清初的王夫之在《四书训义》中说："致知之途有二：曰学，曰思。学则不恃己之聪明，而一唯先觉之是效；思则不徇古人之陈迹而任吾警悟之灵。……学非有碍于思，而学愈博则思愈远；思正有功于学。而思之困则学必勤。"[2]指出了"学"与"思"相互推进的关系。

前文介绍的《读书作文谱》很多地方谈到了读书要如何思考。如"微言精义，古人难以明言，而待人自悟者，要将其书熟读成诵，取而思之。今日不彻，明日更思，今岁不彻，明岁复思，数年之后，或得于他书，或触于他物，或通于他事，忽然心窍顿开，从前疑义，透底了彻，有不期解而自解者。故孔子曰：'未之思也，夫何远之有？'管子云：'思之，思之，又重思之，思之不得，鬼神将告之。'余谓鬼神非他，即吾心之灵也。"这是说对于重要知识，要反复思考，要追根究底，一定要弄懂为止。

又说："凡欲了彻难解之书，须将其书读之至熟，一举想间，全书首尾历历如见。然后取其疑者反复研究，自然有得。若读得不熟，记得此段，忘却彼段，脉络不能贯通，纵令强思，乌能得解？惟读之至熟，时时取来思索，始易得力也。"这告诉我们熟读是深思的基础。

前文提到的学曹娥碑的故事，故事主人公学书法由于不思考，多年不长进；在唐彪的指导下，手、眼、心并用，认真思考了，于是很快取

---

1. 田正平、肖郎：《中国教育经典解读》第225页，上海：上海教育出版社，2005年12月第1版。
2. 顾树森：《中国教育家语录类编下编》第256页，上海：上海教育出版社，1983年2月第2版。

得进步了。

（二）深思善疑的作用

善于思考、善于质疑，对读书学习搞研究有至关重要的作用。深入思考是理解书本、消化知识的基本途径，善于质疑是批判继承前人成果、形成自己独创见解的重要一环。要读懂书、学会书中的知识要会思考，要形成自己独特的观点、甚至有所发明、有所创造则要敢于质疑、善于质疑。段玉裁在《戴东原先生年谱》中记载了戴震读私塾时质疑的故事：

> 先生是年乃能言，盖聪明蕴蓄者久矣。就傅读书，过目成诵，日数千言不肯休。授《大学章句》，至"右经一章"以下，问塾师："此何以知为孔子之言而曾子述之？又何以知为曾子之意而门人记之？"师应之曰："此朱文公所说。"即问："朱文公何时人？"曰："宋朝人。""孔子，曾子何时人？"曰："周朝人。""周朝、宋朝相去几何时矣？"曰："几二千年矣。""然则朱文公何以知然？"师无以应，曰："此非常儿也。"

"是年"即1733年，这年戴震10岁，才开始说话。戴震善于思考，善于质疑，刚启蒙就能提出老师都回答不了的问题，可以说是读书的最佳境界了。戴震后来之所以能取得那么大的成就，与他早年养成的勇于质疑善于质疑的良好学习习惯是分不开的。

勇于质疑，说明他有远大的目标，要弄清事实的真相；善于质疑，说明他有信心，通过多方努力能够把疑问解决。读书治学离不开深思善疑。陆九渊说："为学患无疑，疑则有进"。[1]朱熹说："读书无疑者，

---

[1] 顾树森：《中国古代教育家语录类编补编》第126页，上海：上海教育出版社，1983年第1版。

须教有疑。有疑者却须无疑，到这里方是长进。"[1]张载说："学则须疑。""于不疑处有疑，方是进矣。"[2]"有可疑而不疑者，不曾学。学则须疑。"[3]陈宪章说："疑者，觉悟之机也。大疑则大悟，小疑则小悟，不疑则不悟。"[4]黄宗羲《明儒学案》说："学贵知疑，小疑则小进，大疑则大进。疑者，觉悟之机也。一番觉悟，一番长进，更无别法也。"都说明了质疑在学习过程中的重要作用。

二、今天如何借鉴

今天的阅读教学在深思和善疑方面比起古代就差得太远了。现在的阅读教学，注重分析，老师唱主角，老师讲说的时间占到八成。虽然老师也提些问题，让学生思考，但思考时间短，思考程度浅，老师很快就会对问题进行总结，思考的程序也就草草收场。钱学森提出中国的大学为什么不能培养杰出的人才，也许原因很复杂，我私下想，从小学到大学没有注重培养学生的深思质疑的习惯，可能是重要原因之一。一般老师的阅读教学大多采取讲授法，主要是传授知识和观点，对学生的要求是接受，很少质疑的。这主要是由教学方法决定的。古代读书是学生自己读，不思考就读不懂。不疑就读不深入，现代读书（准确一点说不是读书，而是阅读教学）是老师分析讲说，思考质疑的活动都由老师完成了。谁读书，谁得益，现代学生得益微乎其微。要想学生获得充分发展，要想学习效率很高，就必须改变教学方式，让学生作主人，老师作助手，以学生自学为主。这样才能让学生真正地多思考，善质疑。

---

1. 《学规类编》。
2. 出自孟宪成编：《中国古代教育文选》第254页，北京：人民教育出版社，1979年4月第一版。
3. 陈平原选编：《胡适论治学》第176页，合肥：安徽教育出版社，2006年11月第1版。
4. 《语文学习》1997年1期24页。

当代有些优秀老师也非常重视学生质疑品质的培养。窦桂梅、钱梦龙、宁鸿彬就是典型代表。

窦桂梅的三个超越"尊重教师超越教师，尊重教材超越教材，立足课堂超越课堂"就是鼓励学生专注读书，深入思考，善于质疑的。

宁鸿彬培养学生创造性思维有"三三制"原则。"三个不迷信"：一不迷信古人，二不迷信名家，三不迷信老师；"三个欢迎"：一欢迎质疑，二欢迎发表与教材不同的见解，三欢迎发表与教师不同的见解；"三个允许"：一允许说错做错，二允许改变观点，三允许保留意见。这些都是鼓励学生质疑问难的典范。

钱梦龙老师的学生质疑问难，已经成为一种自然的习惯。下面是钱梦龙老师的课堂实录：

钱梦龙教《论雷峰塔的倒掉》片断：

师：为什么雷峰塔能够象征封建势力呢？所有的塔都会有这种象征意义吗？

生：老师，我认为你的问题提得不够确切，鲁迅用雷峰塔象征封建势力，也不过是借题发挥，因此没有必要问别的塔有没有这种象征意义。

师：（惊喜）太好了！太好了！谢谢你的指正。我提这个问题是有些多余，现在我申明取消（笑）。

钱梦龙教《死海不死》片断：

生：我认为课文里有个地方运用确数和约数有点自相矛盾。46页上有这样两句："海水平均深度146米，最深的地方大约400米。"既然平均深度是个确数，那么最深的地方也应该是个确数，否则怎么算得出平均深度呢？如果最深的地方用约数，那么平均深度也只能用约数。因为平均深度是根据从最

169

浅到最深不同的深度计算出来的，根据约数怎么可能算出确数来？（其余同学表情兴奋）

师：说得真好！我同意。同学们这样会动脑筋，真让我高兴。我看关于列数据说明的方法，同学们掌握的知识比我预料的还要多……

学生既敢质疑老师，又敢质疑教材，可谓是真正善于质疑了。读书达到这种程度，应该是读进去了。

深思善疑是一种重要的读书方法，或者说是一种必要的心理状态——认真的有意注意。这是有效学习的前提，想要学习进步，想要读书有得，非得这样做不可。

第九节　圈点批注

在读书的时候，遇到不认识的字注个音，不懂的词做个注释，精彩的地方加个圈点，不解的地方做个记号，或找出来专门研究，自己欣赏的地方写个赞语，不认可的地方写段批驳的文字。这种方法就是圈点批注之法，也可叫摘录札记之法，实际上就是通常所说的"不动笔墨不看书"。这是一种深入阅读的方法，也是文史研究的基本方法。大凡需要精读的文章、需要懂透的专著一般需要运用这种方法。

一、古代的经验

通常情况下，读书作圈点批注主要是方便自己理解和学习。当阅读者的阅读量非常丰富、学识非常渊博的时候还经常作摘录札记，还经常进行圈点批注，这时把自己的圈点批注文字集中起来，就可形成专著即读书笔记。读书笔记起源于两晋南北朝，唐宋元明各代出现的笔记数量很大，到了清朝，出版了不少很有价值的读书笔记。如顾炎武的《日知录》、钱大昕的《十驾斋养新录》、王念孙的《读书杂志》、王引之的《经义述闻》等，这些读书笔记提供了不少可资利用的材料，具有很高的学术价值。

古人对摘录札记、圈点批注有丰富的论述。朱熹在《朱子语类》中说："读史有不可晓处，札出待去问人，便且读过。有时读别处，撞着有文义与此相关，便自晓得。"不懂的先摘出来，找机会向别人请教，很多时候自己在读其他书的时候碰巧可以得到这个问题的正确答案。

张载在《经学理窟》中说：读书"心中苟有所开，即便札记，不思，则还塞之矣。"心中想起什么，马上就记下来，免得后来忘记。

顾炎武说："愚自少读书，有所得辄记之；其有不合，时复改定；或古人先我而有者，则遂削之。"[1]他的《日知录》就是一部随时札记、历经多年积累而成的大型学术著作。

王筠在《教童子法》中说："入学后，每科必买《直省乡墨》，篇篇皆使学子圈之抹之，乃是切实工夫。工夫有进步，不防圈其所抹，抹其所圈。不是圈他抹他，乃是圈我抹我也。即读经书，一有所见，即写之书眉，以便他日涂改；若所读书，都是干干净净，绝无一字，可知是不用心也。"因为学生是全职学习的人群，所以王筠要求他们，对于精读材料不只是做一次圈点札记，而是要求多次反复，圈了抹，抹了圈，不断进步，不断提高。

曾国藩教子弟读书做学问，也是不厌其烦地让他们做摘录札记和圈点批注。他对儿子曾纪泽说："尔治经之时，无论看注疏，看宋传，总宜虚心求之。其惬意者，则以朱笔识出；其怀疑者，则以另册写一小

---

1. 顾树森：《中国古代教育家语录类编补》第181页，上海：上海教育出版社，1983年5月第1版。

条，或多为辩论，或仅著数字，将来疑者渐晰，又记于此条之下，久久渐成卷帙，则自然日进。高邮王怀祖先生父子，经学为本朝之冠，皆自札记得来。吾虽不及怀祖先生，而望尔为伯申氏，甚切也。"[1]要求儿子以王念孙父子为榜样，向他们看齐。

他对六弟曾国华说："香海言时文须学《东莱博议》，甚是，弟先须用笔圈点一遍，然后自选几篇读熟。"[2]时文是当时科举考试的文体，《东莱博议》是专为应考学生学习写作八股文的示范之作。因为要熟，要精读，所以非圈点批注不能融会贯通。

他在《致诸弟》的信中说："自七月起，至今已看过《王荆公全集》百卷，《归震川文集》四十卷，《诗经大全》二十卷，《后汉书》百卷，皆朱笔加圈批。"[3]这是言传身教，用自己的圈点实践教育弟弟。他在另一封《致诸弟》的信中说："古文选本，惟姚姬传先生所选本最好，吾近来圈过一遍，可于公车带回，六弟用墨笔加圈一遍可也。"[4]自己圈过的书让弟弟再圈一次，让弟弟在更高的基础上进行学习，进步自然要快得多。

黄侃（1886—1935）是民国时代的国学大师，师从章太炎。天资不凡，治学严谨。他一生阅读极富，《十三经注疏》及前四史研读过十多遍。每读一书，绝不是泛泛看过，每书必要动笔，"有所得，辄笺识其端，朱墨重沓，或涂剟至不可识"。他研究古文字学，主张用甲骨金文来驳正《说文》。经他批注过的《说文》，几乎每页都有金文甲文对照《说文》之处。他研究训诂学，对古代的训诂专书——深究。他把《尔雅》《小尔雅》《释名》《广雅》《方言》列为"训诂根柢书"，深入分析，在书上写下大量批语。后来出版的《尔雅音训》就是根据他在

---

1. 《曾国藩家书》第23页，郑州：大象出版社，2011年6月第1版。
2. 《曾国藩家书》第67页，郑州：大象出版社，2011年6月第1版。
3. 《曾国藩家书》第77页，郑州：大象出版社，2011年6月第1版。
4. 《曾国藩家书》第249页，郑州：大象出版社，2011年6月第1版。

《尔雅义疏》上的批语整理而成的。[1]可见古时学者把圈点批注看作是基本的治学方法。

黄侃是学者，专门研究学问，读书需要做大量的圈点批注。毛泽东主席是革命家、政治家，读重要书籍也做了大量笔记。据毛泽东的护士孟锦云回忆，毛泽东的床头总是放着一部《资治通鉴》，这是一部被他读破了的书。有不少页都用透明胶贴住，这部书不知留下了他多少次阅读的印迹。[2]毛泽东自己说将《资治通鉴》读了17遍，每次都读得非常认真，在书上做了密密麻麻的圈点批注。后来为了让大家学习毛泽东的读书方法和毛泽东思想，不少出版社出版了连同毛泽东圈点批注的《资治通鉴》，如九洲出版社出版了《毛泽东批注名家评点〈资治通鉴〉》。

二、今天如何借鉴

今天还需要读书，还需要深入理解，因此还需要摘录札记，还需要圈点批注。今天，摘录和圈点用得比较多，读书发现好的句子和段落往往会抄下来，不懂的地方会打个问号，精彩的地方打个感叹号，很美的地方画个横线，重要的地方加个圈点。批注用得少或多，这主要是和阅读者的阅读水平有关系的。批注一般是写自己对书的看法，书中有好的观点，就在相应的地方加上自己的材料和意见；书中有错误的观点，也在相应的地方写下自己的看法和佐证材料。圈点批注的方法在今天的语文课程标准实验教科书和教育部的统编教材中都有所运用，有的阅读课文有旁批，有的作文范文有批注。我们觉得所有需要精读的材料都应该做点圈点和批注，如语文教材、《唐诗三百首》《古文观止》《论语》以及自己想要认真学习研究的书，如果能够做圈点批注，就能学得深入，学得透彻。

---

1. 李建国：《汉语训诂学史》第304—311页，上海：上海辞书出版社，2002年第1版。
2. 人民网－文史频道：《毛泽东为何将〈资治通鉴〉读了十七遍？》2012年10月12日。

当今不少语文老师在课堂教学中也培养学生养成圈点批注的习惯。如：

李吉林在教学《燕子》时，要求学生采用"读、划、批、注"的方法，使用以下符号画出不同的词句："‖"表示一段中层次，"……"表示重点词句，"～～～"表示好词好句，"＿＿＿＿？"表示有疑问的地方。

一位学生对课文第三段是这样画的：

在微风中，在阳光中，燕子带着它剪刀似的尾巴，斜着身子在天空中掠过，"唧"的一声，已经由这边的稻田上，飞到那边的高柳之下。‖还有几只横掠过波光粼粼的湖面，剪尾或翼尖偶尔沾了一下水面，那小圆晕就一圈一圈地荡漾开去。？[1]

这样，既引导学生读思结合精读课文，又使其学会批注读书法，养成认真读书的习惯，今后一生受用。

于永正老师经常教学生"不动笔墨不看书"，在书上画圈画点、写批写注，勤做读书笔记。[2]这也是圈点批注的方法。

圈点批注的方法是古人常用的读书方法，是一种非常有效的学习方法，今天仍然值得推行。

---

1. 《李吉林与情境教学》第213－217页，北京：北京师范大学出版社，2006年4月第1版。
2. 《于永正与五重教学》第63页，北京：北京师范大学出版社，2011年4月第1版。

第十节 其他方法

古人行之有效的学习方法还有很多，本节集中介绍几种。

一、抄录整书

读书的主要方法是用口读，用耳听，用心想，所谓读书"三到"。为了加深记忆，古人在读的同时还用到"抄"的方法，即将自己要研究的重要著作用笔抄下来。有的整本抄，有的部分抄，有的抄一次，有的抄几次。如《颜氏家训·勉学》写了一个抄书的故事："东莞臧逢世，年二十余，欲读班固《汉书》，苦假借不久，乃就姊夫刘缓，乞丐名刺、书翰纸末，手写一本。军府服其志尚，卒以《汉书》闻。"臧逢世硬是用废弃的名片、书札、纸边抄写了一部《汉书》，潜心研究，最后竟成为《汉书》专家。

张隆华先生在总结魏晋南北朝时期的自学方法时，认为抄书是当时除了读书、老师讲解之外的重要方法。他举了好些抄书的例子：

《南史》卷四一载：

> 齐宗室萧均，"常手自细书写《五经》，部为一卷，置于巾箱中，以备遗忘。侍读贺玠问曰：'殿下家自有坟素，复何须蝇头细节，别藏巾箱中？'答曰：'巾箱中有《五经》，于检阅既易，且一更手写，则永不忘。'诸王闻而争效为巾箱《五经》，巾箱《五经》自此始也。"

萧均为了查检的方便，更为了永久不忘，自己用小字抄了一套五经。《南史》卷二二载：

王筠《自序》云："余少好抄书，老而弥笃，虽偶见瞥观，皆即疏记。后重省览，欢兴弥深。习与性成，不觉笔倦。自年十三四，建武二年乙亥（495），至梁大同六年（540），四十六载矣。幼年读《五经》，皆七八十遍。爱《左氏春秋》，吟讽常为口实。广略去取，凡三过五抄，余经及《周官》《仪礼》《国语》《尔雅》《山海经》《本草》，并再抄，子史诸集皆一遍。未尝倩人假手，并躬自抄录，大小百余卷，不足传之好事，盖以备遗忘而已。"

对于王筠来说，抄书竟成了一种乐趣。边读边抄，有的抄一遍，有的抄两遍，有的抄五遍，经、史、子、集都是抄录的对象，前后持续四十多年，可见用功夫之深。

以上都是抄正文，也有抄注疏的。《南史》卷七一载："郑灼家贫，抄义疏以日继夜，笔毫尽，每削用之。"也有一边读书一边抄书的，北朝崔长谦，"贼围城二百日，长谦读书不废，凡手抄八千余纸"（《北史》卷二四）。又有薛憕，"终日读书，手自抄略，将二百卷"（《北史》卷三六）可见，抄书在当时被认为是一种重要的自学方法。[1]

明宋濂《送东阳马生序》说："余幼时即嗜学。家贫，无从致书以观，每假借于藏书之家，手自笔录，计日以还。天大寒，砚冰坚，手指不可屈伸，弗之怠。录毕，走送之，不敢稍逾约。以是人多以书假余，余因得遍观群书。"宋濂年少之时，因为家境贫寒，家里无书可读，所以借别人的书抄来读。

---

1. 张隆华、曾仲珊：《中国古代语文教育史》第163—164页，成都：四川教育出版社，2000年10月第2版。

程端礼《程氏家塾读书分年日程》规定学四书及诸经时也要抄，要抄正文，抄古注，抄朱（熹）《传》，有的重要经典古注要抄几种。程端礼没说为什么要抄。我们今天来看，可能一是为了加深记忆，一是为了方便学习。同一段经典正文，把历史上几种重要的解释放在一起，便于比较、分析。

俗语云：好记性不如烂笔头。学文章，既读又抄，会记得更牢、更清晰。

抄书这种方法，今天也还有用得着的地方。如刚开蒙时学生字、之后学难字僻字，学短文章、难文章、美文章时都可以通过抄的办法加深印象，修改错误，这样可以多识生字，多学词语，可使背诵的内容更加清晰牢固，有多方面的好处。上海的小学语文老师袁瑢总结自己的教学经验说："实践证明，学生识了字抄写几遍以后进行默写，比不抄写只读几遍就进行默写成绩要好得多。"[1]是说抄写在生字教学中具有很好的作用。如果时间允许，或者能挤出时间，在语文学习中适当地搞一些抄写活动还是很有必要的。今天，学生常常写错别字，如果多用抄书默书的方法，错别字应该可以大大减少。

二、好 问

学问是知识、学识，我们说一个人学问很大，是说他知识渊博。"学问"作为一个词语是并列结构，有"学"有"问"，既"学"又"问"。要长知识，既离不开"学"，也离不开"问"。问，实际就是向各种人请教。青少年在成长的过程中除了问老师和专业人员之外，还要经常问各种人群。一个人如果只学不问，无异于自己画地为牢，会影响自己的发展。《学记》说："独学而无友，则孤陋而寡闻。"

---

[1] 斯霞、霍懋征、袁瑢：《语文教育思想与实践》第452页，北京：人民教育出版社2003年。

古人非常重视问。

北宋教育家张载说："洪钟未尝有声，由扣乃有声；圣人未尝有知，由问乃有知。"[1]可知，好问是圣人长知识的基本途径。他又说："人多是耻于问人，假使今日问于人，明日胜于人，有何不可？如是，则孔子问于老聃、苌弘、郯子、宾牟贾，有甚不得？聚天下众人之善者，是圣人也，岂有得其一端，而便胜于圣人也！"[2]问人能解决自己的疑问，提高自己的学识，使自己在求知的道路上上一个台阶。

朱熹继承汉儒讲经、质疑问难的传统，在教学中，总让学生提问题，反复辩论，从而提高学生的认识。例如，他修复白鹿洞书院以后，"每休沐辄一至，诸生质疑问难，诲诱不倦。"绍熙五年，他已经六十五岁了，但在修复岳麓书院以后，"夜则与诸生讲论，随问而答，略无倦色。"黄干在《朱子语录后序》中说："先生所与门人问答，门人退而私窃记之。""师生函丈间往复诘难，其辨愈详，其义愈精。"[3]

清人唐彪《读书作文谱》更是设专章集中谈好问。他说："凡圣人，生来不过十倍人之聪明才智，必无百倍于人者，及至后而百倍于人者，因其好问，能并多人之聪明才智，而聪明才智始大也。此理显然也。无如愚鲁之甚者，腹中一无所有，而自谓才与学已能过人，诩诩然自负而不屑下问，噫！诚可叹可惜也。"

《读书作文谱》卷三（六）说："浅学之人，虽有未知未能，恐有学者笑己，甘心不知，不肯下问，不知天下事理无穷，舜、禹、周公、孔子、颜子尚有不知，尚有疑惑，尚且孜孜下问，何况于我？若以问为

---

1. 顾树森：《中国古代教育家语录类编下》第106页，上海：上海教育出版社，1983年2月第2版.
2. 孟宪成编：《中国古代教育文选》第255页，北京：人民教育出版社，1979年4月第一版.
3. 熊承涤：《中国古代学校教材研究》第230页，北京：人民教育出版社，1996年8月第1版.

屈己尊人，则禹之拜，何其屈辱矣！若谓恐人笑我所问之浅近，则孔子尝问官、问太庙之祭器品物矣，非浅近者乎？若恐人笑我所问之人之庸俗，则舜尝问陶渔耕稼之人矣，非庸俗者乎？凡一切屈己下问之事，皆圣人所不讳。圣人且不讳己之短，我何必畏人之笑而讳己短乎！况高人贤士，必不笑人，其笑人者，必无才、无学、无识之庸人也。"问人可以理直气壮，正大光明，没有什么可耻的。

《读书作文谱》卷三（六）说："凡书中有疑，苟不专置一册子记之，久而遗忘，不及请问高贤，生平学问，因此欠缺者不少矣！"这是问人的方法。把问题记在本上，碰到高人便好请教。

《读书作文谱》卷三（七）说："学人当问之事理无穷，获遇有大学识者当前，细琐之事不必问及也。最要之大端，莫如问其当读者何书、何文，当阅者何书、何文，当置备以资考核者，何书、何文也。尤切要者，在问当读、阅、备考之书、文，何刻为善本。"这是说先要问最重要的知识。

清人刘开为劝导年轻人好问，专门写了《问说》。"君子之学必好问。问与学，相辅而行者也。非学无以致疑，非问无以广识；好学而不勤问，非真能好学者也。理明矣，而或不达于事；识其大矣，而或不知其细，舍问，其奚决焉？""理无专在，而学无止境也，然则问可少耶？"

好问永远是增长知识的重要方法，不论时代如何发展，也无论社会如何进步，都不会过时。在我们这个时代，家长、老师要注意保护学生提问的积极性，赏识青少年对自然和社会的好奇心。他们提出的问题，如果不能当时回答，就告诉他怎样找到这个问题的答案，查书、上网、问人等等。暨要勤学，又要好问，才能学得快，学得好。

三、持　恒

人类历史在长期的发展过程中已积累起了巨大的知识宝库，青少

语文课程体系新构想

年在成长过程中需要有计划有步骤有选择地加以吸收，这是一个巨大的工程，非一朝一夕可以奏效，也非十年八年可以完成，要有长远的打算，要有顽强的毅力，要有恒心，要准备做坚持不懈的拼搏。"苏轼在《晁错论》中说："古之立大事者，不惟有超世之才，亦必有坚忍不拔之志。"智慧和毅力，对于事业缺一不可。古人讨论恒心毅力的论述很多。

荀子在《劝学》中说："不积跬步，无以至千里；不积小流，无以成江海。骐骥一跃，不能十步；驽马十驾，功在不舍。锲而舍之，朽木不折；锲而不舍，金石可镂。"

朱熹《朱子读书法》说："读书，只恁逐段子细看，积累去，则一生读多少书！"

程颐说："懈心一生，便是自暴自弃。"（《宋元学案·伊川学案》）"士之于学也，犹农夫之耕。农夫不耕，则无所食，无所食，则不得生。士之于学也，其可一日舍哉？"（《二程语录》）"学欲速不得，然亦不可怠。"[1]

唐彪曰：学生读过之书，资钝者以三十行为一首，资颖者以四十行为一首，俱于其行下划断，以为每日温习之定额。三十四十行之下画一小画，三百四百行之下画一曲尺画。书头之上，以"理、温、习、熟"四字为纲，加圈以记其温过之次数。如第一次书头上记"理"字，二次"理"字上加一圈，三次又加一圈，四次加尖角圈，第五次记"温"字，六次七次八次加圈如前。九次记"习"字，十次与十一、十二次加圈如前。十三次记"熟"字，十四、十五、十六次加圈如前。此温书标记之法也。以上温书，虽也三十、四十行为率，若资性悬绝，犹当因资增减，不宜执定其数也。学生读过背过的书，还要实实在在、真真切切地温习16遍，得用多长时间啊，需要多大的

---

[1] 顾树森编著：《中国古代教育家语录类编·补编》第101页，上海：上海教育出版社，1983年5月第1版。

耐心和恒心啊。[1]

前文提到欧阳修读《孝经》《论语》《孟子》《六经》，47多万字，日诵三百字，用时四年半。资钝减中人之半，九年可毕。这是欧阳修的读书法。这是一个庞大的读书工程，光九经就要背40多万字，要用四到九年时间。此外，诸子书、史书、各种专集肯定也得读一些，这又得花很多时间。这需要多大的毅力啊！

前文提到王筠《教童子法》中的"连号法"和"札录法"都要天天坚持，持续多年。

曾国藩教子弟读书用功，也非常注意培养意志力，他在家书中很多地方谈到恒心。"诸弟在家读书，不审每日如何用功？余自十月初一日立志自新以来，虽懒惰如故，而每日楷书写日记，每日读史十页，每日记茶余偶谈一则，此三事，未尝一日间断。十月二十一日誓永戒吃水烟，迄今已两月不吃烟，已习惯成自然矣，予自立课程甚多，惟记茶余偶谈，读史十页，写日记楷本此三事者，誓终身不间断也。诸弟每日自立课程，必须有日日不断之功，虽行船走路，须带在身边，予除此三事外，他课程不必能有成，而此三事者、将终身行之。……盖士人读书，第一要有志，第二要有识，第三要有恒。有志则断不敢为下流，有识则知学问无尽，不敢以一得自足，如河伯之观海，如井蛙之窥天，皆无识也。有恒则断无不成之事，此三者，缺一不可。……"[2]这是言传身教，现身说法，并附了每天应做哪些事的课程表，希望子弟能持之以恒，不断用功。

曾国藩说："学问之道无穷，而总以有恒为主……虽极忙，亦须了本日功课，不以昨日耽搁，而今日补做，不以明日有事，而今日预做。诸弟若能有恒如此，则虽四弟中等之资，亦当有所成就，况六弟九弟上

---

1. 《王刚译评〈家塾塾教学法〉》第39页，北京：中国画报出版社，2017年7月第1版。
2. 《曾国藩家书》第57－60页，郑州：大象出版社，2011年6月第1版。

等之资乎？"[1]又说："史宜日日看，不可间断。"[2]

　　现代教育家徐特立（1877-1968）家境贫寒，没有较高学历。但他一贯追求进步，刻苦自学。他读《说文部首》540字，每日只读二字，一年读完，达到了熟背成诵的程度，并且形成了自己的观点，得到学界的认可。[3]天天读，坚持一年，徐特立终于把《说文解字》学通了。徐特立学《说文解字》的经验应该对我们今天有志于学的人有一些启示。

　　恒心和毅力，仍然是今天学习、工作和干事业的重要条件。现在的学制，小学六年、中学六年、大学三四年，研究生还要几年，完整的教育需要10多年甚至更长，坚持下来也不是易事。随便哪一科，随便哪个知识点，要学好学精都有困难，都要毅力。做工作，干事业，没有任何一项会一帆风顺，都会有挫折，都会遇到逆境，因此需要不怕失败，跌倒了自己爬起来，擦干眼泪继续前行。

---

1. 《曾国藩家书》第77页，郑州：大象出版社，2011年6月第1版。
2. 《曾国藩家书》第230页，郑州：大象出版社，2011年6月第1版。
3. 李杏保、顾黄初：《中国现代语文教育史》第256-259页，成都：四川教育出版社，2004年8月第3版。

下编：重建语文课程体系

语文课的根本目的是培养学生理解和运用祖国语言文字的能力。我们的语文课是汉语母语课程，包括现代汉语和古代汉语。就教学任务而言，对现代汉语，既要培养阅读能力，又要培养写作能力；对古代汉语，培养阅读一般（普通）典籍的能力就行，写作可不提要求。

要能读现代汉语作品，学会常用字（一般提3500个）基本就可以了。

用现代汉语写作又分两类，一类是日常应用文，一类是美术文（蔡元培语）。日常应用文如合同、请假条、借条等，一般来说，学会了常用字，看看范例就会写，不用专门学。美术文是指讲究文采的文章，逻辑比较严密的文章，就教学而言，重点学习记叙性文章和议论性文章。美术文的难度比应用文要高一点，高考写作一般考这类文章。要能写好美术文，就需要掌握足够数量的现代汉语书面词汇、精读一定数量的精品范文、学习必要的写作知识和技巧、进行适当数量的写作实践训练。其中学习现代汉语书面词汇是现代汉语的重头戏，书面词语懂得多，能提高阅读有难度的现代汉语作品的能力，又能为写作提供大量丰富的典雅表达。

要培养阅读一般古籍的能力，熟读若干篇古代诗文就可以了。我觉得，能背诵300首左右的诗词和5万字左右的古文，即能形成语感，达到目标。古代汉语的相关知识就寓于经典作品的学习中顺便介绍。

因此，重建语文课程体系，我们就分现代汉语阅读、现代汉语写作和古代汉语阅读三章进行介绍。

第六章　现代汉语阅读

　　现代汉语阅读的主要任务是学习常用字和书面词语。要学的常用字的总量是三四千个，（当然能多学一些更好），前期集中识字时学1500个左右，剩下的生字在后面的学习中随课文分散完成。现代汉语书面词语也是学得越多越好，但学校教育的时间有限，不能贪多。如果1节课学10个词语，安排600节课，则可学6000个书面词语，这个量比当前的教材要高出很多。现代汉语知识包括标点符号、文字、词汇、语法、修辞等的学习则在学常用字和书面词语的过程中完成。

第一节　语文教学中现代汉语阅读的含义

　　汉语的发展，经过了漫长的历史。文字产生之后，逐渐有了口语和书面语的不同。书面语在发展过程中完全脱离口语，成为一种庄重、典雅、艰深、难懂的语言，没有经过较长时期的专门学习很难弄通。古代汉语书面语的重要代表作包括十三经、二十四史、诸子著作以及诗词歌赋等文学作品。

　　古代汉语口语在先民的生活中口耳相传，生生不息，一直传至今天。总的说来，口语在流传的过程中，变化不是很大，我们今天还能基

语文课程体系新构想

本读懂一两千年前用文字记载下来的当时的口语作品，如古代那些语录体作品和作者追求通俗易懂的作品，包括《孟子》《墨子》《三国演义》《水浒传》《朱子语类》《西厢记》《牡丹亭》"三言二拍"等。古代汉语口语发展到今天形成两支，一支仍然在人们的生活中口耳相传，是为现代汉语口语；一支在口语基础上稍加润色、修饰，成为现代汉语书面语即后来的白话文。现代汉语的这两支差别不是很大，基本上做到了言文一致，即说出来的语言和写出来的文字基本一个模样，没有实质的不同。现代汉语书面语不过是去掉了口语中啰唆重复、前后颠倒等不合规范的部分而已。在学校教育中学现代汉语实际就是学现代汉语书面语即白话文。下面用图来表达现代汉语和古代汉语之间的关系：

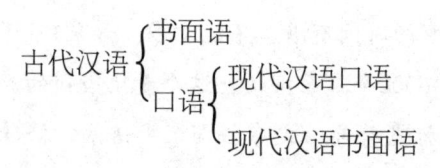

$$古代汉语\begin{cases}书面语\\口语\begin{cases}现代汉语口语\\现代汉语书面语\end{cases}\end{cases}$$

现代汉语口语和书面语由古代汉语口语发展而来，保留了古代汉语口语的基本因素，因此三者没有根本差别。换句话说，古代汉语口语、现代汉语口语、现代汉语书面语三者可以看作同一种语言，语音、语法、词汇、修辞的主要因素是相通的，只有细微的差别而已。现代汉语口语和书面语的一致（即言文一致）要归功于新文化运动。

上现代文阅读课，就是学习白话文，培养阅读现代汉语作品的能力。课文只是凭借，实际上真正学习的是现代汉语常用字和书面词语，当然，也会顺带学习一些语法、修辞、标点等语文知识。

为方便起见，本书有时就用白话文代替现代汉语书面语。

第二节 现代汉语作品（白话文）作教材的历史

中国的传统教育，学的是四书五经，学的是诗词歌赋，都是典雅的书面语。古代的白话作品，如《三国演义》《水浒传》《朱子语类》《西厢记》《牡丹亭》，不管写得多么好，学校教育和朝廷举行的科举考试都没有把它们放在考虑的范围之内。直到1904年清政府颁布的《奏定学堂章程》中白话文还没在考虑之中。在为期5年的初等小学里，"中国文字"一科与今天的"语文"最为接近。第一年的"程度"要求是："讲动字、静字、虚字、实字之区别，兼授以虚字与实字连缀之法"，第二年是"讲积字成句之法并随举寻常实事一件，令以俗话二三句、联贯一气、写于纸上"，第三、四年是"讲积句成章之法或随指日用一事或假设一事、令以俗话七八句联成一气、写于纸上"，[1]第五年是"教以俗语作日用书信"[2]。从这里可以看出，教学内容是教汉语知识，主要是作文知识与写作实践，没有提到口语作品（当时还没有做到言文一致）阅读。"俗话"应该就是口语即白话，作文就是从白话开始的。为期4年的高等小学有"中国文学"一科。阅读方面的"程度"要求是：第一年"读浅显古文"，后面三年是"读古文"。[3]为期5年的中学有"中国文学"一科，教学内容有"文义""文法""作文"三项，其中"文法"

---

1. 李国钧：《中国教育大系·历代教育制度考》（下）第1851页，武汉：湖北教育出版社，1994年7月第一版。
2. 李国钧：《中国教育大系·历代教育制度考》（下）第1852页，武汉：湖北教育出版社，1994年7月第一版。
3. 李国钧：《中国教育大系·历代教育制度考》（下）第1857页，武汉：湖北教育出版社，1994年7月第一版。

一项应指作文方法和技巧,这一项强调"讲读","先使读经、史、子、集中平易雅驯之文","并为其讲解义法","次则近代有关系之文亦可浏览,不必熟读。"[1] "近代有关系之文"主要是文言文,当然也可以是白话文,后者如果有,数量应该是极少的,并且"不必熟读",作文时参考而已。在《奏定学堂章程》里,没有明确提到要用口语作品作教材。但在教学实践中,如要讲解汉语知识,学习作文方法,应该要用一些口语作品作例子,但主要的学习对象应是文言诗文。

白话文进入语文阅读教学是在新文化运动前后。最早的文言白话合编教材是出版于1922年的新学制初中《国语教科书》(商务印书馆出版,顾颉刚、叶绍钧等合编),白话文占百分之四十;十年后出版的初级中学《开明国文读本》(1932年上海开明书店出版,王伯祥编)、新课程标准适用《初中国文读本》(1933年上海中华书局出版,朱文叔编)等,白话均占百分之六十。至1948年则出版了由第一流现代作家编写的完全选用白话文章作课文的《开明高级国文读本》(朱自清、吕叔湘、叶圣陶合编)。[2]

白话文成为教材并逐渐增多,和当时的教育目的有关。20世纪初中国社会贫穷落后,受过教育的人屈指可数,人民大众基本上是文盲。因此,当时教育的核心任务是让青少年一代认识常用字,有浅易文章的阅读能力,也就是能够看通俗报纸、杂志,能读简单的文学作品如通俗小说、话本等,能用常见字进行简单的书面表达,如书写契据、遗嘱、借条等。总之,当时的教育目标基本上是基础教育和启蒙教育,可以简单地归纳为扫盲。因为教育目的是扫盲,是认识最常见的字,所以学白话文就够了。

白话文成为教材并逐渐增多,和当时的教育思潮也密切相关。随着胡适等人的留学及归国,带回了国外当时流行的教育思想。紧接着杜威

---

1. 李国钧:《中国教育大系·历代教育制度考》(下)第1868页,武汉:湖北教育出版社,1994年7月第一版。
2. 周纪焕:《现代作家语文教育思想论》第298页,北京:语文出版社,2008年7月第1版。

访华，宣传他的"儿童中心"主张，强调教育要重视儿童的生活经验，照顾儿童的兴趣爱好，关注儿童的接受能力，于是儿童文学开始兴起并盛行于语文教学中。就连深谙中国传统文化的叶圣陶也开始儿童文学创作，并大力提倡，在他自己编的小学语文教材中安排了大量的儿童文学作品。为了激发儿童的兴趣，主张挑选儿童感兴趣的内容，用浅易的形式表达出来。这样白话文便成为最佳的选择对象。

  白话文成为教材并逐渐增多，和文言难学也密切相关。陈子褒认为要变法就要"开民智，而开民智莫如改革文言。不改革文言，则四万九千九百分之人，居于黑暗世界之中，是谓陆沉。若改文言则四万九千九百分之人，日嬉于琉璃世界中，是谓不夜"。他以为学习文言浪费时间和精力，"若改为浅说，则从前须识六千字者，今则识二千可矣；以前须解二千字者，今则解一千字可矣"。[1]当时社会生产力低，经济发展非常落后，人民的主要精力要用在解决温饱的问题上，支付不起学文言所需的漫长时间。

  从1922年起，国民小学各科教材一律改为白话文，中学和大学的文言教材也渐次减少，新编的语体文教材不断涌现，文言教科书分期作废。自此以后，文言文在中小学语文教材中的比例，虽然时有起伏，但总的趋势是越来越小，"大跃进"和"文革"时期，篇数极少，1963年编的初中语文教材，文言文约占三分之一，1978年的初中教材，文言文的比例不到20%，后来经过几次文白之争后，文言文的比例略有提高，占到30%左右。白话文成为语文教材的主流。

  随着社会的发展，青少年投入到教育中的时间和费用越来越多，文化知识水平越来越高。因此，对生活质量的追求也会越来越高。这样，用于学白话文的时间会减少，用于学文言文和其他知识的时间将会大幅度增加。

---

1. 李杏保、顾黄初：《中国现代语文教育史》第45页，成都：四川教育出版社，2004年8月第3版。

第三节 白话文教学的历史功绩

20世纪初期，中国经济衰萎，教育落后。清政府虽于1904年颁布了《奏定学堂章程》，对学校的数量和布局作了规定，但事实上远不如人意。根据清政府统计，1909年全国有高等学校127所，中学堂460所，小学堂51678所。由于清政府的腐败，限制了教育事业的发展，《奏定学堂章程》的许多规定不过是一纸空文。如章程规定，至少在小县城设初等小学堂2所，大县城设3所，著名的大镇设1所；僻小州县，至少设高等小学堂1所，各府必设中学堂1所，各省设高等学堂1所。实际上并不能达到。云南省有14个府，1911年仅有5所府中学堂；广西到光绪末年在99个县中只有70个县办了小学；青海1906年始有高小，1911年才有中学。[1]学校这么少，当时接受教育的人比例自然很小。放眼望去，举国都是文盲。1919年前后，我国的文盲率90%以上[2]。

资产阶级民主革命之后，学校有所增加，上学人数明显增多。尤其是，在教学内容方面，文言诗文逐渐减少，白话文逐渐增多，降低了难度，大大缩短了认识常用字、培养基本阅读能力所需要的时间，使得越来越多的人能够接受启蒙教育甚至基础教育。从那时到20世纪末，经过几十年的努力，国民受教育的程度得到明显改善，文盲率接近于0。新中国建立初期，全国4.5亿人口中80%是文盲，学龄儿童入学率只有

---

1. 李国钧：《中国教育大系·历代教育制度考》（下）第1977页，武汉：湖北教育出版社，1994年7月第一版。
2. 李杏保、方有林、徐林祥主编：《国文国语教育论典》第115页，北京：语文出版社，2014年9月第1版。

20%。[1]2000年我国基本普及九年义务教育，基本扫除青壮年文盲。[2]

  文盲率的指标已近乎完美，再提升的空间已经很小。即使最发达的国家，也不可能确保每一个青少年都接受几年的学校教育，因为由于种种特殊原因，如自然灾害、疾病、偏见甚至意外伤害等都可导致个别青少年失学。可以说，白话文教学在扫除文盲的战役中取得了彻底的胜利！这是白话文教学的最大历史功绩。

第四节　白话文教学容易产生的不足

  白话文教学在认识常用字（大约两年时间）之后就会显现出诸多的弊病。因为如前所述白话文和口语差不多，中小学生每天说，每天听，表达和交流基本上已无障碍。教材上的白话课文大多是本年级的学生还没学就能看得懂，甚至是只要认识了常用字的低年级的学生都能看得懂的文章。而语文教材又以白话为主体（小学几乎全是白话文，中学的白话文也绝对超过一半），使得语文教学的效率明显低于其他科。相对于文言来说，白话文教学有四大不足：

一、白话文水分多，不够凝练

  这是说很多白话文章平淡如水，含金量不高，基本上是"一碗清水看到底"，就语言运用来说没有很多值得学习的地方。白话是明白的

---

1. 孙霄兵、徐玉玲：《中国基础教育70年：成就与政策》，《课程教材教法》2019年第2期P4。
2. 孙霄兵、徐玉玲：《中国基础教育70年：成就与政策》，《课程教材教法》2019年第2期P6。

话，通俗的话，一看就明，一听就懂。一篇课文一览无余，学习的收获就很有限。北京师范大学中文系教授刘锡庆对青少年在学白话文上用时太多非常叹惜，他说："白话课文，实在是太'水'了，不是记不住就是记住了也没有什么意义，因为它本身文化的'含金量'太低了，不能终身受用——整个小学六年，所有'课文'除了完成'识字'任务外，大多淡忘了，它不能作为'文化积淀'存留下来以长期使用，这真是一种智力开发上的极大浪费！"[1]其实，有这种想法和感受的何止刘教授一个呢！我们作家长的，只要稍微读了点书，都会认为孩子背语文书上那些口水文章没有多少用。

总的说来，现在的课标教材选文质量远没有达到尽善尽美的程度，所以有人说："近年语文教材不断优化，但仍嫌文质兼美的篇目太少，特别是小学和初中。"[2]

学生的时间是个常数，这方面用多了，另外的方面就少了。教材里价值不大的文章占多了，学生学精美文章的时间势必受影响。

我想特别说一下前两种版本写钱学森的文章。两种版本都放在六年级上册，人教版的题目是《祖国，我终于回来了》，苏教版的题目是《钱学森》。人教版把它作为选读文章，没标作者，应该是编者所写。内容写钱学森回国的事，717字，语言明白通俗，几乎没有一个生字，陌生一点的词语要算"间谍、公愤、保释、会晤"等（因安排为选读，课本没标生字词，这里标出几个，纯属笔者猜想）。苏教版作为讲读课文，没标作者，也应属编者所写，707字，课后标有7个生字（"额、赴、裕、恳、贡"要求会写，"冯、祖"要求会读），没标词语，文章有一些书面词语如"劈波斩浪、屈指一算、袒露、魂牵梦绕、掠过"（课本没标，也属笔者猜想）等，语言比《祖国，我终于回来了》要典雅一些。但总的说来，两篇文章的文采都不充分，不是语文课文应该的

---

1. 王丽：《名家谈语文教育》[C].上海：华东师范大学出版社，2007:175-176。
2. 李健海：《古文释义》蕴涵的优秀语文教育传统，《语文建设》2017年第5期。

样子。毛主席、周总理很重视钱学森，我们普通人很景仰钱学森。我有时甚至这样想，没有钱学森，就没有中国强大的国防，他为祖国做出的贡献远远不止五个师大。钱学森退休之后淡泊名利，低调为人，人品的确让无数人敬佩。钱学森值得我们全国人民学习。我们学习钱学森，可以在电视上学，可以在课外读物如"中国科学家的故事"上学，也可以在语文书上学。电视宣传钱学森，可以请他的同学、同事、家人、学生和受过他教益的亲历者现身说法，让观众感到真实可信，这些嘉宾用的语言应该是通俗易懂的白话，便于观众接受。"中国科学家的故事"或"钱学森传"，作为一般读物，人们大多用休息时间看，主要目的是了解钱学森的生平事迹，如果里面有很多难字生词，语言障碍太多，读者没有时间深究，会影响理解文字，也就影响了解钱学森，因此语言也会追求通俗易懂。但作为语文教材，则应该有一些生字新词，有一些漂亮的话，有一些深刻的感悟，有一些人生的哲理，有一些写作方法上的亮点。总之，应该有足够多的新知识，应该有一定的难度，这样上课才能进步，才能提高。不然语文课就几乎等于白上了。

像钱学森这样重大的题材，应该由大作家来写，像古代一样。滕子京重修岳阳楼，要请范仲淹写《岳阳楼记》，潮州修韩文公庙，要请苏轼写《韩文公庙碑》。大作家写大题材在古代很常见，留下了不少美文，如韩愈写《柳子厚墓志铭》、王安石写《祭欧阳文忠公文》、欧阳修写《梅圣俞诗集序》《苏氏文集序》、苏洵写《管仲论》《高祖论》、苏轼写《范增论》《留侯论》《晁错论》《秦始皇扶苏论》《荀卿论》。今天注重文采的大作家也有，只看你愿不愿意找。如果愿意，一定能找得到适合写钱学森的人！

人教版七年级下册的《邓稼先》由杨振宁写，私下认为作为课文也非妥当。此文10页。就语文知识而言，课文除引用了《吊古战场文》之外，脚注的普通词语只有"马革裹尸、燕然勒功"两个。课后练习的"读一读，写一写"整理了12个词语："宰割、筹划、仰慕、鲜为人知、当之无愧、锋芒毕露、家喻户晓、妇孺皆知、马革裹尸、鞠躬尽瘁死而后已"，这些词语学生大多在此前已经懂得。此文语言平实，写法朴素，似乎没有多少语文知识可学。杨振宁是伟大科学家，但不是语言大师，写文章不一定很美。不是很美的文章学生学了提高就有限。不能因为他名气大，就选他的文章做课文。叶圣陶说：课文一定要能够做学生学习的榜样，否则，即使高尔基、茅盾的文章也不能选。[1]邓稼先这样的重大题材还是请语言大师来写比较好，如莫言、管桦、史铁生、韩愈、柳宗元，谁的文采好用谁的，谁的方便学用谁的。

课文尽量要做到精雕细刻、精致典雅、小巧大方、含蓄蕴藉、诗情画意、言近旨远、语少意丰、短小精悍，这样才便于朗读、便于咀嚼、便于品味、便于记忆，学了才有进步和提高。

课文一定要是经典，是语言表达的楷模，有深刻的哲理，有足够的难度，需要老师的指导讲解，学生要用较多时间理解朗读，都要有背诵的价值。学生学了之后，留存头脑里的，是概括的知识，精美的语言，生动的表达。古代的阅读教学教材都是这样，"三百千"《唐诗三百首》《古文观止》"十三经"，都要熟读成诵的。

编者把大量的口水文章编入教材，也许是一种下意识行为，是从众，是新文化运动以后的习惯性动作，是为了凑成一册课本三四十篇文章。

白话文与文言文的含金量是明显不同的，现在我们以初中语文教材的传统保留篇目《中国石拱桥》和《爱莲说》作一比较分析，就可以得出初步的结论。

《中国石拱桥》是著名桥梁专家茅以升写的，全文1700多字，是白话文。作为语文教材，可以用它对学生进行人文教育：学习有关桥的知识，了解中国石拱桥的悠久历史和杰出成就，认识古代劳动人民的聪明才智，激发热爱祖国的感情，献身科学的志向和严谨务实的精神；也可

---

1. 洪宗礼、柳士镇、倪文锦：《母语教材研究》（10）[M].南京：江苏教育出版社，2007：59-60.

以用它对学生进行语文训练，掌握说明文的一些常识：从一般到特殊的说明顺序，说明文语言的准确性，举例子的说明方法，说明文中引用的运用。

《爱莲说》是北宋哲学家周敦颐的托物言志之作，全文119字，是文言文。作为语文教材，也可以用它对学生进行人文教育：莲花能够"出淤泥而不染，濯清涟而不妖，中通外直，不蔓不枝，香远益清，亭亭净植，可远观而不可亵玩"，做人也应该"即使出身恶劣的环境也不同流合污；行为正直，胸襟豁达；不攀附权贵，做事专心致志；品格高尚，声名远播；端庄严正，受人敬重"。也可以用它对学生进行语文训练：学习托物言志手法，学习衬托技术，学习语言的排比对称，整齐平均，学习语言的干脆简洁。

我们将两篇文章从语文教学的角度加以比较。就人文教育而言，《爱莲说》可能更容易影响学生，其思想更容易为青少年接受，这是因为它的思想朴素自然，更因为古人是在教育自己，而不是教育别人，没有强制说教的意味；就语文训练而言，《爱莲说》可能更容易培养青少年的语感，更容易学习简洁的文风和整齐的语言；就花费时间而言，《爱莲说》一节课足以学完，《中国石拱桥》可能得两个小时。

这并不是说《中国石拱桥》一无是处，它是研究桥梁的经典文献，作为学习说明文某个知识点的"例子"确是可以的，作为课外读物，放入"十万个为什么"，学生读了可以了解中国石拱桥的知识。但它作为白话文，不值得作为精读的课文，不值得供在案头反复吟咏。而《爱莲说》不同，它是文言文，短小精悍，意境高远，主旨鲜明，文采斐然，值得反复涵泳，牢记于心。

上面说的是多数白话课文浅显不凝练，学了之后不会有多少收获。

二、白话文难度低，不用老师教

白话是日常语言，人一出生父母就教白话，在成长过程中，天天说白话，天天用白话，长到六七岁，基本上能用白话表达自己的意思了，识字（口语里的词会写出它的形体）之后，白话可以说大致学通了，可以说，可以看，可以写。基本上可以这样说，白话文教学，当解决了常用字和书面词语之后，再提升的空间已经很小。而常用字和书面词语的学习只需五年左右的时间，中小学后面的七年时间学白话文基本上是一种以看不见的方式缓慢提高，浪费了大量的宝贵岁月。

　　有些白话课文实在太容易了。1923年制定的《新学制课程纲要》，突出儿童本位，重视语体文。有这样的课文："来　来　来跑跑啊　不来不来　来　来　来跳跳啊　来来来"，（《新小学教科书　国语文学读本》第一册）[1] "来来来　走来　走来"，"手牵手　快快走　快快走"，"弟弟来　妹妹来　来唱歌"，"我唱歌　弟拍手　妹踏脚"，"听听听　琴声　歌声　真好听"。[2] 这样的话，是一两岁婴幼儿牙牙学语的内容，五六岁上学前的孩子说的话一定要复杂得多。用这样的句子作课文，通俗是通俗，但学生学了除了能识几个字，又能获得多大的益处呢！并且，就识字而言，为什么不能用精美一点的材料呢？

　　原大寨村党支部书记也即山西昔阳县县委书记、山西省委书记、国务院副总理陈永贵没有上过学，靠自学识字千余，无论在县级、省级还是国家级的会议上，他的发言都是提纲挈领，言简意赅，听众无不心悦诚服，就连赵树理这类大知识分子也佩服得五体投地。这里有他自己的聪明才智，也说明不用进学校专门学习，白话也可以运用得惟妙惟肖，左右逢源！[3] 其实，没有读书而能将白话运用得绘声绘色、生动传神的何止陈永贵一个？我们生活中大有其人！

　　前面提到张志公先生说，学生缺了语文课，不用补课。原因就是课

---

1. 洪宗礼、柳士镇、倪文锦主编：《母语教材研究》（3）《中国百年语文教材评介》第163页，南京：江苏教育出版社2007年9月第1版。
2. 《新主义教科书前期小学国文读本》《母语教材研究》（3）第170页，南京：江苏教育出版社，2007年9月第1版。。
3. 李静平：《陈永贵传》[M].北京：当代中国出版社，2009.

文"自己看看就懂了"。这种情况一直存在。窦桂梅说:"语文课,学生三五天,甚至一个月不来,也看不出什么落差。"[1] "这让我想起了张翼健先生《不惑集》中所说的,20世纪80年代的语文课,如果有学生生病在家,哪怕半年不来,只要在家把生字学了,回来照样跟班就读,而且看不出来差距。几十年过去了,我看,现在的课仍旧如此。"[2] 今天使用教育部统编教材,情况不会有根本性的变化。学生认识了一两千常用字后,即上到小学二年级后对待白话文就会是一种无所谓的态度,被老师硬逼着听课、做笔记、写作业,进步也会是极其缓慢的,甚至是微不足道的。因为太容易了,自己也能看懂;因为太容易了,没有学到什么新知识。所以上不上课关系不大。

教材是很容易的东西,就会浪费学生的时间。好像数学,到小学高年级甚至初中、高中,如果老是出一些加减乘除四则运算题给学生做,即使数值到五位数、六位数甚至更大,效果几乎都接近于零,因为四则运算学生早就学会了,再学再练提高的空间极小,所以数学教材从来没有这么做过。语文课,学生学会了常用字、词之后再安排浅易白话文,就等于数学学了加减乘除四则运算后还不停地出现四则运算的专章,这是一种严重错误的做法。从上世纪初白话文进入教材到今天,这样做有百年有余了,现在应该好好反思了,语文为什么不能做得像数学一样?

刊物或儿童文学集子里的文章不适合做教材,因为它们追求的是通俗有趣,一般说来,它要取悦于读者,而教材追求的是让学生学新知识、学难知识、学系统知识。两者的目的明显不同。实现目的的凭借肯定也应该不一样。人教版课标教材九年级下册的课文《枣儿》选自1999年第1期《剧本》,9页0个词,内容讲老人盼儿子枣儿回家,没说明原因,既不是经典名篇,也无重要的教育意义,没有多少值得学习的地方。苏教版高中必修五的《足下的文化与野草之美》选自2002年11月13

---

1. 窦桂梅:《回到教育原点》第284页,漓江出版社,2015年2月第1版。
2. 窦桂梅:《回到教育原点》第154页,漓江出版社,2015年2月第1版。

日《文汇报》，16开的纸10页，谈中山市歧江公园的设计，语言通俗，表达与形式也没有多少值得学的。

苏教版教材有两种创造：一是用一篇课文以故事的形式学习古诗，如三年级上册的《每逢佳节倍思亲》；二是用浅易白话改写传统的经典名篇，如六年级下册的《三打白骨精》。这样做，只留下个意思，原著的语言和韵味丧失殆尽。这两种形式表面上看是创新，也降低了难度，但作为课文在课堂上学，就大大降低了经典的含金量。

语文教育专家说，在语文教学中，"知"和"不知"的矛盾往往并不很突出。我们现行语文课本中的现代文，多数失之浅，学生只要有了一定的识字量和基本的阅读能力，阅读之后，便觉得"一眼能望到底"。即使教师费尽心思，"浅文深教"，学生听课仍然感到乏味，提不起精神。刘国正先生写过一篇精彩的短文，题为《红叶·黄页》，说是他无意间竟发现了自己读高中时期的一篇作文卷子，文题是《悲秋华赋》，用的是"四六文"形式，导师是曾任燕京大学图书馆馆长的周式南老先生，他给这篇作文的批语是："芬芳悱恻，神侣南朝"。看了这篇作文，职业习惯使然，国正先生又想到了当今的语文教学："看看今天中学生的作文，从驱遣文字的功夫来比，真不免兴今不如昔之叹"：为什么过去生下的孩子有"九斤"，如今反而只有"七斤"了呢？"一个很重要的原因是，我们把中学生的接受能力估计得太低太低了。……多年来语文教学的内容，似乎知识越来越繁，而课文越来越浅。只给学生吃一些稀粥咸菜，稍加一点红烧肉，就消化不了。阅读水平如此低下，怎么能指望学生写作水平得到真正提高呢？"[1]在这里刘国正先生分析了学生语文水平差的原因，主要是教材把中学生的接受能力估计得太低太低了，课文越来越浅。这是力透纸背之言，一语道破天机。

---

1. 顾黄初、顾振彪：《语文课程与语文教材》第34页，北京：社会科学文献出版社，2001年9月第1版。

三、教学易繁琐，不易简明直接

我国早期语文教学改革家何仲英先生在1920年用"对话体"发表了《白话文教授问题》的论文。文中"客"与"我"的对话，颇能反映当时教育界对白话文教授的认识。

客：你们为什么要教授白话文？

我：我们为什么不要教授白话文？

客：这还用教授么？

……白话文能否为将来文学正宗，我不敢必；我只觉得白话文可以让学生自己看，随意学习罢了，何为教授？小学生或因程度不够，教员不得不略为讲解，中学生谁看不懂，还要讲么？就是教员要讲，也无可讲的话头，难道教员东拉西扯，云天海外的说些话就可以搪塞吗？教员本是为讲解的，学生懂，无须教员讲解，教员还要讲解，岂不白浪费时间，生了学生的厌恶的心理呢？

我：你误会了！你把"教授"二字，当作"讲解"不大对。国文教授，包括预习、讨论、讲解、深究、练习种种而言，绝非"讲解"就是教授。……我们教授白话文的，也不能说教学生"看得懂"，就算尽我们教授的责任。还有内容形式方面种种推敲；要大家讨论；课堂里不是教员一人说话，要大家说话。尽管一篇很短的白话文，一目了然，也许讨论几小时未曾完结……[1]

---

1. 李杏保、顾黄初：《中国现代语文教育史》第86-87页，成都：四川教育出版社，2004年8月第3版。

文章发表一百年了，今天再冷静地客观地进行评价，我个人更多地倾向于支持"客"的观点、质疑"我"的主张。"客"的话虽然表面上看起来有点偏激，但基本中肯。说"教员本是为讲解"虽不严密，但内行人都应该知道，这里的"讲解"可以包括"传道授业解惑"，用我们今天的话说包括"点拨""引导""分析""欣赏""解疑"等内容，凡老师要讲的话都包括在内。"客"认为，文字材料的核心内容学生能够自己读懂，老师还要讲，就是无话找话，只能东拉西扯，云天海外地"神聊"，结果是"白浪费时间"，惹"学生厌恶"。

而"我"的辩解似乎经不起"推敲"。"语文教学"可以包括"预习、讨论、讲解、深究、练习种种"，但如果是"一篇很短的白话文，一目了然"，似乎不需要这么多环节，我甚至想极端地说，这样的文章根本不应该放进语文教材，怎能"讨论几小时"？这是1920年前后白话文刚进语文教材时语文专家对语文教学的基本看法，也应该是当时语文教育界被认为正确的主流看法。当时和后来的语文老师多数采取分析方法进行教学，就是现在还是如此。今天来看，就是外行人也应该看得出来，"一目了然"的短文，花几个小时，教育如何出成果？

四、学习效率低，提高不明显

教学效果差是直接由上述三个特点造成的。由于"水"，学生学习的文章不是精美典雅的表达；由于"易"，有很多重要而有难度的文章便缺失了；由于"琐"，浪费了青少年大量宝贵时间。这样，语文教学效果不理想，也就是自然而然的事了。可以说，自从白话文进语文教材，学生的语文水平就一年不如一年，一代不如一代。具体表现多种多样，学生的知识面窄，错别字多，汉字书写东倒西歪，对古代文化知之甚少，阅读古书的能力差，写作能力很弱，如此等等，不一而足。在20世纪三十年代的时候，白话文进语文教材只有一二十年的时间，就有历时8个月的"中学生国文程度的讨论"（1934.11 - 1935.6）[1]；几年之后，在1942年有"抢救国文运动"，这时叶圣陶的观点是，"他科教学的成绩虽然不见得优良，总还有些平常的成绩，国文教学的问题却不在成绩优良还是平常，而在成绩到底有没有。"[2]；1946年，语言学家黎锦熙的看法是"现在教育成绩最坏的是国文"。[3]千年之交发展为世纪语文教学大讨论，语文教育遭到了全方位的质疑。21世纪初进行语文课程改革，出版了多套课程标准语文教科书，语文教学质量有了明显提高，学生的语文水平和知识视野有了明显改善。2019年全国开始启用教育部组织编写（温儒敏总主编）的语文教材，又有了不少改进。但编写思路没有大的改变，教材面貌没有很大不同。因此整个语文教育的局面不会有根本性的改变。学生的学习兴趣不浓、知识面狭窄、书面表达能力不强、社会对语文教学效率不满意等情况，可能还会存在一段比较长的时间。我个人认为根源就出在白话文上。因为白话文教学偏重在思想内容上做文章，大量时间花在内容的分析讲究上，语言形式的训练、经典诗文的学习时间就很有限了。

假如学生在重要常用字词学会之后，白话文没有作为语文老师的讲读教学内容，学生在课堂上学的都是自己不懂的古代汉语和作文，百年语文教育的成就绝对是另一种样子。可惜这个错误坚持了一百年！到现在还没有能够改变的迹象！所以我说，语文教育需要一场革命！在小学生学会了现代汉语常用字和重要的书面词之后，白话文不再作为精读的阅读教学内容，而只作为作文的范文和课外阅读的对象！

---

1. 洪宗礼、柳士镇、倪文锦主编：《母语教材研究》1《中国百年语文课程教材的演进》第258页，南京：江苏教育出版社，2007年9月第1版。
2. 洪宗礼、柳士镇、倪文锦主编：《母语教材研究》1《中国百年语文课程教材的演进》第265页，南京：江苏教育出版社，2007年9月第1版。
3. 李杏保、顾黄初著：《中国现代语文教育史》第216页，成都：四川教育出版社，2004年8月第3版。

第五节　现代汉语阅读的比重

新文化运动以来的这一百年，我们在白话文的问题上处置是不当的，学习年限过长，学习难度过低，学习内容过多，选文质量过劣，而白话文书面词语的学习又没有足够重视，这是导致百年语文教育效率低下的根本原因。我们生活在现代社会，说话用白话，报纸、杂志、图书、网络都是用白话文写的，因此，现在白话文不能不学。汉语母语教育要培养青少年基本的现代白话文的阅读能力和写作能力，这是毋庸置疑的。但是，白话文学什么内容，学到什么程度，要用多少时间，这是值得研究的。学会了还学，肯定是不科学的。这就需要重建白话文的教学体系。

我们参考百年来语文教学成败得失的经验，觉得白话文和文言文的正常比例可这样安排：现在中小学的语文课时大概是2700节，白话文阅读1000节，占37%；白话文写作500节，占18.5%；文言诗文1200节，占44.4%。白话文阅读教学在语文教育中的比重虽然不是很大，但已超过三分之一，如果加上作文（作文也是训练白话文的书面表达能力），两项已远远超过文言诗文。

相对于过去而言，白话文的教学时间有所减少，这样安排有三个考虑。一是白话的实践机会多。前面已经多次提到，今天的人学习白话文有很好的实践机会。白话在人一生中所占用的时间非常多。现代中国人都生活在白话的环境中，一出生，甚至还在娘肚子里就在听白话，然后父母、亲人就教他说白话，上学之前已能用白话叙述事情、表达观点、提出要求了。长大之后，仍然一天也没离开过白话，除了睡觉的时间之外，不是听，就是说。随着白话文读写听说实践经验的丰富，自己一般都能辨别出好的表达和差的表达。只要认识常用字，阅读基本不成问题。前面提到陈永贵没进过学校，但在人民大会堂演讲深受欢迎。这就说明，白话文的学习，有很好的环境和条件，不用花很多时间和精力。

　　二是时代的原因。现在国家经济发展社会繁荣，教育水平和国家实力与一个世纪之前相比有天壤之别。早已普及了九年义务教育，青少年的文盲率几乎可以忽略不计，年轻一代运用现代汉语进行网络阅读和写作是极其普遍的现象。过去人们的阅读对象都是纸质材料，主要是图书、报纸和杂志，这些读物，数量又不多，加之经济不发达，人们吃饭的问题都没有解决好，哪有钱买图书杂志？因此要在教材上安排较多的白话文章，让学生有训练阅读的机会。今天经济较过去发达得多，人们已经有充足的资金来发展完善自己，教育投资更是重头戏，尤其是在孩子身上更是舍得花钱。另外，现在移动网络已非常普及，男女老少几乎天天都在上网，上网就是阅读，对象一般是白话文。同时也在网上用白话写作，发表点自己的看法。今天这种实践机会无处不在、无时不有。因此现在的人只要学会了两三千常用字，通过网络阅读，自然能提高白话文的阅读水平，并达到一定的境界，其出类拔萃者就会像陈永贵一样成为驾驭白话的高手。简单一点说，现代人只要上两年学，懂两三千常用字，就能学会白话文的阅读，因为现在阅读的机会太多了。过去扫盲，城市要求认识2000字，农村1500字。意思是认识了这么多字，就能自己学着阅读了。以每节课学5个字计算，一天只学1节课，1年左右可以学会2000左右常用字。所以，就培养青少年的基本阅读能力来说，是不需要太长时间的。

　　三是文言难学，非得多用时间不可，只好让白话文少用点时间。文言文是一种完全脱离日常生活的语言，没有白话文那样的自然实践机会。要实践，只能专门找时间学，专门找古书读。就这一点而言，学文言与学外语差不多。要学通一门外语，不多用时间是不可能学通的。作为中国人，文言文又非学不可。不学文言，就不能读古书；不能读古书，就不能了解中国五千年文明；而中国五千年文明中，又有许多至今仍需要用的伟大智慧。比如，作为中国人，如果不知道《论语》《孟子》，不知道《史记》《左传》，不知道唐诗宋词，不知道秦始皇、唐太宗，不知道项羽、韩信，那就不是完美的中国人。不仅中国人应该知道，其他国家的人也应该知道，否则，自己的知识就有缺失，自己的智慧就不完美。

民国时代，艾伟通过长期实验，认为小学应以白话为主，中学至少高中应以文言为主。他从20世纪20年代开始做科学研究，经过十多年，几十个学校数千人的测验，搜集了许多证据，于1934年在《教育杂志》24卷第4期上发表了《关于语体文言的几种比较实验》报告。这个报告指出：一个学生到了初二白话文程度和初三已经没有什么差别了，到了高中，白话文程度和初中三年级相比几乎没有什么提高。因此，他主张高中应该教文言文："夫阅书用白话文为一种工具，用文言亦为一种工具。二年级之白话文程度既几相等于三年级，且有过之者，而文言文程度则尚需加高。是一种工具已渐完整，他种工具尚需磨冶。假使文言文不能完全推翻之时，中学毕业时，两种工具俱懂，可以运用无穷，较之只有一种工具者，其生活之丰富，不可同日而语也。"[1]艾伟在结论部分说："就我个人的经验而言，在现在我觉得对于七年前的第一次报告中的结论尚有维持必要，这结论是：若语体文言两种同为吾人表达意思之工具，则在求学时代应当磨冶此种工具。此种工具若有分期磨冶之必要，则在小学应当为语体文，在中学应为文言文。"[2]

就学文言文而言，外国人是没有这种麻烦的。外国人学自己的母语，只学习现代的语言就可以了，不用学他们的古代语言，因为他们的古代语言和他们的现代语言完全断流了，普通人根本学不了古代语言。因此，外国的母语教学，只教当代的语言即可。所以，他们可以用较多的时间来学他们的当代语言。至于他们的古代语言，就让那些专家去研

---

1. 赵志伟：《穆济波的国文教学研究》，《语文建设》2015-9第58页。
2. 赵志伟：《艾伟和他的国文教学心理学之研究》，《语文建设》2014—4第63页。

究了。从这个角度看，我们的汉语母语教学不能一味学习外国，因为两者的情况有太多的不同。

总之，今天教育的基础、起点、背景和任务都已不同于过去，教学内容、教学方法和教学目的自然也应该和时代相一致。我认为这样安排现代汉语和古代汉语的比例比较合理。

第六节　现代汉语阅读的教学内容

现代汉语阅读教学的主要内容是常用字和富有表现力的书面词语，此外，积累一些富有表现力的警句格言，文字、词汇、语法、修辞、标点等方面的知识教学寓于常用字和书面词语的教学之中。

掌握了一定数量的常用字词和现代汉语基础知识之后，阅读教学就不用专门学白话文了，因为学生每天在日常生活中运用着呢。作文可用一部分现代汉语作品作范文，这个内容在作文部分详讲。

我们一定要坚持原则：课堂一定要学新东西、学难东西，学生已知或能自学而会的，不要放在课堂上学，不能过分迁就学生的兴趣，不能过分低估学生已有的知识和学习新知识的能力。下面就分常用字和书面词汇两项来讲。

一、常用字的教学

常用字的教学是语文教学所有内容中最成熟、最有效果、社会满意度最高的一项了，目前流行的几种方法都能完成识字任务。现简述如下：

（一）随课文分散识字

课标教材和统编教材（温儒敏总主编）基本是这种方式或以这种方式为主。所谓随课文分散识字，就是课文里有什么字就学什么字，有多少就学多少，但在安排课文时首先会考虑生字的多少和生字是否常见（即频率）。就生字的多少而言，斯霞的观点是，一年级每课安排10个左右的生字，二年级每课可安排十五六个生字，这样两年能识上两千来字。[1]这是斯霞几十年教学经验的总结，应该是可行的。

集中学习生字的时间，就可以以斯霞的观点为参考，即两年。斯霞在低年级每节课可以教生字十几个[2]，上海的名师袁瑢每天教生字15个左右[3]。她们都是小学语文教学大师，教学水平自然会突出一些。我们普通老师，只要充分利用上课时间，集中精力教识字，不随便烧野火，1节课学5个生字还是能够做到的。小学一二年级每周10节语文课，一年就是400节，两年学会2000左右的常用字是绰绰有余的。

我们看两套课标教材（初版）的生字安排情况。苏教版课标教材一二年级安排生字的情况是：一年级上册255个，其中129个会写；一年级下册483个，其中298个会写；二年级上册（初版）457个，其中279个会写（后出的版本改为406个，其中276个会写）；二年级下册387个，其中282个会写。两年的生字量是1582个，其中要求会写的是988个。

人教版一二年级课标教材安排生字的情况：一年级上册400字，100个会写；一年级下册550字，250个会写；二年级上册450字，350个会写；二年级下册400字，300个会写。两年的生字量是1800个，其中要求会写的是1000个。人教版要求会认会写的生字都略多于苏教版。

无论人教版还是苏教版，这个生字量已经够了。认识了1500多字，

---

1. 斯霞：《我的教学生涯》第42页，上海：上海教育出版社，1982年11月第1版。
2. 斯霞、霍懋征：《袁瑢语文教育思想与实践》第16页，人民教育出版社，2003年1月第1版。
3. 斯霞、霍懋征：《袁瑢语文教育思想与实践》第365页，人民教育出版社，2003年1月第1版。

又懂一些构字规律，在后面集中学书面词语时自然还会不断识字。

课标教材除了真正的随课文分散识字外，还安排了专门的识字课文。如人教版一年级上册安排了两单元8课的专门的识字课文，设定一个场景，集中出现儿童生活中的常见事物，借以识字；一年级下册8课专门的识字课文，将内容或形式上有联系的事物如四季的景物、对联、少儿三字行为规范等放在一起，借以识字；二年级上册安排了8课专门的识字课文，大多是内容有联系的成语、谚语、对联等。苏教版一年级上册安排了6课专门的识字课文，主要表现形式为，设定一个主题，把意义有联系的词放在这里学，一般是二字词，只有个别三字词。一下级下册安排8课专门的识字课文，与上册不同的是，开始出现句子，有的还有段落了。二年级上册8课专门的识字课文，开始出现通俗押韵的诗，也渗透一些识字规律。二年级下册也是8课专门的识字课文。专门的识字课文属于集中识字。课标教材已经将分散识字和集中识字结合起来运用，实验效果很好，已得到广大师生的认可。

因此，未来识字的第一种方式就是当前的课标教材的做法，名称是随课文分散识字，只是要将基本的文字、词汇、语法、标点等知识尽量放在前四册书中，这样便于后面集中学习书面词语。

（二）集中识字

分散识字是白话文运动之后才有的事。古代的识字方式一直是集中识字，用的教材是《三字经》《百家姓》《千字文》，此三书总字数2700个左右，生字2000个左右。2700字的课文，一天读10个字，也只要270天就完成了。因此古代用于识字的时间应该不会太长，大概一年左右。近现代以来，人们学习古代的集中识字方法，又有所发展创新。这里介绍四种。

1.姜兆臣的韵语识字法

韵语识字是辽宁省东港市东港实验小学姜兆臣校长经过十几年的实验探索出来的成果，1994年经中央教育科学研究所专家组鉴定，确认为

语文课程体系新构想

是"重素质、轻负担、快速高效"的识字方法。韵语识字将2500常用字写成127篇课文，每篇课文都是一首朗朗上口的小诗。课文的生字比例占60%以上，课文总字数为3000多一点。一般每课用两课时完成，共用课时280个左右。

它有这样的课文：

小胖孩儿

小胖孩儿爬窗台儿，
拿个苹果当球玩儿。
使劲一拍碰了脚，
疼得满屋乱转圈。

（含23个生字）

家乡变新样

以往咱村离城远，
要看戏剧非常难。
如今有了电视机，
精彩节目随便看。

（含26个生字）

司马光

昔日司马光，
虽小有志向。
由于读书千百遍，
因此写出好文章。

放风筝（二）

凤凰老鹰远飘摇，

委托你俩把信捎。

文艺汇演筹备妥，

邀请海外小侨胞。[1]

韵语识字的效率应该是所有识字方法中最为突出的一个，不用一个学年就完成小学六年的识字任务。也许你会觉得有点美中不足，有的课文不太美，这样的课文放在教材里给全国的小学生学似乎缺点什么。但事情就是这样，它有一突出的长处，就会有突出的短处，不可能十全十美。

2.黑山的集中识字经验

1958年辽宁省黑山县北关实验学校进行了集中识字实验。他们分析2500个常用字，只有368个独体字，其余都是合体字，而独体字是由24种笔画组成，合体字则由80种偏旁部首和368个独体字组成。从其结构方式来看，在2100个合体字中，形声字有1500个左右，占70%以上。

为适应编写识字教材的需要，北关学校兼用两种排列方式对2500常用字进行归类：

一个是按偏旁部首归类的方式排列，排列的结果，2500个常用字中出现89个偏旁部首。

一个是按基本字带字的方式排列。排列的结果，2500常用字中有524个基本字，1976个合体字；合体字中有1714个字可用基本字带出，占合体字总数的86.7%。其中由基本字直接带出来的有1362个字，如"采、睬、彩、菜"；间接带出来的有352个字，如"掏、陶、淘"（因为基本字是生僻字）。

最后他们选择了用基本字带字的方式一组一组地学生字。如这三组：

青（青年）——清（清水）、晴（晴天）、请（请求）、睛（眼睛）

---

1. 戴汝潜主编：《识字教学科学化与小学语文教育新体系探索》第92-95页，北京：教育科学出版社，1999年8月第1版。

干——竿（竹竿）、杆（笔杆）、汗（汗水）

古——故（故事）、固（固定）、苦（辛苦）。[1]

这样通过汉字的规律学汉字，学习速度非常神速。现在，北关实验学校的经验被多数课标语文教材和教育部统编教材或多或少，或明或暗地吸取了。运用汉字的规律学生字，不仅学得快，而且不容易出错。

3.《中华字经》

《中华字经》，郭保华编。该书皆为四言，押韵，按意义分部分和课。共收汉字3980个（除标题外，共4000个汉字，其中20个相同的字，分别是：长，重，曾，行，传，朝，乐，膀，参，藏，弹，调，核，陆，率，圈，厦，校，畜，咽）。该书按内容分为50课，它们是天文、地理、人伦、大道、历史、政治、经济、文化、科技、体育、文物、人物、果木、名人、艺术、休闲、山水、建筑、军事、农耕、调味、形数、治学、妆扮、姻缘、动物、司法、犯罪、仪容、婚嫁、育儿、幼教、养殖、烹饪、花草、生理、疾病、心理、器物、服饰、山野、灾难、诠注、冶炼、语音、动作、地名、类词、化学、姓氏，课文有长有短。现录前三课：

第一课《天文》：

乾坤有序，宇宙无疆。星辰密布，斗柄指航。

昼白夜黑，日明月亮。风驰雪舞，电闪雷响。

云腾致雨，露结晨霜。虹霓霞辉，雾沉雹降。

春生夏长，秋收冬藏。时令应候，寒来暑往。

第二课《地理》：

远古洪荒，海田沧桑。陆地漂移，板块碰撞。

山岳巍峨，湖泊荡漾。植被旷野，岛撒汪洋。

冰川冻土，沙漠沃壤。木丰树森，岩多滩广。

---

1. 王昆、王振芳等编著：《集中识字二十年》第48－52页，北京：人民教育出版社，1982年8月第1版。

鸟飞兽走，鳞潜羽翔。境态和谐，物种安详。

第三课《人伦》：

父母爹娘，没齿难忘。兄弟姐妹，危困助帮。

姑姨叔舅，亲戚互访。侄男闺少，哺育茁壮。

夫妻相敬，梦忆糟糠。隔屋邻舍，遇事谦谅。

伯公妪婆，慈孝赡养。尊朋礼友，仁义君郎。（资料来源：百度百科）

　　《中华字经》最大的优点是字量大，基本不重复，差不多把整个中小学要学的字都放在这4000字50篇的课文中了。这种集中识字，从数量和范围上已经超过了古代的《千字文》，教学效果应该非常好。据说在海外华侨中广泛运用于教育少年一代学汉语。目前《中华字经》主要用于商业性的教育。4000字的识字教材，每节课读20字，只要200节，读10个字，只要400节课，不要一年就可将课文学完，即使有1000字甚至2000字不会或不太会，也是一个效率很高的识字方法了。不熟的字可以在后面的书面词语的教学中慢慢巩固。当然，《中华字经》也有美中不足，有的课文语句意义的组合显得生硬拼凑，不自然，不流畅，更不通俗，不符合儿童的心理。不过，通过老师通俗易懂的讲解，每天只学10～20字的课文，儿童应该能够接受，要记住和掌握也不会太困难。

　　如果将《中华字经》和姜兆臣的韵语识字结合起来，字量设定为2000～2500个，能典雅尽量典雅，也尽量不要过于粗俗。这样就能集二者之优而各去其弊，为识字教学开辟一条新途径。不过，这种结合应该很不容易，因为不重复、典雅和通俗是矛盾的。

　　4.古诗识字法

　　小学早期的集中识字还可以用古诗来完成。以古代脍炙人口、浅显通俗的古风、绝句、律诗和词曲为载体，认识常用字1500个左右，同时学习汉语知识和构字规律。用经典韵语解决识字问题，可以一举两得，既完成识字任务，又对中国传统文化中的通俗经典有了感性认识，也为以后古诗词的学习打下一定基础。从历代经典的诗词曲中选100首左右，每首平均生字大约10~15个，可安排1200个左右的常用字，每篇韵文用两课时左右。

我曾为孩子编过一本以古诗为主的集中识字教材，共安排生字1500个左右。全书分成三部分，《在生活中识字》254个、《基本字识字》218个和《古诗识字》1036个。"在生活中识字"就是将学生非常熟悉的词放在一起集中学，词的音和义在生活中早就会了，只需要学字形。如《动作》（一）："来去走跑跳，接送背扶抱，坐立听看找，扛提摸摔摇。"20字全是生字。再如《水果》："橘子梨子柿子，苹果芒果火龙果，樱桃杨桃猕猴桃，黄瓜西瓜哈密瓜。"每一行的水果重复一个字，念起来非常顺口。充分利用学生的生活经验，从而提高识字效率。

"基本字识字"是将汉字中非常重要又不容易写成文章的字放在一起集中学习。这些字是生活中常常要用到的，如果分散学，得很长时间。如大写的数字、22个天干地支的名称。这里举一些另外的例子。如《量词》："十张纸，九头熊，八条烟，七元钱，六斤米，五丈线，一双靴，一群羊，一串虾，做一次，去两回，读三遍。"《会意》（一）："日晶、火炎、水淼、石磊、口品、车轰、人从众、木林森。"《会意》（二）："灾采甩囚安，宫库企牢男，孬劣嵩岩尖，鸣休卡泪看。"

"古诗识字"部分主要从《千家诗》和《唐诗三百首》中选出80首古诗，尽可能挑生字量稍多的篇章。这80首诗是：（1）读书郎（郭沫若早年所读）；（2）春晓；（3）独坐敬亭山；（4）登鹳鹊楼；（5）静夜思；（6）伊州歌；（7）左掖梨花；（8）夜送赵纵；（9）竹里馆；（10）送朱大入秦；（11）长干行；（12）逢侠者；（13）江行望匡庐；（14）答李浣；（15）秋风引；（16）秋夜寄丘员外；（17）秋日；（18）秋日湖上；（19）寻隐者不遇；（20）行军九日思长安故园；（21）题竹林寺；（22）三闾庙；（23）易水送别；（24）古朗月行（节录）；（25）绝句（"迟日江山"）；（26）江雪；（27）塞下曲；（28）池上；（29）悯农（一）；（30）悯农

（二）；（31）乐游原；（32）江上渔者；（33）所见；（34）春日偶成；（35）春日；（36）春宵；（37）城东早春；（38）初春小雨；（39）元日；（40）立春偶成；（41）打球图；（42）清平调词；（43）绝句（"两个黄鹂"）；（44）海棠；（45）清明（王禹偁）；（46）清明（杜牧）；（47）社日；（48）寒食；（49）上高侍郎；（50）绝句（"古木阴中"）；（51）游园不值；（52）客中行；（53）题屏；（54）漫兴；（55）庆全庵桃花；（56）滁州西涧；（57）花影；（58）春晴；（59）落花；（60）春暮游小园；（61）登山；（62）伤春；（63）初夏游张园；（64）晚楼闲坐；（65）山居夏日；（66）田家；（67）村晚；（68）书湖阴先生壁；（69）七夕；（70）雪梅；（71）题临安邸；（72）水亭；（73）梅；（74）咏柳；（75）九月九日忆山东兄弟；（76）小儿垂钓；（77）墨梅；（78）石灰吟；（79）竹石；（80）己亥杂诗。

至于到底安排哪100首，可以研究。这样的诗，通俗易懂、明白如话、朗朗上口、意境优美、言浅意深。如"春眠不觉晓，处处闻啼鸟。夜来风雨声，花落知多少。"（《春晓》）"少小离家老大回，乡音不改鬓毛衰。儿童相见不相识，笑问客从何处来。"（《回乡偶书》"床前明月光，疑是地上霜。举头望明月，低头思故乡。"（《静夜思》）"白日依山尽，黄河入海流。欲穷千里目，更上一层楼。"（《登鹳雀楼》）"慈母手中线，游子身上衣。临行密密缝，意恐迟迟归。谁言寸草心，报得三春晖。"（《游子吟》）这些诗经过历史的千锤百炼，成为中华文化整体中不可或缺的一部分，用它作凭借学生字，具有多方面的作用，能够产生事半功倍的效率。利用古诗识字，有具体的语言环境，便于字不离词、词不离句，容易理解。古诗篇幅短小，花时间不多，便于提高学习效率。儿童在识字的同时，还学会了这100首家喻户晓的古诗，可谓一举两得。韵文上没有出现的常用字可专门编写课文。学字的同时安排基本的汉字知识穿插其中。

常用字的教学内容一般是要求掌握字的形、音、义。字形虽然有异体字，一个词有两个以上的字来记录，但开始识字时肯定不宜讲异体，掌握一个形体就够了。字音虽然也有多音字，但在课文中只有一个读音，且开始识字时也不宜学多个读音。字义（实际应是词义）一般有很多个，但在课文（具体的语言环境）中只有一个意义。学字音的方法主要是汉语拼音，还可以利用形声字的声旁。学字形的方法主要是分析字形结构，再就是适当地写一写。学字义的方法有很多种，利用形声字的形旁、根据具体的语言环境、运用直观教具、查字典等等，其中最重要的方法是在具体的语言环境中识字，即在课文中识字，因为在课文中这个字的意义便确定了。学字义还有一个重要的方法就是组词，我觉得开始识字时一个字可以组常用词5个左右，组不到5个不勉强，多的也不要超过10个，这样平均起来学2000常用字就可以复习在生活中已经基本掌握了的10000个现代汉语口语词。

小学一二年级是集中识字的专用时间。课文的导读、插图、练习都要围绕识字这个根本任务展开，课堂教学、家庭作业也基本上是做识字的工作，课文只是为识字提供一个生字所在的语言环境而已，熟读课文只是为了更好地了解生字（词）的意义而已。当然，这个时期也要学习基本的阅读技巧。如阅读的连贯、流畅、停顿、语气、感情等，但这个内容不太多，只用几篇或者十几篇课文集中练一下就行，不要课课学。学其他课文时，自然有朗读的实践，阅读能力自然能提高。

二、书面词语的学习

苏教版高中语文选修教材《写作》有一章是《论如析薪 贵能破理——议论文的分析》，上面有一段这样的材料：

2005年4月10日《现代快报》报道：《咬文嚼字》的主编郝铭鉴日前在南京为中学生作报告时举例说，有位学生写一篇600字的作文，其中竟有72个"死了"，包括"心里烦死了""功课紧张死了""热死了"等。这就说明学生的词汇相当贫乏。

还附了两篇文章，其中之一是《600字作文72个"死"字谁之过？》，此文说道："中学生写作文，竟有1/8的文字是'死了'，的确用词贫乏。一位中学教师通过调查发现，学生一篇文章的用词不超过200个，大量词汇重复使用，且是常见词。"[1]这是十多年前中学生的情况，我个人以为现在还没有多少改善！我估计，再过十年八年，也不会有大变样！我还想多管闲事地回答 "中学生词汇贫乏""谁之过"的问题，学生自己有"过"，家长有"过"，语文老师有"过"，但都是小"过"，最要承担责任的是语文教材！语文书上没有多少书面词语，学生作文怎能词汇丰富！专门研究英语教学的汪榕培、卢晓娟说："学习英语词汇是学习英语的主要组成部分。"[2]古代汉语权威人士王力说："学习古代汉语最重要的是词汇问题。""解决了词汇问题，古代汉语就解决了一大半问题了。"[3]我想仿照说一句："学习现代汉语，最核心的问题是词汇问题。一个人的词汇储备丰富，驾驭现代汉语就能做到游刃有余，不管阅读还是写作，都不成问题！"所以，我认为学白话文，主要任务就是学书面词语。

（一）什么是书面词语

什么是书面词语和口头词语呢？我们在这里做一个简单的分别。口头词语是指日常口语中经常用的词语，书面词语是指口语中极少用、主要在典雅的书面语中用的词语。说学生作文词汇贫乏，主要是说他的书面词语用得少，用来用去，就是那几个常用的口头词语。我们用"水"字构成的词语为例粗略分辨一下口语词和书面词。"水"是一

---

1. 苏教版《普通高中课程标准实验教科书·语文 写作（选修）》第108-109页，南京：江苏教育出版社，2005年。
2. 王希杰：《汉语词汇学》第230页，北京：北京商务印书馆，2018年。
3. 王力：《谈谈学习古代汉语》第179页，济南：山东教育出版社，1984年。

个常用字，《常用构词字典》在"水"字下收词322个，如"水坝、水泵、水笔、水车、水面、水球、水灾、水蒸气、水土流失"等词语口语中常用到，知道其中的字的写法后，这些词语基本上就掌握了，这是口语词。该词典另外还收有"水滴石穿、萍水相逢、顺水推舟、饮水思源、杯水车薪、车水马龙、山清水秀、山穷水尽、如鱼得水、行云流水、污泥浊水、望穿秋水、水落石出"等词，光认识其中的字可能还没有掌握这个词语，需要专门学，或者查词典，或者老师教，这是书面词语。上语文课，要学的就是这样的书面词语。新文化运动之后，语文教学主要关注的是常用字的教学，书面词语远远没有得到应有的重视。书面词语的教学基本上是这种情况：每本语文教材要选几十篇课文，课文里有多少书面词语就学多少，从来就没有刻意追求书面词语的数量，没有讲究书面词语的教学方法，没有在意书面词语的教学质量，更没有追求书面词语的体系。老师教白话文，一般都是分析课文，把课文里的词语看作是理解的拦路虎，学课文之前先要扫除这些障碍，而扫除这些障碍的时间一般都很短，三下五除二，蜻蜓点水，浮光掠影，绝大多数学生很难有实在的收获。

学书面词语是为了提高阅读有一定难度的白话文的能力，更为今后写作文提供丰富的词语选择。因为等到后面集中学写作文时再学词语就容易分散作文的注意力。早一点学书面词语，为学生进行课外阅读提供条件，生字生词太多，一般是不太容易进行课外阅读的。所以学现代汉语书面词语适宜放在早期进行。

百年来的课程标准和教学大纲对识字量有明确规定，对词语教学的数量从未做过规定。这与我们对汉语词语的研究不够精细有关。常用字的教学从古代一直沿袭下来，教哪些字，用什么方法教，都有一些现成的经验可以借鉴。近几十年又研究出了常用字表，于是在数量上可以做出比较精确的规定。而现代汉语书面词语呢？在古代根本就没有这一项，无法借鉴；在近现代，也没有研究出一个常用词表。中小学生到底要学多少书面词语，不管是语文教育专家还是现代汉语词汇学研究专家，心里都是一笔糊涂账。张志公先生说："学任何语言，要想稍微管点儿用,总得会几千个词。"[1]郑昭明先生说:"如果能学会使用常用词16000个,即约能掌握中文的阅读。"[2]大家都是含糊其词,主观臆测,没有以科学研究为基础。说"几千个词",应该主要指书面词语,说"16000个",应该包括口语词和书面词语。黄光硕先生对大纲没有规定明确的词汇量的解释是,"学母语跟学外语不同,学外语要从零开始,单词要一个一个掌握。学母语则不同,小学生入学之前,已经掌握了相当丰富的口头词汇,识字之后,这些口头词汇就会很快转变为书面词汇。"[3]青少年在上学前学会的口头词语,即使后来会写它的字形了,还是口头词语,不是书面词语,因为它只是在口语交际中使用的词语。这里需要明确的是,学生在语文课上需要学习的不只是口头词汇,主要应该是书面词汇。

书面词语的学习是语文课的主要任务,而一向以来我们的语文教学没有重视,这是我们语文教学需要彻底改进的地方。

(二)当今教材词汇量

我们先了解一下几套教材的词汇安排情况。

据田本娜教授介绍,北京景山学校"课标小语教材"在各册中都附有"词语表":一年级(上)76个;一年级(下)200个;二年级(上)203个;二年级(下)237个;三年级(上)291个;三年级(下)267个;四年级(上)288个;四年级(下)295个;五年级(上)294个,五年级(下)302个。每册的词语都有随课文听写的要求。前四册共掌握词语716个,五年共要求掌握2453个词汇,这是最基本的、要求牢固掌握的词语,主要能会写、能在自己的书面语言中会用。此外,学生在课文中

---

1. 张志公:《语汇重要,语汇难》,《张志公语文教育论集》,《普通高中教科书语文必修》(上册)第136页。
2. 郑昭明:《小学语文教学:教什么?不教什么?》,课程教材教法2014年第7期第63页。
3. 黄光硕:《语文教材论》第273页,北京:人民教育出版社,1996年3月第1版。

能理解、在口语中能运用的词汇量，远远超过这个数量。[1]我没见过这套教材，不敢妄加评论。总的感觉词语不够多，假如一学期100节语文课，平均每节课只学2-3个词语，而小学的语文课又何止100节呢。下面说说我读过的三套教材：

1.人教社初版课标语文教科书

（1）小学语文教材

一至二年级四册教材都没有专门的栏目整理词语。我想，一二年级以学常用字为主，常用字带出的词一般是口语词，书面词语不多。也许由于这个原因不便整理。

三年级有词语表，上册358个；下册337个。下册的语文园地四还有"读读背背"，列12个成语。

四年级以后不再设词语表，在单元末设"词语盘点"。四年级上册"词语盘点"里的词共371个，语文园地四的"日积月累"有16个成语；下册436个，语文园地四的"日积月累"有16个成语。

五年级上册426个，语文园地七的"日积月累"有16个成语；下册384个，语文园地四"日积月累"有16个成语，语文园地七的"日积月累"有16个成语。

六年级上册309个，语文园地八的"日积月累"有16个成语；下册213个，语文园地五的"日积月累"有16个成语。

小学共有现代汉语词汇2958个。

这些词语中，有不少口语词，如"古老、粗壮、咱们、打扮、敬礼、洁白、散步、严寒、肯定、钓鱼、这些、燕子、剪刀、尾巴、翅膀、活泼、稻田、增添、一圈"，"伯父、客厅、分析"，"洞庭、泰山、江南、拥挤"，"礼貌、插嘴、回味"等。三年级的口语词大概要占到一半，随着年级的升高，口语词慢慢减少。

---

1. 田本娜《北京景山学校小学语文教材编写50年述评》课程·教材·教法，2010，（9）。

(2)初中语文教材

除脚注外，每课"研讨与练习"后面设置了一个"读一读，写一写"的栏目，汇总本课出现的书面词语（我个人感觉基本没有口语词）。我统计的结果是，七年级上册300个，七年级下册236个，八年级上册143个，八年级下册159个，九年级上册104个，九年级下册93个。文言诗文不列入。一篇课文一般几个或十几个，多的二十几个，如七年级上册第七课《短文两篇》21个，第十八课《绿色蝈蝈》22个，七年级下册第二十一课《伟大的悲剧》29个。当然，有些课文的某些书面词语没有列入"读一读，写一写"里来，如九年级上册《故乡》只列了5个词，脚注中还有不少词。我只统计列入"读一读，写一写"里来的，结果是初中共有1035个。

词汇总量不够多，有些通俗课文出现的书面词语就两三个而已，对于刚开始学书面表达的少年儿童而言，是明显不够的。

人教社编教材近70年，经验非常丰富，但由于种种原因，关于词语教学的很多问题可能也没有去研究：中小学生大概要学多少书面词语、每篇课文应该安排几个、每册书应该不低于多少个？这些简单问题，人教社可能没有一个基本的数字，全国可能也没有一个基本的数字。

2.苏教版课标语文教科书

(1)小学语文教材

一年级上册教材没有安排专门的词语整理，不便统计。一年级下册八个单元，每单元有一个"读读背背"栏目，安排4个四字成语，共32个

二年级开始在每课的练习中增加了一个题为"读读，抄抄，再听写"的项目，用来整理本课词语。二年级上册"读读背背"有32个词，课后练习中整理的词语（主要是口语词，如"妈妈、怀里、老师、枝叶、脚尖、故事"等）167个。二年级下册"读读背背"上的词语32个，课后练习中的词语185个，以书面词语为主，也有口语词，如"衣裳、漂亮、桃花、白杨树、本领"等。

三年级上册"读读背背"上的词语60个，课后练习中整理的词语共

206个,以书面词语为主,也有口语词,如"安排、声音、赞美、聪明、防止"等。三年级下册"读读背背"上有64个,课后练习中的词语204个,有不少口语词,如"阳台、边境、承受"等。

四年级上册"读读背背"上的词语56个,课后练习中的词语196个,基本上是书面词语。四年级下册"读读背背"上56个词,课后练习中的词语188个。

五年级开始每组的"语文园地"不设"读读背背",但"语文与生活"和"诵读与积累"这两个栏目有词语整理。五年级上册"诵读与积累"上列20个词语,课后练习中整理的词语167个。五年级下册"语文与生活"和"诵读与积累"上共72个词,课后词语24个(只有四课列了词语,其他都没列)

六年级上册"诵读与积累"上12个词,课后练习中的词语36个(只有六课列了词语,其余都没列)。六年级下册"诵读与积累"上48个词,课后没列词语。

苏教版小学语文12册共有1857个词语。

（2）初中语文教材

这套初中教材都有词语整理附录,八年级上册(2004年第3版)的名称是《词语表》,其他各册都是《字词表》(我没有穷尽苏教版教材的版本,不知道其他版本的名称是什么),表上整理的基本上是书面词语。《字词表》也整理了文言课文里的词语,我觉得文言词语属于古代汉语系统,且人教版的教材我没有统计文言词语,故苏教版教材里的文言词语也不在我们的统计之内。我统计的结果是,七年级上册(2009年6月第7版)511个,七年级下册(2004年12月第4版)821个,八年级上册(2004年第3版)660个,八年级下册(2006年第5版)696个,九年级上册(2007年6月第5版)520个,九年级下册(2007年12月第5版)416个。

苏教版课标教材七至九年级六册书共有现代汉语词汇3624个。

3.统编教材的词汇量

2019年秋全国各年级开始使用由温儒敏总主编的教育部统编教材,

这套教材的书面词语安排如下：

（1）小学语文教材

统编小学语文教材从二年级上册开始附录《词语表》，多是口语词，书面词语不多。《词语表》录的是课文里的词语，有些单元的"语文园地"有"字词句的运用""日积月累"等栏目，也安排了一些词语。除此之外，二年级上、二年级下、三年级下这三册有些课文的课后练习有"读一读，记一记"这个栏目，也安排了一些词语。这些词语有的录入了《词语表》，有的没有录入《词语表》。

部编本小语教材词语分析表				
册数	1 语文园地词语	2 词语表词语	3 词语表中书面词	4 课后练习上词语
一上				
一下				
二上	68	230	20	65
二下	21	276	8	86
三上	58	252	22	
三下	33	247	10	6
四上	50	238	27	
四下	24	189	23	
五上	32	235	50	
五下	16	141	32	
六上	24	230	42	
六下	6	161	17	
合计	332	2199	251	157

第1.2.4三列相加，就是统编小学语文教材的总词汇，共2688个。

其中，"语文园地"上的词语虽有口语词，但以书面词语为主。"课后练习上的词语"整套教材只有3册有，并且只是部分课文有安排，虽然和词语表有重复，但不多，统计时便忽略了重复这个因素，全部计了数，这其中有好些是书面词语。

词语表中的词语以口语词为主，书面词语占到十分之一、二。"词语表中的书面词"是我凭感觉从词语表中选出的，是我认为的书面词。

二年级上册词语表上列230个词，只有"傍晚、四海为家、铜号、金桂、丛林、云海、金光闪闪、名胜古迹、五光十色、坐井观天、井沿、无边无际、枯草、大雪纷飞、四面八方、浑身、连忙、神气活现、松果、飞快"等20个带点书面色彩。

二年级下册词语表共有词语276个，只有"碧空如洗、万里无云、汗珠、恋恋不舍、亡羊补牢、筋疲力尽、浓绿、一望无边"等8个词语带点书面色彩。

三年级上册词语表共252个词，只有"双臂、平展、清凉、大吃一惊、翠绿、一本正经、绒毛、合拢、海滨、银光闪闪、散发、严严实实、苍翠、名贵、合奏、乐曲、雾蒙蒙、茫然、抖动、沉重、墙根、急火火"等22个带点书面色彩。

三年级下册词语表247个词，带点书面色彩的只有"吹拂、洒落、聚拢、纤细、破裂、仿佛、懦弱、争奇斗艳、流淌、圆润"10个词。

四年级上册词语表共238个词，其中"人山人海、齐头并进、山崩地裂、霎时、横七竖八、呼风唤雨、腾云驾雾、随遇而安、精疲力竭、奔流不息、愤愤不平、无可奈何、身躯、发颤、无缘无故、撤换、重整旗鼓、旋转、砸锅、得心应手、不动声色、手舞足蹈、溃败、非凡、左顾右盼、训斥、面如土色"等27个词语带点书面色彩。

四年级下册词语表共189个词，只有"倘若、慰藉、扫荡、奇幻、拂拭、成千上万、笨重、迟钝、病灶、毛茸茸、屏息、解闷、狂吠、一丝不苟、侍候、空空如也、昏暗、挤压、发愣、行驶、劈面、柔嫩、丰硕"等23个还有点书面色彩。

五年级上册词语表共235个词，书面词语28个："恩惠、允诺、典礼、胆怯、俯冲、呼啸、难以置信、陷坑、酬谢、叮嘱、崩塌、震天动地、众星拱月、殿堂、亭台楼阁、饱览、奉命、寸草不生、飘浮、玲珑、炎夏、龟裂、磨灭、夜幕、心旷神怡、闲逸、应接不暇、一知半解"。

五年级下册词语表上共141个词，多是口语词，只有"妒忌、神机妙算、半夜三更、奔赴、情不自禁、眷恋、一针见血、施行、一声不吭、由衷、颤抖、肃然起敬、荣幸、手疾眼快、半信半疑、屏障、发怔、胸有成竹、摩拳擦掌、跃跃欲试、兴致勃勃、出谋划策、引荐、风平浪静、心惊胆战、手忙脚乱、簇拥、笼罩、遮掩、飞驰、养尊处优、附庸"等32个带点书面色彩。

六年级上册词语表230个词，只有"洒脱、彩虹、拘束、幽雅、浑浊、笨拙、全神贯注、斩钉截铁、热血沸腾、居高临下、屹立、惊天动地、排山倒海、就位、肃静、威风凛凛、疙瘩、呆头呆脑、别出心裁、技高一筹、大步流星、颓然、念念有词、忘乎所以、枯萎、咆哮、跌跌撞撞、吞没、汹涌澎湃、心惊肉跳、阴冷、自作自受、幽静、纯熟、伶俐、潮汛、昏沉、澄碧、荡漾、退缩、骤然、陡然"等42个带点书面色彩。

六年级下册词语表里共161个词，多是口语词，只有"搅和、肿胀、心平气和、重见天日、侵袭、挪移、明媚、耽搁、沉郁、惊惶、僻静、死得其所、哀思、司空见惯、无独有偶、见微知著、清脆"17个带点书面色彩。

下面以五年级上册为例，看看口语词和书面词语的比重。本册课文词语最少的是《桂花雨》4个，即"桂花、懂得、糕饼、茶叶"；最多的是《圆明园的毁灭》24个词，即"毁灭、不可估量、举世闻名、众星拱月、金碧辉煌、殿堂、亭台楼阁、象征、仿照、诗情画意、建筑、漫游、天南海北、饱览、风景名胜、境界、宏伟、奇珍异宝、博物馆、统统、搬运、销毁、罪证、奉命"。在词语表里的235个词语中，以口语词占绝大多数，极少书面词语。如上列28个词语中，只有"众星拱月、殿堂、饱览"等书面色彩还浓一些，其他词语在日常生活中是经常用到的，比例就是3/28。再如第一课的词语是"精巧、配合、身段、适宜、白鹤、生硬、寻常"应该都是口语中常说的词语。

（2）初中语文教材

温儒敏总主编的初中语文教材没有附录词语表，白话课文后面有个题叫做"读读写写"，整理了本课的词语，大多是书面词语，个别是口语词。文言课文没这一项。我统计的结果是：七年级上册266个词语、七年级下册250个词语、八年级上册215个词语、八年级下册225个词语、九年级上册202个词语、九年级下册151个词语。

部编本（温儒敏总主编）初版（2016）初中语文教材共有1309个词语。

从一年级到九年级，人教版语文教材的词语是3993个，苏教版是5481个，统编本是3997个，这其中都包括很多口语词。

课文以外的材料如"诵读欣赏"等，苏教版对其中的词语作了整理，人教版和统编本则没有。另外，三套教材各自整理词语的视角也不一样，结果自然也会有差异。

我在阅读这三套教材的时候总的感觉是多数课文太平淡，基本上是口语体，典雅有概括力的书面词语不多。我私下里想，没有追求尽可能多地学习书面词语，是百年语文教材最大的失误，语文教育的多数毛病如课文质量不高、教学效率低下、学生作文词汇贫乏、学生不喜欢语文等等都是由此引起。如果每篇课文新词汇足够多，学生的精力自然被吸引到了学习新词汇中来，种种毛病自然消失。而学会足够量的书面词语是掌握一门语言的基本标志。

（三）词语教学的方式

古代没有白话词汇的教学，无经验可借鉴。近现代没有深入研究过中小学的词汇教学，极少总结过成败得失的经验教训，因此也无从反思。所以，我们今天来做这个工作，几乎是从零开始。需要大家长期努力，逐步形成体系。书面词语的学习是现代汉语阅读教学的核心内容，是重头戏，我觉得应该占到现代汉语阅读教学时间的70%，其他语文知识就以词语教学为线索贯穿进来。下面我提出自己的看法。这些看法是我学习研究、想当然的结果，没有经过实验验证。我想，学书面词语和学常用字差不多，不外乎三种途径，一是分散学习，一是集中学习，一是分散、集中相结合。

1.集中学习

所谓集中学习，就好像古代周兴嗣编《千字文》、现代郭保华编《中华字经》一样，请著名作家就现代汉语重要书面词语撰写文章给学生学。每篇课文要出现尽可能多的陌生词语，如果平均一篇文章30个词语，200篇课文就可学6000词汇。这是一个巨大的工程，由教育部牵头比较理想。教育部可就教材的编写提出思想内容方面的要求，要涵盖哪几个重要方面的内容可明确规定，如可以规定领袖、革命志士、科学家、传统文化、自然遗产、文化遗产等都应该有所涉及。甚至可以规定得更具体，如自然景观应该有三山五岳、黄河长江、张家界九寨沟、桂林山水长城风光、钱塘大潮香山红叶等等；革命志士应该有刘胡兰、黄继光、罗盛教、邱少云、李大钊、张思德等等；科学家应该有詹天佑、钱学森、邓稼先、王选、袁隆平等等。

我曾梳理过人教版和苏教版的课标实验教科书中的重大题材。人教版（从小学到高中）的重大题材有：

中国山水地理共24篇：黄山2篇，以下各1篇：日月潭、葡萄沟、北京夜景、赵州桥、西沙群岛、小兴安岭、香港、钱塘潮、雅鲁藏布江大峡谷、长城、颐和园、张家界、桂林、金华的双龙洞、天山、黄河、趵突泉、武夷山和阿里山、黄果树瀑布、拉萨、大兴安岭、苏州园林。

中国人物29篇：毛主席、周总理各3篇，以下各1篇：邓小平、司马光、曹冲、王二小、雷锋、戴嵩、张衡、李四光、宋庆龄、孔子、西门豹、周处、叶圣陶、雨来、文成公主、黄继光、狼牙山五壮士、毛岸英、钱学森、刘伯承、李大钊、张思德、邓稼先、闻一多。

中国历史15篇：盘古、清明上河图、五星红旗、女娲补天、申奥、夸父逐日、秦兵马俑、延安、圆明园的毁灭、香港回归、开国大典、丝绸之路、西安碑林、女娲造人、中国石拱桥、故宫。

外国人物历史21篇：贝多芬2篇，以下各1篇：阿切尔、爱迪生、列宁、高尔基、列文虎克、牛顿、白求恩、魏格纳、小仲马、伽利略、罗丹、普罗米修斯、林肯、蒙娜丽莎、居里夫人、福楼拜、托尔斯泰、伏尔泰、马克思。

苏教版的重大题材有很多与人教版重合，这里如实录下。苏教版（从小学到高中）的重大题材有：

中国山水地理28篇：黄山、长江各2篇，以下各1篇：上海、青海湖、台湾的蝴蝶谷、西湖、拉萨、香港、长城和运河、南沙群岛、庐山、天安门广场、泉城、九寨沟、黄果树瀑布、三亚、烟台、金华的双龙洞、济南的冬天、黄河、阿里山、西双版纳、苏州园林、鼎湖山、桂林、北平。

中国人物39篇：邓小平、陈毅、鲁迅、钱学森、孙中山各2篇，以下各1篇：毛主席、朱德、梅兰芳、孔繁森、王二小、徐虎、刘伯承、江泽民、徐悲鸿、宋庆龄、彭德怀、詹天佑、聂荣臻、孔子、贝聿铭、萧红、郑和、怀素、司马光、鲁班、大禹、木兰、李广、李时珍、祁黄羊、公仪休、王冕、司马迁、郑成功。

中国历史21篇："神舟号"3篇，奥运、长征各2篇，以下各1篇：沉香救母、卧薪尝胆、日月潭的传说、虎门销烟、开天辟地、推敲、嫦娥奔月、莫高窟、二泉映月、秦兵马俑、负荆请罪、卢沟桥烽火、香港回归、回延安。

外国山水地理3篇：维也纳、凡尔赛宫、威尼斯。

外国人物历史22篇：莫泊桑2篇，以下各1篇：安培、爱迪生、布鲁斯、萧伯纳、普罗米修斯、哥伦布、高尔基、富兰克林、诺贝尔、海伦·凯勒、肖邦、夏洛蒂、霍金、林肯、斯帕拉捷、苏格拉底、伽利略、白求恩、玛丽·居里、金字塔。

我们现在来说编教材，可以综合过去教材中各类重大题材，再根据当今的时代特点增删一些，从而形成完整的思想教育体系。这些重大题材各用一两篇文章反映，作家在写的时候要尽可能多地运用新词汇，尽可能多地运用各种写作技巧，用尽可能美的语言表达。作家创作课文之前应该深入生活，实地考察、采访、体验，以确保写出来的文章质量上乘。也可以让多个作家写同一题材的文章，最后挑适合教学的作课文。教学的重点放在词汇的学习上，语言、结构、写作方法和语言知识则是出现什么学什么，课文里没办法安排而遗漏了的知识点则可专门另写另教。这样，学生在学语言时就能受到课文里崇高思想的教育。学白话课文的根本目的是学新词汇，课堂的主要工作是解释词语、理解词语的意义、运用新词语造句。造句先追求造得来、造得通，再追求造得好、造得美。学词语之外，再读一读课文，学一学语言、结构及其他语文知识。读课文的目的主要还是为了理解词语。课文的篇幅不宜太长，最好1000字左右，而新词越多越好。其他语文知识除外，一节课学习10个左右的新词。这样6000新词需600节课。

这种集中学词是请作家专门为语文教育撰写词语教材，称为撰文制。

这样做需要动用国家力量，需要一定投入。这件事很复杂，非这样做不可。只要我们想一想，教育是民族的大事业，关系到后代子孙的成长，关系到历史文化的传承，关系到民族的兴旺强大，它的重要性一点也不亚于两弹一星！这么伟大的事业没有一定投入怎么做得好！其实，我们现在教育的投入也不少，只是收效甚微。我们每年用去了多少课题经费，每年出版了多少教材教辅资料，都需要大把大把地花钱。我们也需要想一想，语文独立设科已经100年有余了，我们的语文教学效率仍然很低，我们还没有出过一套经典语文教材！如果我们找到了路子，即使多花了点钱，也是值得的。假如我们现在能出一本像《古文观止》一样的现代汉语集中识词的教材来，那么我们的教学效率就会高得多，青少年一代的语文能力就会好得多，我们的后人就不用在编词语教材上浪费过多的人力物力了。

现今的苏教版和人教版的课标教材、教育部的统编教材有一种词语学习的方式叫"日积月累",将意义上有联系的若干词语(包括成语)放在一起,让学生"读一读,记一记"。如:

统编教材三年级上册第2单元"日积月累":秋高气爽、天高云淡、秋风习习、一叶知秋、金桂飘香、层林尽染、五谷丰登、果实累累、春华秋实。

苏教版三年级上册第2单元"读读背背":高堂广厦、玉宇琼楼、错落有致、曲径通幽、千岩竞秀、万壑争流、目不暇接、美不胜收。

人教版三年级下册第4单元"读读背背":博览群书、孜孜不倦、勤学好问、学而不厌、坚持不懈、业精于勤、专心致志、聚精会神、废寝忘食、竭尽全力、锲而不舍、脚踏实地。

这也是一种很好的集中学词的方式,师生如果认真对待,在课堂上进行了充分的学习,理解、运用都到位了,那么,去掉"日积月累"或"读读背背"的名号,换成课文标题,就是一篇很好的集中学词的课文了。用这种方式可以学习很多现代汉语书面词语。这种词语学习的方式应该发扬光大。

2.分散学习

学习现代汉语书面词语,也可以用随课文分散学习的方法,像随课文分散识字一样。新文化运动之后的语文教材,词语的安排基本上是随课文进行的。但百年来,我们在这点上有严重的不足,那就是没有把选文的重点放在词语上。有的课文竟然一个书面词语也没有,只有几个词语的课文很普遍,这是不利于提高学生的语文能力的。我们现在随课文分散学习书面词语,虽然也是选现成文章,但我们把选文的第一条标准就定为书面词语多不多,低于20个陌生词语的文章可不考虑。可按大的文体分类,如分成议论文、记叙文、散文、小说、戏剧、诗歌、童话、寓言等。每类体裁选若干篇文章,共200篇左右。选文的标准是陌生词语尽可能多,语言尽可能美,结构尽可能新颖独特,写作方法尽可能丰富多样。有些文体可选很多文章，有些文体可只选几篇文章作代表，就看它符不符合上面的标准。这样，学生在重点学习词语的同时，还可以了解每类文章的特点和写作规律，了解各类文体在现当代白话文学史上取得的成就，学习并积累选文中生字、警句及精彩段落。

符合我们上述要求的文章，还是有的，只看我们愿不愿意找。在现代当代文学史中，有不少作家的文章词汇丰富，文采斐然，意境高远。只要我们定好了标准，一定可以选到我们想要的文章。下面举两个例子。

《飞红滴翠记黄山》是苏教版九年级上册的阅读课文，作者柯蓝。附录四《字词表》标注词语32个，它们是：飞红滴翠、赞誉、瑰宝、千峰竞秀、万壑藏云、郁郁葱葱、地壳、不计其数、日晒雨淋、能工巧匠、浮想联翩、寻根问底、巍峨、挺拔、心惊胆战、鱼贯、登峰造极、驰名中外、稠密、苍穹、含苞欲放、心往神驰、崛起、点化、生趣、若即若离、山峦、如愿以偿、喷薄、仙山琼阁、红彤彤、温馨。

没被《字词表》标注的四字及四字以上的词语还有：怪石林立、高耸入云、盘空千仞、望而生畏、仰天长叹、斧劈刀削、悬崖绝壁、万丈深渊、群峰起伏、云海翻涌、若隐若现、心潮澎湃、思绪万千、上下几千年、纵横几万里、无限风光在险峰、破石而出、寿逾千年、低垂伸展、招手致意、无石不松、峭壁岩缝、顶平如削、干曲枝虬、苍翠奇特、千变万化、有立有卧、万古长青、风吹雨打、冰雪欺压、悬岩危石、一动不动、云海茫茫、秀美如画、高高低低、千姿百态、遨游天宫、仙界云霄、忽东忽西、一上一下、难舍难分、淡淡云雾、澜翻絮涌、烟海千里、千条泉流、万道山谷、静中有动、人间仙境、华光照耀、云海日出、匆匆忙忙、激动人心、不无遗憾、无法忘却、旭日东升、庄严神圣、灿烂夺目、五光十色、五彩缤纷、云海霞光、变幻无穷、一瞬万变、无限生机、使人沉醉、恰到好处、此时此刻、为这叫绝等67个词语。两个字、三个字的词语我没有去统计。当然，这些词语中，有的是作者临时造的，但这种造词没有违反汉语的规则，也是语言运用所需要的。这也可以给学生提供一个思路，今后自己作文，有时也可以根据需要灵活运用词语，有时也可以自己造词语，只要别人能懂，只要不违反汉语规则。有些词语是常用词语，在以前的课文中也许出现过，所以苏教版编者没有标注。在这100来个词语中，有的是看到字就能理解的，有的是平时经常用的，这些词语不用花很多时间学。学生要学的，是陌生词语，是造词用词的思路。这样的课文，可根据学生对其中词语已经掌握的情况和学生的基础，大概要用五课时左右才能把其中的词语学到手。除了理解，还要在课堂上做一些初步运用的实践，如造句、写段等。不然，词语是学不会的。

《乡土情结》是苏教版高中必修一的一篇选教或自读课文，作者柯灵，创作时间1992年。这篇课文，也运用了丰富的书面词汇。苏教版的高中教材没有《字词表》。下面是我根据自己的认识，统计出来的：魂牵梦萦、触景生情、海天茫茫、风尘碌碌、酒阑灯灺、良辰美景、洛阳秋风、巴山夜雨、情不自禁、惦念、愁肠百结、好不容易、忐忑不安、音色苍凉、他乡遇故知、人生一快、怯生生、偶尔、喜上眉梢、娇羞、搭讪、辽阔、悠邈、褪色、乡土情结、人生旅途、崎岖修远、饥饱寒暖、悲啼笑乐、逗弄、溶化、不可分割、祖祖辈辈、植根、悲欢离合、心坎、邻里乡亲、街头巷尾、桥上井边、田塍篱角、音容笑貌、闭眼塞耳、彼此了然、横竖、濡染、风习、千丝万缕、千磨百折、春蚕作茧、金窝银窝、年少气盛、恋恋不舍、万里投荒、沉重、稚弱、串演、乡土、失根、逐浪、浮萍、飞舞、秋蓬、因风四散、浪荡乾坤、竹篮打水一场空、侘傺无聊、铩羽而归、春花秋月、流连光景、倦于奔竞、名利场、是非地、寂寞、故园、素性恬淡、误触尘网、为五斗米折腰、归去来兮、种菊东篱、怡然自得、几亩薄田、三间茅舍、寄人篱下、终老他乡、春风得意、衣锦还乡、功败垂成、流离失所、尤其、田园寥落、骨肉分离、道德崩坏、人性扭曲、国家兴亡匹夫有责、匈奴未灭何以家为、千古美谈、以战止战、缔造和平、以战养战、以暴易暴、难以为怀、放逐、有家难归、有国难奔、开宗明义、爱国前贤、获罪革职、遣成伊犁、赴戍登程、悲凉时刻、口占一诗、寸心如割、百脉沸涌、两眼发酸、低徊欷歔、安土重迁、根深蒂固、返本归元、鸟恋旧林、鱼思故渊、胡马依北风、狐死必首丘、树高千丈、落叶归根、聊以慰藉、缠绵、情致、冷酷、离乡别井、乃至、漂洋过海、谋生异域、渗透、掀起、汹涌澎湃、方兴未艾、炎黄子孙、浮海远游、潮流、截然不同、一概而论、时代浮沉、侧影、浩荡前进、飞溅、含辛茹苦、寄籍外洋、翘首神州、不忘桑梓、慷慨、蕞尔一岛、翰苑名流、休戚相关、风雨同舟、此中情味、天涯比邻、融会交流、株守乡井、魂丧域外、漂泊无归、化为陈迹、鹏举鸿飞、豪情、鱼游濠水、自在等，共167个词。

词汇很多的文章应该不难找，只举这两篇作代表而已。专为学词语，不选词语多的文章，怎能完成任务？当然，这里提到的两篇词汇特别多，硬是少一些也是可以做课文的。只要我们有词语第一的意识，就一定能选出陌生词语多的文章来。

谁来选课文？过去一般是语文专家、优秀教师和专业编辑组成教材编写组。现在我想，如果能够聘请一些注重文采的作家及文学杂志主编也参与教材编写，效果可能更好。因为他们经常和好文章打交道，知道哪个作家词汇量丰富，知道哪些文章书面词语多。语文教材的专业编辑将他们选来的文章分分类，安排学习的先后次序。这样，结合多方面的优势，编出的教材应该会好一些。另外，还可以在重要的报纸、杂志、电视和网络上登广告，欢迎全国人民推荐好文章作教材。

3.分散与集中相结合

以选现成文章为主，如果词语丰富的文章凑不上200篇，或者表现某个题材的词语缺少或太少，如天文、军事生活、九寨沟之类，可就这些相关重要题材请全国知名作家专门撰写文章，教育部再择优选作教材。这种方式的成本比全部专门撰写文章要低得多，也有质量保证。因为选的那些文章，都是有一定沉淀的作品，经过了比较长时间的考验的。

我们估计，现代汉语书面词语的学习需要三年左右的时间。

新文化运动以来的一百年，白话文一直要学到高中毕业，占去了

语文课程体系新构想

大量的教学时间，影响了学生学习其他重要的语文知识。可以说，当今语文教学的几乎所有毛病，都是白话惹的祸。如课堂教学上的繁琐分析、教学效率不高、学生厌恶语文等是白话文本身的特点造成的，前面已作了具体分析；再如学生知识面不广、学生阅读能力差、学生作文写不好、学生写字东倒西歪等是因为白话文教学占用了语文的绝大部分时间，学生没有时间来丰富其他方面的重要知识、来完善其他的重要语文能力，从而导致学生这些方面的知识和能力非常弱。

所以，我认为，现在应该是我们重新处置白话文的时候了。这个问题处理不好，语文教学永远没有出头之日；这个问题处理好了，语文教学的其他方面能够很快走向正确的轨道。因为，其他方面的问题，如书写、作文、文言文、语文知识、课外阅读等大家都有科学的方法来对付，并且有成功的经验可以借鉴，只是没有时间而已。现在把时间还回来了，这些问题的解决应该指日可待。

第七章　现代汉语写作

　　作文是用文字表达自己的思想、观点、愿望、感情、请求、态度等。在日常生活中，我们几乎天天在作文，聊QQ、发微信、写邮件都是在表达自己；工作的时候也常常在作文，写工作计划、工作总结，写论文、写专著，作报告、作演讲等，都是作文的方式。有的工作"作文"的数量和频率小一些，有的工作几乎时时刻刻、事事处处都在写。日常应用性文字要求低一些，只要把意思表达准确、清楚就行了。需要长期保存、需要面对广大观众、听众和读者的文字，光意思表达准确清楚还不够，最好能美一点，能吸引人、感动人，能使人产生共鸣。前者可称为日常写作，后者可称为高级写作。我们觉得日常写作只要认识常用字、有过一定量的阅读实践、写的时候看几篇例子就能够表达正确清楚，可以不进行专门的训练。

　　需要专门训练的是高级写作。既要把意思表达准确清楚，又要把话说得漂亮感人，这就需要学习、积累、打磨、历练。这不是一天两天就能做到的，需要下充足的工夫，需要有科学的方法。一般说来，作文与四个因素密切相关：一是阅历，为作文提供独特的内容；二是阅读，博览群书，为作文提供经过历史考验的可靠材料；三是熟读足够数量的范文，为作文提供富有表现力的语言和优秀样板；四是懂得一定的写作方法和写作技巧。前两项主要靠学生自己去完成，教材注意提醒和引导即可。优秀范文和写作技巧应该在教材里安排，课本里不提供，学生只好在课外乱看书、乱找资料，用去了大量时间，不一定看对书、找对资料，学生哪有编教材的专家高明。在提供优秀范文和写作技巧方面，古人已经为我们积累了丰富的经验，上编第二章《作文教材介绍》已作了详细解说。如宋代的《文章正宗》和清代的《古文观止》《古文释义》给学生选的作文范文都是历史上的经典名篇，并且还有圈点批注。清人李扶九更是总结出20种古文写法，编成《古文笔法百篇》，给学生揣摩借鉴。宋代吕祖谦则是直接给学生写范文《东莱博议》，让学生模仿学习。我们现在编选作文精读范文，可参考古代的经验。写作方法和写作技巧应该在教材中集中安排学习训练。

我们现行的作文方式重复多，随意性大，没有系统，尤其是缺乏充分的范文背诵作基础。实践证明，这种方式低效高耗，需要改变。我个人认为，可以学习古人的做法，用三年左右的时间集中学写作文。原来在阅读教学中的组词、造句、写段的练习和片段模仿、整文模仿的读写结合练习还保留，取消三周左右一次的作文。先学范文，要熟，要背，作文知识集中讲，练习频率也增加，一星期一次或两次。古人说，熟读唐诗三百首，不会吟诗也会吟。只要有充分的阅读为基础，作文水平自然能够上来。

本章主要讨论四个问题：

一、前期训练：以片段为主（组词、造句、模仿练习）

二、课对

三、范文精读

四、集中训练：知识技巧的学习和整文的写作训练

第一节　搞好写作的前期训练

前期训练指集中训练之前的基础训练，是在现代汉语阅读教学中学

习常用字和书面词语时进行的，包括组词、造句、模仿练习等。

一、组　词

　　组词有两层意思。开蒙之初识字的时候要组词，这是为识字服务的，作用是了解常用字的词义。这时的组词对丰富词汇也是有帮助的，可以增加口语中常用词汇的数量。更高一级的组词是在语言运用层面，目的是积累书面词汇，理解和运用书面词汇。以"书"字组词为例，学常用字时可以这样组词，"读书、好书、坏书、书本、书包、书法、图画书、小人书、语文书"等，这些词语主要是口语词。当学生认识的字稍微多一些、有一定的阅读能力的时候，就可以追求组书面词语了，如"书"可以组"书斋、书痴、书契、书香、书橱、书函、书院、书目、书札、书呆子、书生气、史书、文书、韵书、修书、禁书、手书、兵书、丛书、闲书、经书、子书、家书、聘书、遗书、藏书、尚书、白皮书、绝命书、线装书"等，这可以算高层次的组词。只要老师重视，组词这个工作还是可以做得很好的。如霍懋征老师教"打主意"一词。学生知道"打主意"是出主意的意思。老师启发学生说："看谁能在'打'字的后面换个词表达出不同的意思。"学生们抢着说开了，"打球"、"打伞"、"打井"、"打毛衣"、"打电话"……再让学生们讨论这些词中"打"的意思是否一样。学生们各抒己见，讨论得非常热烈。得出结果是："打球"就是玩球，"打伞"就是撑伞，"打井"是凿井，"打毛衣"是织毛衣……学生们感到很有意思。这种训练既丰富了学生的语言，又注意了对学生创造性思维的培养。[1]这样进行组词练习，就能丰富学生的词汇量。作文就是遣词造句的活动，如果没有丰富的词汇量，作文是不可能写得好的。因此，要加强小学的组词练习。

---

1. 崔峦、陈先云主编：《斯霞、霍懋征、袁瑢语文教育思想与实践》第247-248页，北京：人民教育出版社，2003年1月第1版。

当前小学语文教学的组词大多停留在低级阶段，满足于能组几个常用词就行了，这远远不能满足今后的写作需要。整个小学阶段都应该重视组词，在二到四年级尤其要充分训练。组词练习搞好了，可以极大限度地丰富学生的词汇量，写作需要用词的时候就不会只在那几个常用词中选来选去了。

组词练习，课堂是主阵地，课后也行；正规的学习时间可进行，也还可以搞一些专门的组词比赛和娱乐班会。重要的是培养学生的热情，激发学生的兴趣，让学生爱做，乐意做，能从做中享受到快乐。当学生养成习惯之后，他就会不断地拿常用字去组新的词语，也会在课外阅读中不断学习新的词语，丰富自己的词汇储备，当自己的词汇量越来越大的时候，他就会动力十足，信心十足，越学越爱学，越学越能学，从而形成语文学习的良性循环。

二、造　句

造句是起始的书面表达。现在的小学语文教学一般追求一个词语能造一两个句子就可以了，花的时间不够多，下的力气不够大，出的成绩不够好。文章就是由句子构成的，句子写得生动漂亮，文章自然也就是好文章了。我们要把造句当成一个重要事情来做，这是小学最重要的书面表达练习。

造句主要在小学学习书面词语的阶段进行。应该重视造句练习，加大时间投入，要追求造句质量，不仅要造得多，而且要造得好、造得美。造句是早期最重要的书面表达训练，这一环过关了，可以为后面的集中作文训练节约大量时间。

宁鸿彬老师将语文训练和思维训练结合起来，在教《白杨礼赞》时通过对"无边无垠"作口头造句来进行多向思维训练，结果学生造出了如下的句子：

我渴望见到黄土高原上那无边无垠的麦浪。

见到那无边无垠的大海，令人精神为之一振。

在无边无垠的大草原上，汽车可以随意驰骋，不用担心超速违章，也没有红绿灯。

看那蔚蓝的无边无垠的天空，有几朵白云在飘荡，它载着我的理想，载着我的希望。

在无边无垠的大沙漠上，有一队骆驼在行进。

知识的海洋无边无垠，我们应该勇于探索，勇于追求。

陈景润在无边无垠的数学海洋里遨游。

红军在无边无垠的草地上艰难地行进。

无边无垠的宇宙，等待着我们去揭开它的全部奥秘。

他坐在飞机上俯视无边无垠的大地，脸上露出了甜美的微笑。

一个分子虽然极其微小，但对于原子核来说，却是一个无边无垠的世界。

我们的祖先曾经生活在无边无垠的原始大森林里。

1976年4月5日，无边无垠的白色花圈的海洋，涌向了天安门广场，花圈下面，是一张张严肃的面孔。

黄河泛滥了，淹没了田野和村庄，只留下了一个无边无垠的水世界。

一个人的想象是无边无垠的，在某种意义上，它比勤奋更为重要。

在那暗无天日的旧社会，受尽煎熬的穷苦人感到，人生漫漫，无边无垠，哪里是尽头？

中国人民能够推翻一个旧世界，也能够创建一个新世界，它的力量可以冲破云天，通达地壍，无边无垠。

贪婪的欲望就像一座无边无垠的地狱，你一旦陷进去，就会把你毁灭。

语文课程体系新构想

张海迪的身体残废了，也许你会说她陷入了无边无垠的痛苦的深渊，然而她的意志并没有垮，她在为人民、为社会做出贡献的同时，也跨进了无边无限的欢乐的海洋。[1]

虽然，不能说学生的造句都十分完美，但经常这样练习，句子肯定会越写越漂亮。

过去我们只把造句作为理解词语、运用词语的手段，对造句的数量和质量没有更多的追求。现在我们不妨把认识提高一点，还把造句看作是作文训练的重要形式。这样就可以加大投入，加大考试比重，既要追求造句数量，又要追求造句质量。这是学习书面词语的主要工作。这个工作做好了，书面词语也就掌握了，作文也就有了坚实的基础。

按我们的设计，小学二至四年级主要任务是学习书面词语。怎样学习？语言学家许威汉说："积蓄词汇不是一件难事。比方说，你找些自己所喜欢而且是生词较多的书刊来，每天用一两小时去读它，把里面的生词或是又像理解又像不理解的词抄下来，随时查字典，并请教别人，弄清楚它们的读音、意义和用法，多念多写，用它造句，不间断地这样做，这样，不用几个月时间就可以掌握大量的词了。词汇不断扩充，同时你又不断地从事写作，在写作中再不断地把新学到的词巩固下来，实实在在地占有了它们，并又在这个基础上继续学习，积蓄更多的词，一定会收到显著的效果。"[2]许先生这里是讲自学，我觉得上语文课也可以这样。先是知道读音，再是理解意思，然后就是运用。运用以造句为主，当然也可以写段。1节课学10个词语，老师在课堂上，每个词语至少造一个句子给学生作示范；学生在课堂上也至少各造一个句子以求熟练掌握；家庭作业最好还能每个词语再造一个句子，争取造出个性，造出创意；平时的测验，也要多考造句；小学的考试，书面表达就考造句，

---

1. 宁鸿彬、王云峰、张鹏举：《宁鸿彬中学语文教学改革探索》第90页，济南：山东教育出版社，1997年。
2. 许威汉：《汉语词汇学导论》第273页，北京：北京大学出版社，2008年。

句子造得漂亮就得高分。

　　小学把造句这个工作做好了，为后面的集中作文、为孩子一生的书面表达就打下了坚实的基础了。

三、模仿练习

　　模仿是人类的基本学习方式，生产力水平低下时期的生产生活技能，教育发展起来之后的文化技术，很大一部分来自模仿学习。现在模仿仍然是教育中的重要方法，小到吃饭说话，大到航空航天，都离不开模仿。作文教学中，从组词、造句到写段训练，再到语法修辞的学习，再到写作方法、技巧的运用，篇章结构的安排，都需要先模仿，再熟练，之后再创新。作文教学中的模仿练习，初学书面表达时的小学是主阵地，初中、高中也需要。我们在这里谈写作的前期训练，主要指小学。在小学的阅读教学中，发现语言材料（主要是课文）中哪个词用得好，哪个修辞方法用得好，哪句话写得美，哪段话很有表现力，哪种表达方式用得很巧，甚至哪个标点符号用得巧妙，等等，都要有意识地在课上或课下安排一次到几次的模仿训练，让学生尽量学会课文上的优点。教材不应该是随随便便编出来的，应该是编者和作者呕心沥血、殚精竭虑之作，写出或编出的课文在语言表达上应该有或多或少的可学之处。学生在模仿中学习课文在写作上的优点，一点一点积累，一天一天进步，假以时日，可以将片段写得越来越准确，越来越生动，越来越精练，越来越有表现力。片段的写作能力强，到后面的集中作文训练时就容易得多。因为整篇文章就是由片段构成的。

　　谢保国先生认为古代语文教学"从小学开始，直到科考结束，学校写作教学，始终把模仿习作、反复训练作为主要的活动和方式。"《朱子语类》说："李太白爱《选》诗，所以好；杜子美诗好者亦多是效《选》诗。"明代吕坤《社学要略》说，"记文须选前辈老程文，极简，极浅，极清者。每体读两篇。作文之日模仿读过文法者出题，庶易引融。"[1]这种分析应该是中肯可信的。李白、杜甫熟读《文选》，写诗受启发，是情理中的事。吕坤要求学生写作文模仿范文，应该也是学写文章的捷径。

朱熹重视模仿。他说："模拟者，古人用功之法。读得韩文熟，便做韩文的文法；读得苏文熟，便做苏文的文法。"又说："古人作文作诗，多是模仿前人而做之，盖学之既久，自然纯熟。"(《朱子语类》)

曾国藩教子弟作文，非常重视模仿。他在给儿子曾纪泽的信中说："不特写字宜摹仿古人间架，即作文亦宜摹仿古人间架。《诗经》造句之法，无一句无所本。《左传》之文，多现成句调。扬子云为汉代文宗，而其《太玄》摹《易》，《法言》摹《论语》，《方言》摹《尔雅》，《十二箴》摹《虞箴》，《长杨赋》摹《难蜀父老》，《解嘲》摹《客难》，《甘泉赋》摹《大人赋》，《剧秦美新》摹《封禅文》，《谏不许单于朝书》摹《国策·信陵君谏伐韩》，几于无篇不摹。即韩、欧、曾、苏诸巨公之文，亦皆有所摹拟，以成体段。尔以后作文作诗赋，均宜心有摹仿，而后间架可立，其收效较速，其取径较便。"[2]曾国藩认为古代大师都是模仿起步，有不少名家的代表作都是由模仿而成。模仿，是学习进步的捷径。

开始模仿学的是书面表达的语言和技巧，这一关过了之后学的是作文的神韵风骨。正如学书者所说先要入帖，后要出帖，最后形成自己的风格。"入帖"是表面很像，"出帖"之后完全是一个崭新的自己，原帖的痕迹在外观上已不易看出来了。清人唐彪说"出帖"之后的境界是这样的："韩师孟，今读韩文，不见其为孟也；欧学韩，今读欧文，不见其为韩也，若拘拘摹仿，如邯郸之学步，里人之效颦矣。所谓师其神，不师其貌，此最为文之真诀。"

---

1. 谢保国：《中国古代语文教育史稿》第454页，银川：宁夏人民出版社，2009年3月第1版。
2. 《曾国藩家书》第88页，郑州：大象出版社，2011年6月第1版。

黄季刚说："妙得规摹变化之诀，自成化腐为新之功。"[1]这是模仿的最佳结果。

下面我们举一个霍懋征老师教学生模仿课文写作结构的例子。学完《草原》一课，根据这一课"总分"的写法，霍懋征辅导学生做了这样的练习。"今天天气很冷。请同学们具体说一说天气冷的表现。但是，不许用'冷'字。"学生们你一句我一句地说开了："下大雪了。""小河里结了厚厚的冰。""西北风呼呼地刮着。""同学们穿上了厚棉衣。""小弟弟冻得直跺脚，小妹妹脸蛋冻得像苹果。""窗上结满了冰花。""教室里生上了大火炉。"……老师又引导大家把这些有关天气冷的现象按天气冷、人被冻的样子和御寒这样三部分分类。然后，让学生们分成三大组，分头去讨论归纳整理。最后再集体汇报。他们汇报时，由老师开头说："今天，天气很冷。"一组的代表接道："北风呼啸，大雪纷飞，河里结了厚厚的冰。校园里的小树被西北风刮得吱吱地响。"二组的代表接着说："同学们穿上了厚棉衣，有的围上毛围巾，有的戴上大皮帽。小弟弟穿上厚棉鞋。晓红穿上皮外衣。教室里生上了大火炉。"三组的代表又接着说："小妹妹冻得牙齿咯咯地响。小力冻得直发抖。小兵脸蛋冻得像苹果。同学们大步奔向教室，一进教室，深深地出一口气，说：'教室里真暖和啊！'"几分钟的时间，师生们完成了一篇小短文。接下来，在同一节课上，同学们又用同样的方法，完成了主题为"今天天气很热"的短文。[2]有一两次这样的模仿练习，"总分"这种结构文章的方法基本上就可以学会了。

组词、造句、模仿练习都是分散进行的，并且没有一定的频率，有必要多做则多做，没有必要做则不做，因此，有时一星期甚至一堂课有几个这样的练习，有时几天甚至一周都很少这样的分散训练。这种写作的前期训练主要在小学进行，这种训练做好了，后面的集中作文训练就

---

1. 《语文月刊》1992年3期，第30页。
2. 崔峦、陈先云主编：《斯霞、霍懋征、袁瑢语文教育思想与实践》第249-250页，北京：人民教育出版社，2003年1月第1版。

会轻松很多，并且效果也要好很多。

　　同时，我觉得小学的整篇作文训练应该取消，并且应该在考试中体现出来。大大小小的考试，尤其是小学升初中的考试，都不考整篇作文，只考组词、造句、写段、片段模仿能力。因为实践证明，小学的这种零散地写整篇作文的效果不好，浪费了学生大量时间。而且，因为整篇文章训练要花大量时间和精力，严重影响到小学生组词、造句、写段、模仿练习等基础训练，他们在组词、造句、写段、模仿练习方面的能力不高，对后期的集中作文训练是有很大影响的。

第二节　课　对

　　民国以来语文教育还有一种重要失误，就是忽视对联的学习。我觉得现在应该改过来。所以，下面用较多的篇幅谈课对。

　　对联是一种极具民族特色的国粹。押韵，外国语也做得到；对仗，外国语则做不到，只有汉语才行，因为汉语里的词很多是单音节词。从春秋战国的学者策士算起，讲究对仗在中国已有二千多年的历史了。现在对联已是一种家喻户晓、雅俗共赏的艺术了。

　　对联是我们这个时代使用最为广泛的文体。酒宴上用到，开大会时用到，公共场所用到，私家宅院用到，过年过节用到，立碑修墓用到，几乎可以说，有中国人的地方就有对联。其他没有任何一种文体有这么普遍，普遍到和每一个人都有关系。可以说，对联是真正的中国功夫，中国气派，对联是地道纯粹的中国文化。人人喜欢对联，人人会写对联，这才是中国特色，中国风俗，才是中国人正常的文化生活。当前中国社会只有极少数人会写对联，这是一种很遗憾的状况。只有在少年儿童中加强对联的教学，在小学语文教材中安排充分的内容，在各种考试中安排足够的比例，在课堂教学中安排充足的时间，这样，对联这种典型的汉语文化现象，才能慢慢地深入人心，逐渐成为人民群众喜闻乐见的文化娱乐方式。

但是，五四新文化运动之后，课对的教学渐趋于消失。不要说一般学生不会写对联，就是一般语文老师能写对联的也是凤毛麟角。1932年陈寅恪出清华大学语文高考题，除作文外就是对对子，此举引起腾腾物议。某生阅题后大表不满，以"我去也"对"孙行者"，下注"老子不考了"以示抗议。[1]这一年清华的高考题，对子题没有几个人对上。有个别对子题是过了几十年之后，当年的考生到了耄耋之年才想起对句。1932年离传统教育结束还只有二三十年，全国最优秀的学生就变成了这种水平。接受过传统教育的人，不要说十几年，就是几年，也不可能出现这种情况，几乎可以说没有不会写对联的。

改革开放之后，有时高考题中也出现对联。如：

1987年全国卷：根据上联"梨花院落溶溶月"，选出下联"柳絮池塘淡淡风"。

1991年全国卷：选出对联"风声雨声读书声声声入耳，家事国事天下事事事关心""墙上芦苇头重脚轻根底浅，山间竹笋嘴尖皮厚腹中空""座上珠玑昭日月，堂前黼黻焕烟霞"的作者邓拓、毛泽东、曹雪芹。

1992年全国卷："何处招魂，香草还生三户地；当年呵壁，湘流应识九歌心"这副对联，说的是谁（屈原）。

2004年全国卷：根据上联补下联。有3上联：扫千年旧习，祖国江山好，冬去春来千条杨柳迎风绿；下联：树一代新风，大地气象新，冰消雪化万朵梅花扑鼻香。

2004年全国卷二套：根据上联对下联。上联是：春晖盈大地，科学能致富，国兴旺家兴旺国家兴旺；下联：正气满乾坤，勤劳可兴家，出

---

1. 张军：《民国那些大师》第154页，武汉：湖北人民出版社，2008年1月第1版。

平安入平安出入平安。

2004年浙江卷：为图书馆的对联补拟下联。上联：学问藏今古，下联：才识贯中西。

高考增加对联内容，对加强对联教学能够起到一定的促进作用。现在小学语文教材中安排了一些《笠翁对韵》式的短小对联段落的吟诵，高年级也有一些名联的欣赏或资料参考，这是一种好现象，但是还做得很不够。

一、属对教学的好处

关于属对教学的好处，张志公在《传统语文教育初探》（上海教育出版社，1962年）中有一段很好的阐述：

属对是一种实际的语音、词汇的训练和语法训练，同时包含修辞训练和逻辑训练的因素。可以说，是一种综合的语文基础训练。

学属对首先要正音，同时学会阴阳上去（或平上去入）四声，这是基本的语音训练，自不待言。属对课本大都是分类编排的，分天文、地理、人物、器物等若干类，学属对的时候是一类一类地练，如天文对："天"对"地"，"雨"对"风"，"天地"对"山川"，"清风"对"皓月"；花木对："山茶"对"石菊"，"古柏"对"苍松"；等等。这是一种词汇训练，也很明显。

特别值得重视的是属对的语法训练的作用。属对课本一般把字分作"实字""虚字""助字"三大类。实字下附有"半实"，虚字分"活（或生）""死（或呆）"两小类，并附"半虚"。定义是："无形可见为虚；有迹可指为实；体本平静为死；用发乎动为生；似有似无者，半虚半实。"把分类和例字排列一下，大致如下：

1.实字：天，地，树，木，鸟，兽……

半实：文，威，气，力……

2.虚字（活）：吹，腾，升，沈，奔，流……

3.虚字（死）：高，长，清，新，坚，柔……

半虚：上，下，里，外，中，间……

4.助字：者，乎，然，则，乃，于……

从这个表可以看出：所谓实字，都是名词，半实是抽象名词；虚字（活）是动词；虚字（死）是形容词；助字包括现在所说的连词、介词、助词等各类关联词和语助词。只有所谓"半虚"比较杂乱，除了上边列的那些方位词之外，还包括一些意义比较抽象的形容词和时间词。半实，一般就并入实字用，半虚并入虚类，也就是现在所说的名词、动词、形容词、关联词和语助词。这显然是一个很简要的语法上的词类系统，同现代语法学的分类基本上吻合。

进行训练的时候，首先作"一字对"，要求实对实，活对活，死对死，也就是名词对名词，动词对动词，形容词对形容词。这显然是基本的词类训练，作得多了，学生可以逐渐树立起词类的观念。

第二步作"二字对"。用实字、虚（活）字、虚（死）字两个两个地组织起来，可以成为好几种结构，如下：

1. 上实下虚（活）：风吹，云腾……名词+动词，主谓结构。

2. 上实下虚（死）：天高，风急……名词+形容词，主谓结构。

3. 上虚（活）下实：凿井，耕田……动词+名词，动宾结构。

   行云，流水……动词+名词，偏正结构。

4. 上虚（死）下实：微云，细雨……形容词+名词，偏正结构。

5. 并实：父子，兄弟……名词+名词，联合结构。

   虎背，熊腰……名词+名词，偏正结构。

6. 并虚（活）：弹唱，歌舞……动词+动词，联合结构。

7. 并虚（死）：敏捷，迟钝……形容词+形容词，联合结构。

这就表示，要学生练习二字对，也就是训练学生运用主谓、动宾、偏正、联合这几种基本的造句格式。经过反复练习，能够敏捷地对上二字对，那就意味着已经熟练地掌握了基本的句法规律。

进一步作"三字对"和"四字对"，这时就可以把助字加进去。三字和四字的结构，在文言里，已经可以表现绝大部分造句格式，包括复句在内。例如：

1. 推窗邀月，出户乘风……"邀月"是"推窗"的目的，"乘风"是"出户"的目的，这是一种复杂单句的格式。

2. 月缺月圆，花开花落……"月缺""月圆"，"花开""花落"，都是两个主谓结构并列，这是一种联合复句的格式。

3. 水清石见，云散月明……"石见"是"水清"的结果，"月明"是"云散"的结果，这是一种偏正复句的格式。

再进一步作"多字对"（五字，七字，九字等），那就不但可以练习种种基本格式，也可以练习种种变化格式和特殊格式了。

总起来看，属对练习是一种不讲语法理论而实际上相当严密的语法训练；经过多次的练习之后，学生可以纯熟地掌握了词类和造句的规律，并且用之于写作，因为从一开始就是通过造句的实践训练的，而不是只从一些语法术语和抽象定义学习的。

除了语音训练、词汇训练的作用之外，属对还有修辞训练和逻辑训练的作用。"星光灿灿"对"水势滔滔"，"如烟"对"似火"，"一川杨柳如丝袅"对"十里荷花似锦铺"，这些显然都能训练学生运用形容、比喻等修辞方法。再如，"飞禽"，是类名，必须仍用类名如"走兽"去对；如果用"鸣蝉"去对，虽然也是"上虚（活）下实"（即动词+名词）的结构，这个对法应该算是不合格的，因为"鸣蝉"不是跟"飞禽"相当的类名。这种练习作得多了，显然能训练学生注意概念、分类、比较等等逻辑关系，从而收到逻辑训练的功效。[1]

也就是说，属对可以学习词性、汉语词语的结构方式、句子的语气、组词成句的规律。属对也可以训练修辞，比喻、拟人、叠字、拆字、歇后等，属对经常要用到，这是语言运用的基本训练。属对训练非常充分了，意味着组词成句、组句成段的能力已经达到了很高的程度

---

1. 张志公：《传统语文教育初探》第102-106页，上海：上海教育出版社，1962年。

了，从而为作文训练打下了坚实的牢固的基础。因此可以说，古代的属对训练涵盖了今天的组词、造句、写话、写片段的训练。属对教学也为作诗赋、骈文、散文作了准备。因为古人在写作这些文体时常常用对偶句。

二、古代的做法

属对是古代作文教学一个非常重要的步骤，这个步骤是不可或缺的。往往识字之后就开始学，集中教学的时间也许不长，但课对实践可能一直会持续到学业结束。

当学童经过一段时间的学习，能粗解文义之后，蒙师就教他们学习作对子。一般先教以字的平、仄、虚、实，如《声律启蒙》所载的"云对雨，雪对风，晚照对晴空，来鸿对去雁，宿鸟对鸣虫"。当时蒙学还把对格和对法编成歌诀以帮助学童记忆。如练习平仄与四声，歌云："平对仄，仄对平，平仄两分明。有无与虚实，死活并轻重。上去入声皆仄韵，东南西北是平声。"练习辨字虚实时，歌云："实对虚，虚对实，轻重莫偏枯。留心勤事业，满腹富诗书。古人已用三冬足，年少今开万卷余。"练习辨义理声音时，歌云："寻义理，辨声音，呼吸务调匀。宫商角徵羽，牙齿舌喉唇。难呼语气皆为浊，易纽言词尽属清。"[1]

清人崔学古在《幼训》一书中把属对训练分为三个步骤：训字、立程、增字。他说："一曰训字。先取《对类》中要用字眼，训明意义。戒本生勿轻翻对谱，须先立意，方以训明字凑成。勿轻改，勿轻代作。一曰立程。语云：'读得古诗千百首，不会吟诗也会吟。'……须多选古今名对如诗话者，细讲熟玩，方可教习。一曰增字。假如出一'虎'字，对以'龙'。'虎'字上增一'猛'字，对亦增一字，曰'神龙'。'猛'字上再增一'降'字，对亦增一字，曰'豢神龙'。

---

1. 陈东原：《中国教育史》，郑州：河南人民出版社，2016年10月第1版。

语文课程体系新构想

'降'字上再增一'威'字，对亦增一字，曰'术豢神龙'。'威'字上再增一'奇'字，对亦增一字，曰'异术豢神龙'。从此类推，自一字可增至数字，为通文理捷径。"[1]按照我们的理解，"训字"就是解释字义，尤其是弄明属性与类别。"立程"强调先阅读后写作，阅读了大量古今名联，有了感性基础，为写对联做了充分的准备。"增字"就是对联实践，从易到难，从少到多。这是一种严密的教学计划，按照这三个步骤去练，写好对联是可以期待的。

对联教学具体怎样进行？下面三位近代名人的私塾经历可见一斑：

蔡元培回忆说，他的私塾生活只有三个内容：读书以外，一是习字，一是对课。对课的具体做法是：对课，是与现在的造句相近，大约由一字到四字。先生出上联，学生想出下联来。不但名词要对名词，静词要对静词，动词要对动词，而且每一种词里面，又要取其品性相近的。例如先生出一山字是名词，就要用水字海字来对他，因为都是地理的名词。又如出桃红二字，就要用柳绿、薇紫等词来对他。第一字都用植物的名词，第二字都用颜色的静词。别的可以类推。这一种功课，不但是作文的开始，并且也是作诗的基础。所以对到四字课的时候，先生还用圈发的法子，指示平仄的相对。平声字圈在左下方，上声左上方，去声右上方，入声右下方。学生作对子时，必要用平声对仄声（仄声包上、去、入三声），仄声对平声。等到四字对作得合格了，就可以学五言诗，不要再作对子了。[2]蔡元培讲了属对的要求、方法和步骤。

鲁迅在《从百草园到三味书屋》中回忆自己在私塾中的学习情形说，"我就只读书，正午习字，晚上对课……对课也渐渐地加上字去，从三言到五言，终于到七言。"[3]

郭沫若回忆自己的少年时代说：我自己是受科举时代的余波淘荡过

---

1. 王日根：《中国科举考试与社会影响》第105页，长沙：岳麓书社，2007年11月第1版。
2. 《蔡元培自述》6-7页，郑州：河南人民出版社，2004年5月第1版。
3. 《鲁迅全集》第2卷第281页，北京：人民文学出版社，1981年北京第1版。

248

的人，虽然没有做过八股，但却做过"赋得体"的试帖诗，以及这种诗的基步——由二字至七字以上的对语。这些工作是从七八岁时动手的。但这些工作的准备，即读诗，学平仄四声之类，动手得尤其早，自五岁发蒙时所读的《三字经》《唐诗正文》《诗品》之类起，至后来读的《诗经》《唐诗三百首》《千家诗》之类止，都要算是基本工作（《我的作诗的经过》）[1]

我记得大约是在六岁的时候，有一次先生和我们在家塾后去钓了鱼回来，先生评字的时候，在纸背上戏写了"钓鱼"两个字，便向我们索对。我在那时候才看了《杨香打虎》的木人戏不久，我便突口叫出"打虎"。先生竟拍案叫绝，倒把我骇了一跳。我有一个从兄比我大三岁，他想了半天才想了一个"捉蝶"，先生说勉强可对。后来先生竟向我父亲称赞我，说，"此子出口不凡。将来必成大器。"（《批评与梦》）[2]

郭沫若在这里讲了自己学作对的年龄、内容以及作对的特殊经历。

可见，课对是蒙学教育的基本内容。学会了对联的基本知识之后，就是课对实践。实践的时候用在对联上的时间就少一些了，一天或几天对一句。

三、重建对联教学

今天教对联，可参考古代的做法。崔学古的经验应该是比较科学的，他分三步，"训字"主要讲对联的知识和要求，"立程"主要是欣赏佳作名联，"增字"是写作实践。简单地说，"训字"是学，"立程"是读，"增字"是写。今天就可按这三步曲进行：第一步，学，就可考虑以《笠翁对韵》为基本教材；第二步，读，阅读一定数量的古今名联；第三步，写，在集中学对联的时候可以用几节课专门练一练，在

---

1. 阎焕东编著：《郭沫若自叙》第39页，2002年5月第3版。
2. 阎焕东编著：《郭沫若自叙》第41页，2002年5月第3版。

语文课程体系新构想

学和读的时候可每天布置一联让学生对，平时适当地搞一些对对子的活动，考试中安排对联的题目。

上海的丁慈矿老师以对联为内容开发校本课程，在小学各年级教对联。《人民教育》2003年还刊发了《丁老师的对课教学案例》。丁老师总结教学经验写成专著《小学对课》[1]。丁老师的教学实践和书，在语文教学界产生了广泛而良好的影响，不少老师也在自己的语文课上增加了对联的内容。我对丁老师不太了解，从书里看不出他教对联一共用去多少课时，我猜大概是一两周一课时。我觉得，可以在丁老师的基础上再加强一点，增加容量，增加难度，增加课时。

阅读经典名联时，碰到有陌生的字词名物是正常的，不应该回避，可进行适当的解释说明，学生是能够读懂的。不要动辄因难因生僻而随意删去。学知识，如果怕"难"东西，永远达不到较高的境界。俗话说，取法乎上，仅得乎中；取法乎中，仅得乎下。名联之所以成为名联，自有它的价值所在。学名联，就要学它的原貌。至于自己写，可以有自己的特色。如果改动了名联的文字，味道就大为逊色了。看丁慈矿老师的书，感觉他的对联用字过于通俗浅白，这一点私下认为不可取。

时间分配，读占八成以上，作对实践训练最多占二成。每周1节或半节，连续学一年或半年。主要时间用于读古今名联和《笠翁对韵》之类的书，专门的对联知识集中讲几次就可以了，写对联可安排在放学时出一上联给学生对，频率可一天一联，也可两天一联，甚至一周两联或一联。只要能够坚持，一定能出成果。

《笠翁对韵》，作者李渔（1611—1680），字笠鸿，号笠翁，明末清初戏曲家。《笠翁对韵》内容包括天文地理、花木鸟兽、人物器物等各方面。形式上，按韵分上下两卷，每卷15韵，每韵二到四节，平均三节，每节七八十字；从单字对到双字对、三字对、五字对、十五字对，

---

1. 丁慈矿：《小学课对》，上海：上海教育出版社，2012年1月第3版。

音韵铿锵，声调和谐，节奏明快。每节用一节课左右，共九十节课。如只学一半则四十五课时。当然，可根据具体情况，再减少一点时间也行。具体教学时，老师稍微讲解字句的意思和对联的常识，主要时间给学生读，尽量背诵，甚至滚瓜烂熟。因为课文句子短，押韵，读来顺口，听来顺耳，学生应该乐意读，也不难背。快下课或放学时根据学生的程度出一上联给学生对。在教学《笠翁对韵》的同时可穿插讲一些历史名联和对联掌故，以开阔视野，激发兴趣。经典名联和对联掌故可直接编进对联教材，老师上课可以适当作些补充。

对联教学，时间不宜太少。过去阙如，现在应该矫枉过正。我们主张专门教学，编出正规教材，或独立成册，或附于某册语文课本上，篇幅应该占到语文课本的四分之一左右。视具体情况灵活增加或减少。

四、名联欣赏[1]

（一）名胜名联

1. 南京清凉山随园（二）：放鹤去寻三岛客；任人来看四时花。
2. 南京清凉山随园（三）：不作公卿，非缘福命却缘懒；难成仙佛，为读诗书又恋花。
3. 苏州网师园濯缨水阁（二）：水面文章风写出，山头意味月传来。
4. 苏州沧浪亭（一）：清风明月本无价，近水远山皆有情。
5. 扬州梅花岭史可法祠（一）：万点梅花，尽是孤臣血泪；一抔故土，还留胜国衣冠。
6. 扬州梅花岭史可法祠（二）：读生前浩气之歌，废书而叹；结再世孤忠之局，过墓兴哀。

---

1. "名胜名联、人物名联、行业名联、谐趣名联"用例来自苏渊雷主编《分类名联鉴赏辞典》，上海辞书出版社，2004年5月第1版。"状元名联"用例来自方志强编著《奇才妙联——历代状元对联赏读》，金盾出版社，2008年9月第1版。

7.扬州个园：月映竹成千个字；霜高梅孕一身花。

8.扬州凝翠轩：四面有山皆入画；一年无日不看花。

9.杭州韬光寺观海亭（二）：楼观沧海日；门对浙江潮。

10.绍兴青藤书屋（二）：两间东倒西歪屋；一个南腔北调人。

11.福州鼓山：海到无边天作岸；山登绝顶我为峰。

12.厦门鼓浪屿重怀旧垒：出没波涛三万里；笑谈今古几千年。

13.九江琵琶亭：一弹流水一弹月；半入江风半入云。

14.庐山观瀑亭：横奔月窟千堆雪，倒泻银河万道雷。

15.成都杜甫草堂诗史堂：世上疮痍，诗中圣哲；民间疾苦，笔底波澜。

16.眉山三苏祠：宦迹渺难寻，只博得三杰一门，前无古，后无今，器识文章，浩若江河行大地；天心原有属，任凭他千磨百炼，扬不清，沉不浊，弟兄父子，依然风雨共名山。

17.黄果树瀑布亭：白水如棉，不用弹弓花自散；红霞似锦，何须梭织天生成。

18.昆明黑龙潭：两树梅花一潭水，四时烟雨半山云。

19.通海秀山：秀山青雨青山秀；香柏古风古柏香。

（二）人物名联

1.包世臣自题：喜有两眼明，多交益友；恨无十年暇，尽读奇书。

2.林则徐自题（一）：海纳百川，有容乃大；壁立千仞，无欲则刚。

3.林则徐自题（二）：苟利国家生死以；岂因祸福避趋之。

4.李大钊自题：铁肩担道义；妙手著文章。

5.朱自清自题：但得夕阳无限好；何须惆怅近黄昏。

6.周恩来自题：与有肝胆人共事；从无字句处读书。

7.俞樾题孙俞陛云中进士：念老夫毕世辛勤，藏书数万卷，读书数千卷，著书数百卷；看吾孙连番侥幸，童试第一名，乡试第二名，殿试第三名。

8.徐渭题书斋：雨醒诗梦来蕉叶；风载书声出藕花。

9.曾国藩题书斋：世事多因忙里错；好人半自苦中来。

10.方志敏题居室：心有三爱：奇书，骏马，佳山水；园栽四物：青松，翠竹，白梅兰。

11.题黄埔军校大门：升官发财，请走别路；贪生怕死，莫入此门。

12.朱恂叔格言联：厚性情，薄嗜欲；直心思，曲文章。

13.曹雪芹题笔山：高山流水诗千首；明月清风酒一船。

14.贺宗仪题《闻一多诗集》：赏音乐绘画建筑三美；怀战士诗人学者一多。

15.郑燮春联：春风放胆来梳柳；夜雨瞒人去润花。

16.张岐山贺梁同书夫妇九十双寿：人近百年犹赤子；天留二老看元孙。

17.梁同书贺袁枚寿：藏山事业三千牍；住世神明五百年。

18.左宗棠贺杨昌濬寿：知公神仙中人，勉为苍生留十稔；忆昔湖山佳处，曾陪黄菊作重阳。

19.王叔兰贺梁章钜七十寿：二十举乡，三十登第，四十还朝，五十出守，六十开府，七十归田，须知此后逍遥，一代福人多遐日；简如格言，详如随笔，博如旁证，精如选学，巧如联话，富如诗集，略数平生著述，千秋大业擅名山。

20.郑燮六十自寿：常如作客，何问康宁，但使囊有余钱，瓮有余酿，釜有余粮，取数叶赏心旧纸，放浪吟哦，兴要阔，皮要顽，五官灵动胜千官，过到六旬犹少；定欲成仙，空生烦恼，只令耳无俗声，眼无俗物，胸无俗事，将几枝随意新花，纵横穿插，睡得迟，起得早，一日清闲似两日，算来百岁已多。

21.俞樾自寿：三多以外有三多，多德多才多觉悟；四美之先标四美，美名美寿美儿孙。

22.贺冯国璋结婚：扫眉才子，名满天下；上头夫婿，功垂江南。

23.纪昀贺法式善梧门书屋落成：小筑当水石间，直以云霞为伴侣；大名在欧苏上，尽收文藻助江山。

24.徐秉森题哈尔滨冰灯游园会：极目景物，一片银装素裹，玉宇琼楼，雕梁画栋，玲珑晶莹，巧夺天工，奇于蓬莱岛，定使徐福求仙，不渡东海去；放眼园林，四处游客喧声，国际友人，港澳同胞，高朋佳宾，尽抒豪情，胜似钱塘潮，管教嫦娥思凡，径向龙江来。

25.梁同书挽钱大昕：名在千秋，服郑说经刘杜史；神归一夕，仙人骨相宰官身。

26.曾国藩挽乳母：一饭尚铭恩，况曾保抱提携，只少怀胎十月；千金难报德，即论人情物理，也当泣血三年。

27.爱新觉罗·载湉挽邓世昌：此日漫挥天下泪；有公足壮海军威。

28.康有为挽谭嗣同：复生不复生矣；有为安有为哉。

29.彭玉麟挽子：怎能够跳破天门，直至三千界请南斗星、北斗星，益寿延年将簿改；恨不得踢翻地狱，闯入十八重问东岳庙、西岳庙，舍生拼死要儿回。

30.章炳麟挽孙中山：洪以甲子灭，公以乙丑殂，六十年间成败异；生袭中山称，死傍孝陵葬，一匡天下古今同。

31.杨度挽孙中山：英雄作事无他，只坚忍一心，能成世界能成我；自古成功有几，正疮痍满目，半哭苍生半哭公。

32.陆小曼挽徐志摩：多少前尘成噩梦，五载哀欢，匆匆永诀，天道复奚论，欲死未能因母老；万千别恨向谁言，一身愁病，渺渺离魂，人间应不久，遗文编就答君心。

33.吴伟楼挽章炳麟：经学驾唐宋之上；其人在儒侠之间。

34.毛泽东挽蔡元培：学界泰斗；人世楷模。

35.毛泽东挽续范亭：为民族解放，为阶级翻身，事业垂成，公胡遽死；有云水襟怀，有松柏气节，典型顿失，人尽含悲。

36.唐棣华挽邓拓：三字沉冤千古恨；一抔忠骨万年香。

37.俞平伯挽茅盾：惊座文章传四海；新民德来播千秋。

38.挽周恩来：有雄才，有伟略，有奇勋，实在有德；无后裔，无偏心，无享受，真正无私。

39.孙髯自挽：这回来得忙，名心利心，毕竟糊涂到底；此番去甚好，诗债酒债，何曾亏负着谁！

40.俞樾自挽：生无补于时，死无关乎数，辛辛苦苦，著二百五十余卷书，流播四方，斯亦足矣；仰不愧于天，俯不怍于人，浩浩荡荡，数半生三十多年事，放怀一笑，吾其归乎。

（三）行业名联

1.题汽车站：车窗似荧屏，摄进满眼诗情画意；公路如玉带，牵来万里秀水青山。

2.题鞋店：由此登堂入室；任君步月凌云。

3.冯梦龙题酒店：酿成春夏秋冬酒；醉倒东南西北人。

4.题酒店：刘伶借问谁家好；李白还言此处佳。

5.左宗棠题家塾：身无半亩，心忧天下；读书万卷，神交古人。

6.何叔衡题湖南自修大学：汇人间群书博览者，何其好也；集天下英才教育之，不亦乐乎？

7.朱熹题福建漳州白云岩书院：地位清高，日月每从肩上过；门庭开豁，江山常在掌上看。

（四）谐趣名联

1.乾隆、纪昀就通州吟联：南通州，北通州，南北通州通南北；东当铺，西当铺，东西当铺当东西。

2.陆容、陈震就作对戏嘲之作：二猿伐木深山中，小猴子岂敢对锯；一马陷足污泥内，老畜生怎能出蹄。

3.唐寅对农夫联：一担重泥拦子路；两岸纤夫笑颜回。

4.程敏政对李贤联：因荷而得藕；有杏何须梅。

5.解缙谐音双关联：蒲叶、桃叶、葡萄叶，草本、木本；梅花、桂花、玫瑰花，春香、秋香。

6.陈洽对父联：两船并行，橹速不如帆快；八音齐奏，笛清难比箫和。

7.无名氏谐音回文联：画上荷花和尚画；书临汉帖翰林书。

8.无名氏析字联：枣棘为薪，截断分开成四束；阊门起屋，移多补少作双间。

9.李师儿析字联：二人土上坐；一月日边明。

10.刘尔忻析字联：此木为柴山山出；因火成烟夕夕多。

11.无名氏析字联：寸土为寺，寺旁言诗，诗曰：明月送僧归古寺；双木成林，林下示禁，禁曰：斧斤以时入山林。

12.徐渭手语顶针联：保俶塔，塔顶尖，尖如笔，笔写五湖四海；锦带桥，桥洞圆，圆似镜，镜照万国九州。

13.纪昀数字联：花甲重开，外加三七岁月；古稀双庆，又多一个春秋。

14.无名氏人名联：欧阳修作诗成于三上：马上、枕上、厕上；秦少游填词乐在其中：醉中、愁中、梦中。

15.无名氏地名回文联：佛山香敬香山佛；翁源乳养乳源翁。

16.朱棣应答联：风吹马尾千条线；日照龙麟万点金。

17.陶澍应答联：小子牵牛入户；状元打马回乡。

18.丁文江应答联：鸠鸣天欲雨；虎啸地生风。

19.无名氏复字联：天上月圆，人间月半，月月月圆逢月半；今朝年尾，明日年头，年年年尾接年头。

20.吕升缺字联：童子六七人，毋如尔狡；太守二千石，唯有公。

21.讽洪承畴联：君恩深似海矣；臣节重如山乎？

（五）状元名联

1.陈子昂对殿试联：白蛇过河，头顶一轮红日；乌龙悬壁，身披万点金星。

2.王维对求宿联：空空寂寞宅，寡寓安宜寄宾宿；迢迢迤逦道，适逢邂逅遇迷途。

3.王维新婚对新娘联：一幅古画，龙不吟，虎不啸，花不芬芳猿不跳，笑煞蓬头刘海；半局残棋，马无主，车无轮，卒无兵器炮无声，闷攻束手将军。

4.吕蒙正春联：二三四五；六七八九。横批：南北。

5.吕蒙正对刘宰相之女抛绣球招婿联：十字街头叫老爷，老爷老爷老老爷；金銮殿上喊万岁，万岁万岁万万岁。

6.梁灏"父子状元坊"联：是父是子，同作状元千载少；为卿为相，流传历代一门多。

7.北京文天祥祠联：南宋状元宰相，西江孝子忠臣。

8.胡长龄巧对乾隆殿试联：东启明，西长庚，南极北斗，谁是摘星手？春知母，秋附子，夏草冬虫，此为状元方。

9.张謇12岁对塾师联：人骑白马门前过，我踏金鳌海上来。

第三节 精读范文

一、什么是精读范文

范文是学生写作的示范文章，是初学作文的榜样。作文要怎样立意、怎样选材、怎样剪裁、怎样谋篇布局、怎样确定详略、怎样安排条理结构、怎样修饰润色语言，范文都可以给学生以示范。因为要从范文中学习写作方法和技巧，尤其是学习优美的语言表达，以形成自己的写作能力，所以要精读，称精读范文。上编第二章《作文教材》里介绍的都是精读范文教材，《昭明文选》《文章正宗》《文章轨范》《东莱博议》《古文关键》《古文释义》《古文观止》《古文笔法百篇》《古文辞类纂》等，选的都是典范文章，都是给学生模仿借鉴用的。

二、精读范文的作用

精读范文的目的就是为了学习作文方法，为写作提供源源不断的具有表现力的生动形象的语言。朱光潜说："那时我的摹仿性很强，学欧阳修、归有光有时居然学得很像。学古文别无奥诀，只要熟读范作多篇，头脑里甚至筋肉里都浸润下那一套架子，那一套腔调，和那一套用字造句的姿态，等你下笔一摇，那些'骨力'、'神韵'就自然而然地来了，你就变成一个扶乩手，不由自主地动作起来。"[1]朱光潜的作文写

---

1. 赵志伟：《旧文重读（大家谈语文教育）》第90页[C].上海：华东师范大学出版社，2007.

得非常好,在青少年时期的求学过程中占了很大"便宜",他认为自己的写作就是得益于早年背诵古文。中国人民大学教授蔡钟翔认为,熟读"收到了意想不到的效果,许多清词丽句牢牢地刻印在心头,自己写作的时候,合用的语汇句式就会从笔尖汩汩流出。"[1]朱熹说:"学者须是熟。熟时,一唤便在目前;不熟时,须著旋思索。到思索得来,意思已不如初了。"[2]这就是说,范文读熟了,能够随时为你所用,方法啊、技巧啊、语言啊,凡是作文需要用的东西,它都会适时地主动地站出来为你服务,不会扭扭捏捏,不会含含糊糊。就如同将军带兵打仗,它是你忠诚的士兵,你可以招之即来,挥之即去,冲锋陷阵,杀敌报国,都会听从你的命令。

古人说:"能读古文,异日自能作古文也。"[3]古文是指古代散文,就是说熟读一定数量的经典散文,自己一定会写散文。唐彪说:"凡古文、时艺,读之至熟,阅之至细,则彼之气机,皆我之气机,彼之句调,皆我之句调,笔一举而皆趋赴矣。苟读之不熟,阅之不细,气机不与我浃洽,句调不与我镕化,临文时,不来笔下为我驱使,虽多读何益乎?"[4]

熟读范文能出现什么结果呢?最理想的境界是下笔成文、出口成章,古代这样的作文能手不是个别。上编第四章介绍《家塾教学法》时提到:东晋时袁宏靠在马前写军用文书,手不停笔,站着就写完了,所谓倚马可待;北宋刘厂站在马前为皇帝写诏书,一下写了九篇;柳公权应唐文宗之令写称贺诗文,不假思索,一下写成三篇,皇上赞他超过曹植七步成一诗。[5]范文读得多,读得透,将其中的语言和技巧全装在脑子里,写作时要什么就来什么。

---

1. 王丽:《名家谈语文教育》第179页[C].上海:华东师范大学出版社,2007.
2. 《中国教育大系·历代教育论著选评》第917页[C].武汉:湖北教育出版社,1994.
3. 清代李扶九、黄仁黼:《古文笔法百篇》P8,长沙:岳麓书社,1983年。
4. 赵伯英、万恒德:《家塾塾教学法》[M].上海:华东师范大学出版社,1992:92.
5. 王刚译评:《家塾教学法》第323页,北京:中国画报出版社,2017。

可见，只要范文好，各方面堪为楷模；并且读得多，读得熟。那么，写起来就写得快，写得好。

三、百年语文教育没有精读范文

民国以后，基本上就没有精读范文的概念了。语文教材大多是综合式的，一本书里阅读、作文、口语交际、语言知识、综合实践等什么都有，样样齐全。作文，多数时候放在单元训练里，一般是出一个题目，从内容上略加提醒，很少介绍写作规律和知识。只有个别时段如初中或高中，在安排作文练习时讲一些作文知识。在我的印象中，语文教学根本没有精读范文这回事，我们也没见过像过去的《古文观止》《文章轨范》《古文笔法百篇》这样的很流行的作文书。

下面我们找几套有代表性的教材，看它们是怎样对待精读范文的。

20世纪80年代人民教育出版社出版了三年制初级中学语文课本《作文·汉语》（第一版名为《写作》），全套教材将作文训练分解为写自己熟悉的事情、记叙的要素、观察和选材等37个作文训练点，这套教材提供了大量的名家文章和课文修改的个案，为初中生提供了很好的学习参考。学生平时在学习写作时，很难见到这样的修改案例，对提高认识、开阔视野、端正写作态度是很有好处的。其《前言》说，"作文训练，包括作文知识、例文、作文范围、作文指导四个部分。作文知识，是根据训练的目的要求结合实例讲的。例文和作文知识相呼应，给同学以多方面的借鉴。"这套教材没有真正意义上的作文范文，只有例文，给学生这次的作文训练提供例子，主要是某种写作方法方面的示范。如讲"虚构"时选严文井的《习惯》作例子，讲"阐述清楚一个观点"时选龚浩、梁鸿猷的《小事不小》作例子。《习惯》篇幅不长，不妨全抄下来。

习　惯

　　有一天，一头猪到马厩里去看望它的好朋友老马，并且准备留在那里过夜。

　　天黑了，该睡觉了。猪钻进草堆，躺得舒舒服服的。但是，过了好久，马还站在那儿不动。猪问马为什么还不睡。马回答说，它这样站着就已经开始睡觉了。猪觉得很奇怪，就说："站着怎么睡觉呢，这样一点也不安逸的。"马回答说："安逸，这是你的习惯。作为马，我们习惯的就是奔驰。所以，就是在睡觉的时候，我们也随时准备奔跑。"

　　课本在《提示》中说这是童话，也可以当寓言读，其内容"使人们想起前进和向上"。这是例子，不是范文。作为例子，学生学写虚构的文章，可以学《习惯》的方法，通过想象，用真善美的内容来表达自己对社会的看法。说不是范文，是因为此文的语言通俗浅白，不用熟读，就可记住或背诵，从语言上学不到今后还可反复运用的东西。

　　再看人教版的课标教材。人教社的小学和初中教材只布置作文题目，没有范文。高中必修教材选完整文章作例文的情况是：必修一没有整篇范文。必修二"学习虚构"选了2002年第8期《新世纪文学选刊》里的《程序控制的丈夫》（译作），但此文语言、意境都称不上上品，不值得熟读成诵，只是虚构一个故事，读读只不过是消磨时间、徒博一笑而已。必修三的"学习选择和使用论据"引了尹荣方的《论度量》，是篇完整例文，也只是"使用论据"的例子而已，语言达不到模范的程度。必修四的完整引文有何为的《论时间》、爱尔兰作家巴克莱的《幸福》、谢冕的《读书人是幸福人》、鲁迅的《中国人失掉自信力吗？》。必修五的完整引文有严保林的《郭沫若的成绩单》、刘佩宁的《奶奶三"怕"》、张丽均的《门的悬念》。高中五册必修教材完整例文（教材原没有范文的概念）只有9篇，其中2篇为学生之作。教材选这

语文课程体系新构想

几篇文章的目的也不是要学生熟读背诵,产生永远的营养,为今后的作文提供源源不断的活水,在头脑中形成可资借鉴的永恒的榜样,而只是作为本次写作练习的例子而已,帮助学生理解这个知识点,完成这次作文训练。

苏教版课标教材也差不多。苏教版的初中和高中必修都安排了作文知识。其初中作文训练没有一篇完整的范文。它的七年级和八年级的作文训练每单元都有作文知识介绍,阐说时尽量以本单元课文为例子,如《一面》《草》《枣核》《背影》《父母的心》《阿里山纪行》《蓝蓝的威尼斯》《都市精灵》《幽径悲剧》《范进中举》等,作文训练和阅读教学充分结合。九年级的作文训练都附在"综合学习与探究"里作最后一项,一般只有题目和要求,没有写法提示,也没有写作方法和规律的介绍。我私下认为,前面所列课文,基本上可以说不是真正意义上的作文范文,因为大多篇幅太长,语言通俗浅白。作例子,写作时可参考它的写法。用作范文精读背诵,在写作方面没有那么多东西可学。苏教版高中必修与初中教材是同一思路,也没有一篇完整的范文。每册设四单元,每单元一个作文训练点,介绍写作规律和知识时尽量以本单元课文为例子,如《边城》《祝福》《金岳霖先生》《项脊轩志》《陈情表》《师说》《六国论》《获得教养的途径》《不自由,毋宁死》《我有一个梦想》等。

最新的教育部的统编教材(温儒敏总主编)更为彻底,既没有例文,也没有范文。

作文教材部分没有安排精读范文,那阅读教材有没有呢?当前的语文课程以阅读教学为主体,每学期的语文教材都安排了30篇左右的课文。但是课文大多是思想内容取向,非常重视高大上的题材,一般没有刻意追求语言和写作技巧的完美。也就是说,课文看重的是对学生有多大教育意义,而对学生的书面语言表达能力的学习则没有给以充分关注。翻开一本语文课本,很难找出几篇语言优美、写作技巧高超的课文。下面我们就以俗人的眼光审视一下教科书里的课文,看有多少能做学生作文的范文。人教版的课标教材文采很好的课文也有一些，如四年级下册《花的勇气》，六年级上册《山中访友》《山雨》《草虫的村落》《索溪峪的"野"》《穷人》《别饿坏了那匹马》《青山不老》等，其他绝大多数课文是通俗浅白不讲文采的文章。苏教版课标教材讲究文采的课文有六年级上册的《青海高原一株柳》，九年级上册的《鼎湖山听泉》《飞红滴翠记黄山》《学问与智慧》，高中必修一的《十八岁和其他》《我的四季》《乡土情结》《前方》，必修二的《听听那冷雨》《我与地坛》等。教育部统编教材讲究文采的文章比较突出的有：三年级下册的《燕子》《陶罐和铁罐》《鹿角和鹿腿》《池子与河流》《童年的水墨画》《剃头大师》《肥皂泡》，四年级下册《"诺曼底号"遇难记》，五年级上册《圆明园的毁灭》，六年级上册《花之歌》《青山不老》《穷人》，七年级上册《春》《雨的四季》，七年级下册《说和做——记闻一多先生言行片段》，八年级上册《"飞天"凌空》《列夫·托尔斯泰》，八年级下册《安塞腰鼓》《灯笼》《壶口瀑布》《在长江源头各拉丹冬》，九年级上册《精神的三间小屋》，九年级下册《溜索》《谈读书》，高中必修上册的《以工匠精神雕琢时代品质》《故都的秋》《我与地坛》等。这些讲究文采的课文简练概括，词汇丰富，是语言运用的典范，是学习语言表达的楷模。但这样的文章不多，多数课文平淡如水，一看就明。

三套教材真正能作学生作文范文的可以说屈指可数，绝对不能满足作文训练的需要。

百年来，绝大多数青少年由于熟读精美范文太少，有的甚至基本没有熟读过，也有的甚至根本不知道精美范文长什么样！因此作文水平低，作文能力弱，长大后不能满足生活和工作的基本需要。

四、重建精读范文系统

关于在中小学编写作文精读范文教材，不少先贤早就有这个思想了。朱光潜先生说，作文教学要出成绩，"最简便的办法是精选模范文百篇左右（能多固好，不能多，百篇就很够），细心研究每篇的命意布局分段造句和用字，务求透懂，不放过一字一句，然后把它熟读成诵，玩味其中声音节奏与神理气韵，使它不但沉到心灵里去，还须沉到筋肉里去。这一步做到了，再拿这些模范来模仿（从前人所谓'拟'），模仿可以由有意的渐变为无意的。习惯就成了自然。入手不妨尝试各种不同的风格，再在最合宜于自己的风格上多下功夫，然后融合各家风格的长处，成就自己一种独创的风格。从前做古文的人大半经过这种训练，依我想，做语体文也不能有一个更好的方法。"[1]叶圣陶先生也曾有过具体清晰的看法。他说，此外（按：指语文教材阅读课文之外）应该选读文章若干篇，选取的目标在训练学生的写作技能。这并不是说阅读古书与文学名著对于写作技能丝毫没有关系，而是说阅读古文与文学名著既然另有目标，所以应该再读文章若干篇，专顾到写作技能。这种文章的选取，内容方面固然不容忽视，可是尤其要注意它的写作技能，必须它的写作技能足以供现代学生观摩的，是现代学生需要学习的，才值得选取。当然不必用文学史的选法，每个时代来几篇代表作品，每个重要作家来一篇代表作品。也当然不能用文体论的选法，什么诏令、奏议、箴铭、辞赋，都来一两篇。国文课程标准里提起叙事、说理、表情、达意四项，又有"自由运用"一语，可以作为依据。那几篇文章的叙说表达的技术近乎理想，可为模范，同时必然是能够"自由运用"语言文字的，就值得选读。依据这个标准，语体文也得选读是不待说的了。语体文与文言文共选多少篇呢？前面已经说过，选读原是"举一隅"，这里"举"的是写作技能的"一隅"，无需乎多，事实上也不能多，假定每星期一篇，有三十篇就够一年读了。这三十篇文章必需使学生读熟，而指导与讨论应该偏重在写作方法方面。"事"要怎样"叙"？"理"

---

1. 顾之川、顾振彪、郑宇：《中小学写作教材改革设想》（语文建设2014-7）第18-19页。

要怎样"说"？"情"要怎样'表"？"意"要怎样"达"？语言文字要怎样"运用"？这些都是写作方法的问题。必须在理智方面明白这些方法，又能在习行方面应用这些方法，这才成为"技能'。前面说的文章的选读，可以说是写作的准备工夫的一部分。至于执笔作文，那是准备以后的实习了。实习要与准备相应，讨论了叙事方法之后就该作叙事文，讨论了说理方法之后就该作说理文。这样，才可以看出学生对于方法的理解程度怎样，对于方法的应用程度又怎样，如果理解与应用还差一点，或者还差得多的话，可以设法补救。[1]叶圣陶认为学习专门的作文范文是很有必要的，因为语文教材上的名著和古文等（按：叶氏当时是针对大学一年级说的，其实，中小学的情况也一样）"另有目标"，需要作文范文来学习纯粹的写作技巧。范文怎样选？分类不要太复杂，"叙事、说理、表情、达意"，四类即可。按我的理解，"达意"可以去掉，因为其他三类都要达意。篇数不必多，一年读30篇，每类的训练则要充分，一定要学会这种文体才学另外一种文体。读的要求是"熟"，不熟就不知道范文的技巧在哪里。

　　编写作文精读范文，选文一定要美，这是最重要的标准，无论什么情况都不能放松。作文范文的语言要含蓄蕴藉、简练深刻，生动形象，足以做学生作文的楷模。学生通过熟读背诵这些范文，自己动笔写作时开始可以直接引用借鉴，进而模仿运用，最后独立创作。就像韩愈学习六经、庄孟，柳宗元学习国、左、离骚一样，[2]最后形成自己的成熟风格。通过熟读背诵，含英咀华，体会领悟，模仿学步，最终学会作文。清人唐彪说："蜂以采花，故能酿蜜，蚕以食桑，故能成丝。倘蜂蚕之所采食者，非桑与花，则其成就必与凡物无异，乌得丝与蜜乎？乃知士人所读之文精，庶几所作之文美，与此固无异也。"他又说："所作之文之工拙，必本于所读之文之工拙，用不离乎体也。譬如颜色之美

---

1. 中央教育科学研究所编：《叶圣陶语文教育论集》第103-104页，北京：教育科学出版社，1980年8月第1版。
2. 清唐彪：《家塾教学法》第147页，上海：华东师范大学出版社，1992。

恶由于靛，未有靛残而色能鲜者，茶之高下系乎地，未有地劣而茶能优者。"[1]说的就是范文要美，学了之后才能写出好的文章来。

作文精读范文要选多少篇？不太容易给出一个人人都满意的数字。我们先看看历史的经验。最早为作文编的精读范文应该是南朝梁代的萧统组织编选的《昭明文选》，共选文700余篇（首）。此后的精读文选在此基础上有所减少。宋代出名的精读范文有真德秀的《文章正宗》正、续集各20卷，吕祖谦的《古文关键》60篇，吕祖谦的《东莱博议》86篇，谢枋得《文章轨范》66篇。清朝比较流行的精读范文有姚鼐的《古文辞类纂》75卷，余诚的《古文释义》144篇，李扶九、黄仁黼《古文笔法百篇》100篇，吴楚材、吴调侯的《古文观止》222篇。这是书籍的情况。

关于这方面的论述也不少。如清人唐彪说："学者苟能分类读文，不使此类重叠过多，以至彼类有所欠缺，则三百篇无乎不备矣！"[2]清代张英"一门十进士"，家庭教育非常成功，他教育子弟读文、作文的经验是："读文不必多，择其精纯条畅，有气局词华者，多则百篇，少则六十篇。神明与之浑化，始为有益。"[3]叶圣陶的观点是一年30篇，如果是三年，则是90篇。朱光潜先生的观点是100篇。黄光硕说："如果学生的脑子里能贮存几百篇熟读成诵的好文章，语文能力是肯定可以提高的。"[4]

从这些书籍和论述看，精读范文的篇数从60篇到300篇甚至更多。时代不同了，今天的学生要学的东西很多，长大后从事的职业也很多。古代是自古华山只有读书作文、升官发财一条路，现在是三万六千行，行行出状元。从理想的境界来说，如果能精读范文300篇，甚至更多，效果当然会更好。但是根据今天的时代特点，不妨将标准定得低一点，我

---

1. 赵伯英、万恒德：《家塾塾教学法》[M].上海：华东师范大学出版社，1992：91.
2. 赵伯英、万恒德：《家塾塾教学法》[M].上海：华东师范大学出版社，1992：90.
3. 肖阿如、郭明芬：《论张英的语文教育思想》，《语文建设》2016年第3期第65页。
4. 黄光硕：《语文教材论》第32页，北京：人民教育出版社，1996年3月第1版。

觉得100篇左右比较合适。如果学生还有精力，可以再增加一些，自己长大以后也可以再背一些。对这100篇范文要求人人熟读成诵，了然于心。每篇范文字数最好不要超过1000字，短小精悍的文章便于背诵，便于学习。中国几千年文明中经典名篇多是短文。上述古文选本，选的基本上也是短文。能读短文，也能读长文；能写短文，也能写长文。

过去和现在的通用语文教材有没有可以做精读范文的课文呢？有，只是不多。如课程改革之前的老高中课文李乐薇的《我的空中楼阁》、黄河浪的《故乡的榕树》、徐迟的《黄山记》、峻青的《雄关赋》，前面提到的苏教版课标教材、人教版课标教材和教育部的统编教材里那些有文采的文章应该都可以。另外，张抗抗的《埃菲尔铁塔沉思》、魏明伦的《饭店铭》、贾宝泉的《月轮高》、柯灵的《画意绵绵》、胡品清的《我藏书的小楼》、庞俭克的《谒黄花岗》、田亚杰的《纯白的病房》、郭保林的《岱崮山之梦》等也是很有文采的文章。

作文精读范文怎么编？分类分组可简单一些，我觉得可在叶圣陶的基础上再简单一点，就可只分叙事、议论两大类，各50篇左右。这两类文体是基础，这两类文体会写了，其他文体自然也会写。相对说来，议论文过去重视不够，现在应该加强。因为人们在生活和工作中，要发表自己的见解，要让别人接受自己的观点，写议论文的能力非常重要，其重要性要超过抒情、叙事。议论文主要选一般的议论文，如《简笔与繁笔》《纳谏与止谤》《作家要铸炼语言》等，也可以考虑选一些学者讨论普通问题的文章。呈现方式以评点方式比较好，这是古人的成功做法，应该是适合作文教学的方式。古人的评点有繁有简，今天评点以简明扼要为好，把优点点出即可。

怎样学习范文呢？基本的方法就是反复阅读，用心揣摩。程端礼说得比较详细。详见上编第四章第一节。先把握韩愈代表作的立意和内容，再学习形式和技巧，烂熟于心，一生为用。这是正确的学习范文的方法。基本上可以说，这是古人学习范文的通常做法。

每篇范文，建议用2课时，主要由学生读，要读得很熟，最好能背诵，甚至倒背如流。老师可以用一点时间稍微讲一讲范文好在哪里。新文化运动以来，我们的学生作文水平不高，根本原因可能就是精读的范文不够。学生肚子里没背几篇优秀的文章，作文时哪里会有漂亮的语言、巧妙的手法！所以说，范文精读，是今天作文教学最要重视的一点。我们要有这样的基本理念，熟读范文是提高作文能力的关键因素。范文读得多、读得透，写好作文是迟早的事；范文读得少、读得浅，恐怕永远写不好作文。

第四节 集中训练（知识技巧的学习和整文的写作训练）

一、为什么要把集中作文放在后面

我们把作文训练安排在白话文教学的最后阶段（大致相当于现在的初中阶段），是因为作文是现代汉语教学内容中最难的一项。作文是用语言表达自己。而要表达自己，肚子里先要有可用于写作的素材，也要有充足的可用于表达的词汇储备。只有当学生的阅历和白话文的词汇量达到一定程度的时候，学写作才会比较有成效。正是出于这两点考虑，我觉得小学就开始学写整篇作文不合适。下面具体说一说。

（一）*作文关乎阅读、阅历和胸襟。*
作文不只是技巧和训练的问题，更是阅读和思想境界高低的问题。文章能写什么内容，能写到多好的程度，与自己在阅读中吸收了什么营养有关，也与自己的人生阅历和胸襟有关，三者同样重要。因此真正的集中作文之前要重视广泛阅读、丰富阅历和修炼情怀。

1. 阅　　读

阅读要多，古人所谓读万卷书，学富五车。只有读得多，才能见到更多的只有在书中才能见到的陌生世界。同时要读得深，读得透，读得熟，这样，书中的精华才能变成自己的思想。古人把书分成经、史、子、集四类。经书是圣贤思想的结晶，读经书是为了培养正确的判断是非的标准。史书主要是《史记》《资治通鉴》《国语》《战国策》及当朝的断代史，读史知兴替，主要从古人那里学习成败得失的经验。诸子著作和集部的书，读了可以丰富自己的思想，开阔自己的视野。

今天常把书分成自然科学和社会科学两类，有时则分为虚构和非虚构两类。今天的图书比古代更丰富，更易得，可以说要什么书就可以找到什么书，这是今天读书人的福气。只要你愿意读，书有的是。总的说来，读书越多越好。但也要注意有所侧重，要精读、细读、研读一些书。

阅读是教育中最重要的问题，对人的一生影响甚为深广。我们可以从中获取大量的自然科学和社会科学知识。在一般人的知识结构中，通过阅读（老师的教学是帮助阅读）获得的知识比通过实践、实验和在生活中耳闻目睹获得的知识要多得多。我们的知识学问、情趣爱好、道德境界、价值标准、审美趣味很多都来自书本。这些阅读获得的知识就是自己作文的重要内容。同时，优美的语句、丰富的词汇、深刻的哲理也往往是在阅读中获得的。没有广泛而精深的阅读，没有博览群书的经历，写文章既很难有令人耳目一新的内容，也无法有让人赏心悦目的形式。

隋朝时有一个读书人叫杜正藏，他作文神速，曾令好几个人并执纸笔，各题一文，正藏交替口授俱成，皆有文理，如同宿构。这好像今天棋坛大师同时同几个人赛棋一样。有人问正藏："你作文又快又好，是天才吗？"他说："哪里是天才，我靠的是苦读。书读多了，又烂熟于心，每逢作文时，好句子就像石缝里的泉水汩汩流出来了。"[1]由于读得

---

1. 林白、朱梅苏：《中国科举史话》第12页，南昌：江西人民出版社，2011年3月第6版。

多，读得熟，作文需要的主题、语言、结构、章法、技巧全都一下子跑过来了。

今人林语堂也认为，要写好作文一定要多读书。他把作文比作妇人育子，"必先受精，怀胎十月，至肚中剧痛，忍无可忍，然后出之"。而"多读有骨气文章有独见议论，是受精也"，"多阅书籍，沉思好学，是胎教"。[1]要想生孩子，先得受孕，怀胎十月，不断地给胎儿营养，这是一个不可缺少的过程。没有孕育的过程，也就没有新生儿的降生。作文也一样，要想写好作文，先得读好书。

张志公说："说到最根本处，要提高学生的写作能力，还得从阅读教学入手，从基本训练入手。阅读教学搞得好，基本训练搞得好，学生一定会具有较好的表达能力，作文教学的根本问题就可以迎刃而解了。"[2]可谓说到点子上了。

当学生阅读不充分、语感不强时，即使要他写作文，也是写不好的。小学阶段应该属于这种情况。斯霞是小学语文教学大师，从二年级下期开始教写作文。[3]效果是不是都很好呢？她的学生作文里有这样的话：

①昨天，有个法国阿姨，到我们学校里来参观，**法国阿姨是女的**，我们请她坐小汽车。

②向日葵一天一天的长大了，有的**比老师还高**，有的**比同学还高**。

③……有一天，我下课的时候，到厕所里去小便，看见一个

---

1. 周纪焕：《现代作家语文教育思想论》第133页，北京：语文出版社，2008年7月第1版。
2. 叶圣陶、吕叔湘、张志公：《语文教育论文选》第180页，北京：开明出版社，1995年9月第1版。
3. 崔峦、陈先云主编：《斯霞、霍懋征、袁瑢语文教育思想与实践》第102页，北京：人民教育出版社，2003年1月第1版。

小朋友小便在外面了，我就对他说："以后不要小便在外面。"[1]

当然，这样的作文是少数，但它说明一个问题，再过几年，当阅读丰富一些的时候，还会不会出现这样的毛病？斯霞自己也认为，"在他们的知识水平和生活阅历没有达到一定程度的时候，"写出这样的话，"是可以原谅的，既然这样，就不必苛求他们。"[2]既然这个年龄阶段出这样的毛病在所难免，那么这样的作文训练对孩子来说又有多大用处呢？写作是以充分阅读为基础的。读得不够多，读得不够熟，是不可能写好作文的。不适宜在这个阶段做的事，硬要安排在这个阶段做，对师生来说，只是浪费时间而已。按《学记》的说法，这是"陵节而施"，其结果必然是"坏乱而不修"。

2. 阅　历

古人所说的"行万里路"就是说阅历。不同的地方有不同的自然风光，不同的物产，不同的风俗习惯，只有亲眼见到了，才会有真切的感受，深刻的体验。司马迁写《史记》，书中牵涉的地点、人物、事情，都尽可能地到现场考察、访问，以获得第一手资料。徐霞客热爱大自然，游遍祖国大好河山，写出的《徐霞客游记》充满个性和魅力，无书能比。现在的物质条件足够发达，常常去外面看一看，走一走，回来之后眼光、见解就不一样了。

旅行是生活阅历的一部分。生活阅历还包括自己在长住地的独特生活经历，如农村还是城市，南方还是北方，海边还是内地。当然也包括自己生活地点的变化和迁移。经常生活在城里的人，要写出《山乡巨变》《暴风骤雨》应该不容易；从未去过监狱的人，应该也写不出《红岩》。溥仪的生活很独特，所以他的《我的前半生》，很多人爱看。

---

1. 崔峦、陈先云主编：《斯霞、霍懋征、袁瑢语文教育思想与实践》第108页，北京：人民教育出版社，2003年1月第1版。
2. 崔峦、陈先云主编：《斯霞、霍懋征、袁瑢语文教育思想与实践》第108页，北京：人民教育出版社，2003年1月第1版。

对青少年而言，要有意识地丰富自己的生活经历，不要错过拥有新鲜经历的机会。当然，丰富阅历这个事，也要注意随遇而安，顺其自然，有些东西是刻意不来的。

生活阅历对写作来说也是非常重要的，阅历简单、足不出户的人很难写出有思想、有见地、影响深远的作品。叶圣陶说："准备工夫不仅是写作方面纯技术的准备，更重要的是实际生活的准备，不从这儿出发就没有根。"[1]说明阅历对写作的重要性。

没有博览群书和阅历丰富这两点，即使天天写，也写不出好文章。这是铁的定律，古今中外，无一例外。沈从文说："一个作者他的文章能写得很出色，并不仅是'成天写'，或是'欢喜文学'。他必需脑子里有许多可写的，充满了各方面的常识，对人事具透明的理解。他知道问题，方写得出问题，并不是他写了，就知道。"[2]茅盾也有非常相似的劝诫："与其多费精力于'习作'，不如多读书；与其死板板地在'习作'上追问自己有无进步，不如反省一下自己'鉴赏'的能力有没有进步。自然，这不是说，完全不要'习作'。"[3]两位文学大师实际上就是在教导我们，并不是写的越多，写的能力就越好，真正要写好，要从阅读和阅历方面下功夫。

叶圣陶在《作文论》中说："有了优美的原料可以制成美好的器物，不曾见空恃技巧却造出好的器物来。所以必须探到根本，讨究思想、情感的事，我们这工作才得圆满。"[4]叶圣陶把作文比作制器，想要制成美好的器物，必得先有优美的原料。作文也一样，先得有高质

---

1. 叶圣陶：《叶圣陶语文教育论集——拿起笔来之前》，北京：北京教育科学出版社，1980年版，第464页。
2. 周纪焕：《现代作家语文教育思想论》第132页，北京：语文出版社，2008年7月第1版。
3. 周纪焕：《现代作家语文教育思想论》第243页，北京：语文出版社，2008年7月第1版。
4. 李杏保、顾黄初：《中国现代语文教育史》第119页，成都：四川教育出版社，2004年8月第3版。

量的材料，才有可能写成好文章。而这高质量的材料，皆从阅读和阅历中来。

　　清人黄宗羲强调要先做人后做文。他说："余尝定有明一代之文，其真正作家不满十人，将谓此十人之外，更无一篇文字乎？不可也。故有平昔不以文名，而偶见之一二篇者，其文即作家亦不能过。盖其身之所阅历，心目之所开明，各有所至焉。而文遂不可掩也。然则学文者亦学其所至而已矣。不能得其所至，虽专心致志于作家，亦终成其为流俗之文耳。"[1]在黄宗羲看来，作家有两种，专心于作家和无心于作家。专心于作家者，把写作当事业，把著书写文章当日常工作，阅读不止，笔耕不辍。极端的例子如乾隆皇帝，一生写诗四万多首，平均一天超过一首，最终无一首诗入流，没有哪本文学史把他归入诗人。无心于作家者，自己有写作以外的事业，每天从事着非文字的劳动，遇到一件特别震撼的事情，经历一次九死一生的遭遇，或过着与众不同的生活，一旦发而为文字，或者没写文字只是口头说说，由好事者写成文字，就是奇文，甚至千古名篇。极端的例子也不是个别，如刘邦一辈子只写过一首诗，或者更准确一点说是很有感慨地说了几句话："大风起兮云飞扬，威加海内兮归故乡，安得猛士兮守四方。"历史就永远记住了这几句话，因为当时说话没有标题，后人则根据它的前二字题名《大风歌》。这是无意写诗而写的诗。乐毅是将军，一辈子带兵打仗，历史上没有记载过他平日有过舞文弄墨的生活。他帮燕昭王报了强齐伐燕之仇，在几乎要灭掉齐国之际，被新任的燕惠王猜忌。为了保命，只好投奔赵国，留下《报燕王书》成千古绝唱，这应该也是乐毅一生唯一的作品。这种无心插柳的例子历史上还有不少，如秦李斯要被赶了而写《谏逐客书》，项羽要死了感慨而发《垓下歌》及虞姬的和歌等。这些作品之所以名垂青史，主要是作者阅历与常人不同。众多口述历史也一样。这

---

1. 张祥浩：《中国传统思想教育理论》第316，南京：东南大学出版社，2011年1月第1版。

与李贽的观点一致。李贽在《杂说》中说："且夫世之真能文者,比其初皆非有意于为文也。其胸中有如许无状可怪之事,其喉间有如许欲吐而不敢吐之物,其口头又时时有许多欲语而莫可所以告语之处,蓄极积久,势不能遏。一旦见景生情,触目兴叹;夺他人之酒杯,浇自己之垒块;诉心中之不平,感数奇于千载。既已喷珠吐玉,昭回云汉,为章于天矣,遂亦自负,发狂大叫,流涕恸哭,不能自止。"[1]

3.胸　襟

胸襟是胸怀、气量,是态度、境界。胸襟和读书有关,读的书好,胸襟就高;胸襟与阅历有关,见的越多,胸襟越宽。胸襟也与出身有关,父母胸怀坦荡,光明磊落,孩子也不会猥琐鄙陋,自私狭隘。胸襟还和自己的日常生活有关,每天看什么电视,上什么网,和什么人在一起,也会耳濡目染,渐陶渐渍,近朱者赤,近墨者黑。常和伟人在一起,自己不知不觉会伟大;常和小人在一起,自己不知不觉会渺小。胸襟也与教育有关,接受什么样的家庭教育和学校教育,就会有什么样的胸襟,即使没有完全成为教育的样子,也一定会受影响。

胸襟决定人的判断和决策,也决定作文的精神气象。有什么样的胸襟,就有什么样的文章。言为心声,文如其人。作文表达的是自己的思想、观点和愿望,叙写的是自己的人生经历,抒发的是自己的感慨和情怀。因此,自己是什么样的人,就能写出什么样的文章;自己有什么经历,就能写出什么内容的文章。杜甫不论穷达顺逆,想的都是天下国家黎民,因此他的诗都是爱国主义典范。清人沈德潜说:"有第一等襟抱,第一等学识,斯有第一等真诗。"[2]

王国维在《文学小言》中说:"无高尚伟大之人格,而有高尚伟大

---

1. 谢保国:《中国古代语文教育史稿》第459页,银川:宁夏人民出版社,2009年3月第1版。
2. 于漪:《于漪与教育教学求索》第98页,北京:北京师范大学出版社,2006年4月第1版。

之文学，殆未之有也。"[1]讲的也就是胸襟与文学成就之间的密切关系。李贽在《童心说》中说："天下之至文，未有不出于童心焉者也。"[2]这是说伟大文学作品出自真情实感。

胸襟可以培养。应该从"小我"走出来，走向他人和社会，走向无限宽广的世界和未来！

（二）写作与词汇的掌握有密切关系

丰富的词汇对写作的关系至为重大。一个人掌握的词汇越多，写出的文章就会越准确、越优美，因为词汇是表情达意的基本单位，心中的同义词越多，则表达越清晰明白。所以写作教学要抓的第一个重点是丰富词汇。前文说的现代汉语阅读教学的第二项内容学习书面词语，实际上主要目的还是为写作服务的。因为光提现代汉语作品的阅读能力，能识二三千常用字，基本就能阅读一般的白话文了。如果喜欢读书，经常读书，那么白话文的阅读就可以达到较高的境界。写作则不一样，书面表达需要词汇和语句作凭借。因此可以说，学词汇的主要结果是为写作服务，次要结果是为高级阅读服务。可以说学现代汉语的核心任务和主要目标就是掌握足够数量的现代汉语书面词汇。课堂上学会了丰富词汇的方法之后，课外阅读可以学习一部分词汇，日常生活如上网、交友、旅游、看电视等也可以学习一些词汇。一般人学习词汇的重要途径应该是语文课堂。

丰富词汇的第一个渠道是在学习常用字的时候。学常用字，实际就是将口语中已掌握的词（懂得它的读音和意义）写出它的形体。形、音、义结合后就可以说基本上掌握了这个口语词，之后就能在日常生活中运用了。这样学习的口语词有几千。根据北关实验学校1958年的调

---

1. 喻天舒：《王国维郭沫若与儒教》第86页，北京：北京大学出版社，2009年3月第一版。
2. 谢保国：《中国古代语文教育史稿》第459页，银川：宁夏人民出版社，2009年3月第1版。

查，半数以上的五六岁儿童在口语中已经能够运用4993个词。[1]当然，多音字还要学它的其他读音，多义字还要学它的其他意义。学常用字时应该可以增加一些略带书面色彩的词语，数量大致能够达到二千左右。大致可以说，到二年级时，学生掌握的口语词和略带书面色彩的词语大约是7000个，这些词语在作文中大都可以运用。如果学生没有语文热情，老师教语文不得法，二年级之后学生新词汇增加的幅度非常有限。换句话说，学生日后的作文基本上是在这些口语词中选来选去，一篇作文能够用几个略带书面色彩的词语已经能够让人耳目一新了。学常用字阶段要学很多富有表现力的词语应该不容易。

第二个渠道是集中学现代汉语书面词汇的阶段。如前所述，我的初步设想是，安排200篇课文，6000个词汇，3年时间。在这个阶段，除了学会安排的词汇之外，还可学会从陌生文章学习书面词语的方法，并且可养成通过阅读丰富词汇的习惯。

第三个渠道就是四年级以后的范文精读和古诗文学习。范文精读里的课文都是语言优美、写作技巧突出的典范文章，从这里应该可以丰富数量不少的词汇。从古典诗文里学得的词汇基本是文言词语，也有不少能够运用到现代汉语里来。

第四渠道就是课外阅读。如果是一个热爱语文、喜欢作文的有心人，从课外阅读中可以学到大量词汇，远远超过前面三种渠道学到的词语的总和。绝大多数作家就是这样。一般人从课外学到的词语可能很有限。因此，真正要获得写作所需要的足够量的词汇，除了认真抓好三种课堂之外，课外阅读值得好好利用。甚至可以说，高超的写作能力与课外阅读密切相关。谁的课外阅读质量高，数量多，谁的写作能力就能达到比较高的水平。

集中进行作文训练阶段不太容易丰富很多词汇了。

---

1. 王昆、王振芳等编著：《集中识字二十年》第83页，北京：人民教育出版社，1982年。

二、古代集中作文的做法

古代的作文大概可以分成三大块：早年的作对和作诗训练，生活中的实用文契写作，成人之后为考试而进行的训练。

诗歌由于押韵上口，适合儿童的年龄特点，因此是早期教育的内容。儿童识字之后就读诗，有的甚至以通俗诗为凭借来学识字。对联是诗歌的组成部分，读诗的同时可以学对联，也可以在读诗之前用一段独立的时间学对联。

生活中买卖文契、用工合同等属于应用文，认识了常用字，再看看例文，写作起来不会困难，一般不用专门训练。

古人花时间最多的是为考试进行的训练。因为考试存在着激烈竞争，文章要出类拔萃才能胜出。上编第四章介绍了元代程端礼的《程氏家塾读书分年日程》。程端礼主张学习时期的最后阶段集中学作文。具体说来就是，作文之前先精通包括四书五经在内的十三经原文及注疏，再熟读《资治通鉴》，参看《史记》《汉书》《唐书》《唐鉴》，对于这些史书，"虽不必如读经之遍数，亦虚心反复熟看。"下面就是读韩文、楚辞和集中学写作文的时间了，大概四年左右。训练内容：韩文70篇之外，更看全集；选看欧阳修、曾巩、王安石三家文体；柳宗元文先看西山所选叙事议论（即《文章正宗》所选），次看全集；苏洵文，皆不可不看。其余诸家之文，不须杂看。此是自韩学下来渐要展开之法，看此要识文体之佳耳。如欲叙事雄深雅健，可以当史笔之任，当直学《史记》《汉书》。先读真《文章正宗》，及汤汉所选者，然后熟看班、马全史。此乃作纪载垂世之文，不可不学。后生学文，先能展开滂沛，后欲收敛简古甚易。若一下便学简古，后欲展开作大篇，难矣。

有了充分的经史阅读作基础，可以为作文提供丰富的材料；又熟读了古文大家的代表作，深研了他们的写作艺术，作文方法和技巧也已具备了。可以说这时作文已有了充分的基础，于是可以专学应试作文了。

当时科举考试牵涉的文体有经问、经义、古赋、策问，每种文体都要作充分的训练，阅读范文，研究其独特的写作规律，十天一个周期，读看九日，写作一日。这种应试训练应该超过一年。

程端礼认为，"作文事料，散在经史子集"，所以写作之前充分阅读，到时作文不愁无话可说。他认为当时学校教学不规范，老师随心所欲，教多教少，教前教后，没有定规。刚开始读书，就学作文，因为没有基础，所以作文年年写，年年写不好，到老还是写得不成样子。程端礼认为，有了充分的读书作基础，写作就有了正确的观点和可靠的材料，再集中用两三年时间学习写作方法和技巧，写好文章是水到渠成的事。就好像先有播种，辛勤耕耘，收获是一定有的。如果想找捷径，求速成，本末倒置，先后失序，阅读和写作交错进行，就会和世俗不懂求学规律的人一样到老还一事无成，读书没学会，写作也没学会。

程端礼的做法也许可以说是中国古代最完善的做法，其基本形式是学习的最后阶段用几年集中作文。

三、近现代的作文训练安排

（一）人教版课标教材（小学到高中）的作文体系

人教版课标教材作文训练的安排是：小学和初中只布置作文题目，在题材内容方面进行提示，到高中才集中介绍作文知识和写作技巧。

1. 小学和初中

人教社的这套初版课标教科书小学和初中的作文训练一般只布置题目，没有系统的写作知识介绍。小学和初中共有四次介绍写作知识，小学两次在五年级上册，一是第七组提到读后感的写法，一是第八组提到梗概的写法，并且，这两个地方都没有标题。初中两次是在九年级上册，第二单元的《写好演讲稿》和第五单元的《学写调查报告》。

小学三年级开始到六年级结束四年八个学期，一学期八次作文（六年级下学期只有5次），再加初中整整三年，每次只是要学生写，不介绍写作方法和技巧。老师在布置题目时也许会讲一点写作知识，但一般老师绝对没有系统训练的思想，并且多数初中、小学老师不会教高中，或者连高中的语文书都没有，怎么知道高中语文安排的作文体系呢？所以小学和初中只是让学生写、写、写，基本是暗中摸索。这样的作文训练可以看作是让学生写放胆文，让学生自己去发挥。这样做，基本上没有完整严密的训练计划，学生写作能力能否提高是顺其自然、听天由命的事，结果不好预期。这是为作文而作文，学语文不安排作文训练说不过去，于是就这么做。

2. 高中必修

人教社高中语文教材开始安排写作知识，每册4篇，共20项，它们是：《心音共鸣　写触动心灵的人和事》《园丁赞歌　记叙要选好角度》《人性光辉　写人要凸显个性》《薄酒九曲　写事要有点波澜》，《亲近自然　写景要抓住特征》《直面挫折　学习描写》《美的发现　学习抒情》《想象世界　学习虚构》，《多思善想　学习选取立论的角度》《学会宽容　学习选择和使用论据》《善待生命　学习论证》《爱的奉献　学习议论中的记叙》，《解读时间　学习横向展开议论》《发现幸福　学习纵向展开议论》《确立自信　学习反驳》《善于思辨　学习辩证分析》，《缘事析理　学习写得深刻》《讴歌亲情　学习写得充实》《锤炼思想　学习写得有文采》《注重创新　学习写得新颖》。

每篇都有"话题探讨""写法借鉴""写作练习"几部分。其不足是：一、多数标题的两部分之间没有必然联系，二、没有整篇的范文，只有零散片段，三、作文知识不充分，理论不丰富，只是就例子点到为止而已，没有展开分析介绍。

3. 高中选修：文章写作与修改

共四章。第一章《写作的多样性与独特性》，包括三节"写出自己的个性、联想与想象、学会沟通（谈写作时心中要有读者）"。第二章《材料的使用与处理》，包括三节"从素材到写作内容、材料的有机转化、材料的压缩与扩展"。第三章《认识的深化与成篇》，包括三节

"捕捉动情点、理性思维的深化、培养创新意识"。第四章《文章的修改与完善》，三节是"整体的调整、局部的完善、语言的锤炼"。

　　例文基本是学生之作，可供参考，不是很好的学习榜样。没有提供足够的经典名篇作范文，是本套写作教材的重大不足。

　　为什么安排这四章内容，给人的感觉是随意的，是编者对这四个内容有兴趣，手头也有资料，说起来能言之有理。因为这四个方面似乎不是全部的写作知识，也似乎不是最重要的写作知识。这是本套写作教材的第二大不足。

　　单凭人教社这套写作教材恐怕不容易培养出真正的写作能力，师生还得另想办法。

（二）苏教版课标教材（从小学到高中）的作文体系

1. 小　学

　　苏教版小学语文的作文基本上是布置一个题目，提示一下写作内容，没有写作知识和技巧的系统介绍。这与人教版的小学和初中一样。

2. 初中语文的作文训练体系

　　七年级上册："有感而发""说真话，抒真情""从生活中找米""观察和描写景物的特点""简单地说明小制作""想象"。七年级下册前五个单元："观察人物特点，写出人物个性""记事写人线索清楚""观察和描写事物特点""抓住特点介绍动物""写消息"，第六单元是自由作文，没有作文知识。八年级上册前五个单元："写清楚一件事的起因、经过和结果""有详有略，详略得当""合理安排文章的结构""写参观游览的文章""记叙中结合抒情和议论"，第六单元是自由作文，没有作文知识。八年级下册："运用联想，丰富写作内容""写简单的议论文""写简单的说明文""写人记事突出中心""从生活中提取有价值的写作素材""写简短的演讲稿"。九年级上下册的作文都附在"综合学习与探究"里作最后一项，一般只有题目和要求，没有写法提示，也没有写作方法和规律的介绍。初中共22个知识点。

3.初中语文的作文修改体系

苏教版初中语文教材就作文修改另立一个体系。前两年四册书各讲一个专题，共四个专题，它们是"词语的修改、句子的修改、标点的修改、语段的修改"。每个专题又各用四个单元来详解和一个单元来总结。如"词语的修改"由"通过读修改、介绍修改符号、修改要认真，注意全篇的安排和具体的语言表达"组成，第五单元是总结，题目是《修改作文专题训练 词语的修改》。"句子的修改"由"重视句子的恰当组织、把句内重复多余的词语删去、着重注意句内词语的合理搭配、要注意有没有滥用文言词语的现象"组成，第五单元总结，题目是《修改文章专题训练 句子的修改》。"标点的修改"由"要重视标点符号、句号和逗号、怎样学习标点符号、标点符号的书写规范"组成，第五单元是总结，题目是《修改文章专题训练 标点符号的修改》。"语段的修改"由"要结合上下文语言环境来考虑、议论文中心句的修改、注意段内之间的相互呼应、语段中心句的修改"组成，第五单元是总结，题目是《修改文章专题训练 语段的修改》。前四册教材第六单元没有修改文章的内容。

九年级上下册取消了《文章修改》，各设一个《修改文章专题训练》，位于第四组之后。上册是《结构的调整》，下册是《文章的综合修改》。

4.高中必修

苏教版高中必修的写作体系有两项，一项是每册安排一篇"写作观"，五册的"写作观"是"你的生活很重要""独立思考，善于发现""写作，也是对话""言之无文，行而不远""人文情怀与公民意识"。另一项是每册安排四个单元（必修三只有三个单元）的"写作指导"，共19个，它们是"激活我们的诗情""鲜明的观点是议论文的灵魂""夹叙夹议，枝繁叶茂""写难状之景如在目前"，"用墨如泼与惜墨如金""恰当选择叙述的角度""准确、及时与便捷""看好处，说门道""生成诗歌的意象""写出人物鲜明的个性""为观点提供有力的支持""让说理更令人信服""要有描写意识""文学短评的写作""演讲稿，写给听众""说明要说得明白清楚""写出你的真情实感""学会分析""让你的认识更加深刻"。"写作观"和"写作指导"共安排24次。

5. 高中选修

苏教版的选修有两门和写作有关，它们是《语言规范与创新》和《写作》。

《语言规范与创新》主要包括两部分：如何遵守汉语规范（包括语音规范、文字规范、词汇规范、语法规范），如何运用语言手段（包括语音手段、词汇手段、语法手段）进行语言创新。每个专题由导语、文本、资料链接、阅读与探讨、积累与应用5个部分组成。"阅读与探讨"一般是就"文本"和"链接"的文章安排一些思考题，"积累与应用"主要是相关的作业。十个单元是"守望精神家园""讲普通话是我们的骄傲""尊重并善待汉字""千锤百炼铸新词""句子的守法与变法""给语言绣上几道花边""小节不可随便""文章长短随君意""简明、连贯、得体""文章不惮千遍改"。

《写作》共七章，是"修辞立其诚——写真话，抒真情""借我一双慧眼——观察、选择、提炼""走好关键的前两步——审题与立意""世间惟有情难画——情感的传达""于细微处见精神——细节描写""文似看山不喜平——叙事贵曲""敢于说出'我认为'——论点与论据""论如析薪　贵能破理——议论文的分析""顺理而成章——议论文的结构""用形象说话——文学写作""言之无文，行而不远——语言的锤炼""好文章是改出来的——修改"。

（三）教育部统编教材（温儒敏总主编）的作文体系

1. 小　学

本套教材从三年级开始，语文园地的第1项是"交流平台"，多是关于读与写的知识。其中写作知识有：

三年级上册：第5单元谈怎样观察，第6单元谈中心句的安排。

三年级下册：第2单元谈寓言故事的特点，第3单元谈段落中心句，第4单元谈关键语句，第5单元谈大胆想象。

四年级上册：第3单元谈怎样观察，第5单元谈怎样写一件事。

四年级下册：第4单元谈"贬词褒用"（没指出这个名称），第5单元谈怎样写游记，第7单元谈语言描写和动作描写。

五年级上册：第5单元（作文单元）谈说明性文章的特点，第7单元谈静态描写和动态描写。

五年级下册：第5单元谈人物描写的方法，第7单元谈静态和动态描写。

六年级上册：第2单元谈点面结合的场面描写，第3单元谈根据目的来阅读和写作，第5单元（作文单元）谈围绕中心意思写。

六年级下册：第1单元谈详略，比较具体；第2单元谈作品梗概的基本写法，第3单元谈怎样抒情，第4单元谈好的开头和结尾。

一般都没有标题，篇幅短小，语言简洁。

2. 初　　中

本套初中教材每单元都有作文知识介绍和相应的写作训练，其安排如下：

七上：（1）热爱生活，热爱写作；（2）学会记事；（3）写人要抓住特点；（4）思路要清晰；（5）如何突出中心；（6）发挥联想和想象

七下：（1）写出人物的精神；（2）学习抒情；（3）抓住细节；（4）怎样选材；（5）文从字顺；（6）语言简明

八上：（1）新闻写作；（2）学写传记；（3）学习描写景物；（4）语言要连贯；（5）说明事物要抓住特点；（6）表达要得体

八下：（1）学习仿写；（2）说明的顺序；（3）学写读后感；（4）撰写演讲稿；（5）学写游记；（6）学写故事

九上：（1）尝试写诗；（2）观点要明确；（3）议论要言之有据；

(4)学习缩写；(5)论证要合理；(6)学习改写

九下：(1)学习扩写；(2)审题立意；(3)布局谋篇；(4)修改润色；(5)就戏剧话题作文；(6)有创意地表达

共36篇，比较齐全了。都有标题，也都短小明了。

3. 高　中

这套教材的选修课本现在（2020年）还没投入全面使用，市面上没有公开出售，我找不到书。我只见到必修上下册，选择性必修上中下册。

必修上册有5篇作文知识，它们是：一单元《学写诗歌》、二单元《写人要关注事例和细节》、三单元《学写文学短评》、六单元《议论要有针对性》、七单元《如何做到情景交融》。

必修下册有6篇作文知识，它们是：《如何阐述自己的观点》《如何清晰地说明事理》《写演讲稿》《叙事要引人入胜》《学写综述》《如何论证》。

选择性必修上册有3篇作文知识，它们是：《材料的积累和运用》《审题与立意》《学写小小说》，第4单元是《逻辑的力量》，没有安排作文知识。

选择性必修中册有2篇作文知识，即第1单元的《深化理性思考》和第4单元的《学写申论》。

选择性必修下册有3篇作文知识，它们是：《语言的锤炼》《说真话，抒真情》《文章修改》，第1单元没有安排作文知识。

高中必修和选择性必修共安排作文知识19篇，就内容而言，与其初中有重复。就形式而言，也都篇幅短小，简明实用。

（四）20世纪80年代《作文·汉语》体系

20世纪80年代人民教育出版社出版的三年制初级中学语文课本《作文·汉语》（第一版名为《写作》），全套教材将作文训练分解为36个点，大致分记叙、说明、议论和特殊文体四类。记叙14次：写自己熟悉的事情、记叙的要素、观察和选择、描写和叙述、写真人真事和虚构、记叙的顺序和中心、写人要写好人的行为和语言、记叙的详略、写景要抓住特点、怎样借景抒情、怎样剪裁、记叙比较复杂的事件、写两个人的关系、记叙说明议论的综合运用,议论7次:阐述清楚一个观点、讲道理要注意推理、阐述观点要突出中心、阐述观点要有针对性、论点和论据、立论、驳论,说明9次:说明事物的特点、说明的顺序、说明的准确性、说明的生动性、说明事物的状态、说明事物的本质、说明事物的发展变化、从几个方面说明事物、说明社会现象,特殊文体6次:学会写信、学会写新闻、学写通讯、学写调查报告、学写书评影评、学写社会生活评论、学写总结报告。每次作文的设计,包括知识短文、例文、作文范围和作文指导四个部分。这套教材每册安排一次练笔,六次练笔分别是:练笔是课堂作文的补充、养成练笔习惯、练笔也要推敲语言、练笔也要讲究构思、练笔也要注意立意、练笔的多功能;每册还安排两次修改训练,它们分别是:用词不当、搭配不妥、语序不合理、重复啰唆、句子表达有矛盾、中心句有毛病、思路不清、段与段不衔接、文白夹杂、空话套话。这是一个比较完整的作文训练体系,36个知识点大致概括了实际生活需要的书面表达的所有方面,每次作文设计分四个部分,符合认识规律,方便学生学习和训练,"练笔"从课内延伸到课外,激发学生书面表达的兴趣,十次修改训练培养学生自己修改作文的能力。

　　这套教材把作文训练集中安排在一起,虽然后来加入了汉语知识,但已经和语文阅读教学分开了,可以说,作文知识和作文方法技巧已经集中起来了。这套教材在《前言》里建议每周用2课时(初中语文每周6课时)学此书,除作文外,还有汉语知识和说话训练,实际上还是一种分散训练的思维方式。既然作文知识已经集中在一起了,完全可以进行集中训练了。

　　这套教材明显受当时主流语文教育思想的影响。当时的观点是初一重点学记叙文,附带学说明文,初二重点学说明文,兼顾记叙和议论两类文体，初三重点学议论文，兼顾记叙文和说明文，这套教材的安排就是按这种思路穿插进行的，记叙、说明、议论和特殊文体各册都有一点。加之，每册要训练6次，因此每册要安排6篇，所以这36个知识点有的有拼凑之嫌。

（五）职高语文教材的作文训练序列

新编职业高中语文教材分编四册，每册训练有所侧重，第一册侧重记叙能力训练，第二册侧重说明能力训练，第三册侧重议论能力训练，第四册侧重实用文体运用能力的训练。这套教材的训练序列如下：

记叙能力训练：1.记叙的方式和线索；2.记叙的中心和材料；3.记叙的人称和顺序；4.记叙中的描写和说明；5.记叙中的议论和抒情；6.记叙中的联想和想像。

说明能力训练：1.说明事物的特征；2.说明的顺序；3.说明的方法；4.说明的语言。

议论能力训练：1.论点和论据；2.论证方法；3.立论和驳论；4.议论中的记叙和说明。

若干实用文体运用能力训练：1.广播稿、解说词、演讲词；2.说明书、广告；3.记录、简报、纪要、综述；4.读书笔记；5.书信；6.计划、总结；7.调查报告；8.新闻、通讯；9.读后感、观后感；10.思想评论、文艺评论。[1]

这套职高语文教材的作文训练序列分散在四本语文课本中，两年时间完成，属于分散训练体系。当然，将其中的作文训练内容抽取出来，用一年左右的时间完成，就是集中训练的方式了。与人教社20世纪80年代的初中《作文·汉语》相比，这套教材突出了应用文体的训练，《作文·汉语》只提到书信、新闻、通讯、调查报告、书评、影评、社会生

---

1. 黄光硕：《语文教材论》第6页，北京：人民教育出版社，1996年3月第1版　此文写于1992年。

活评论7种,职高教材要求写20种应用文。就记叙、说明、议论三类文体的知识而言,《作文·汉语》安排30项内容,职高教材只安排14项内容,两者相差甚多,职高语文教材的安排则更为简洁概括。

(六)魏书生的写作知识体系

魏书生在《提高学生写作能力的七项措施》一文中介绍了他的写作体系:

我一直认为中学作文规范不宜讲得太多,讲多了束缚了学生手脚,反倒不会写文章了。

我将阅读知识、写作知识与批改要求三个方面统一为一体,共提出五方面,21点要求。中心三点:明确、集中、正确。选材五点:围绕中心、真实、典型、新颖、生动。结构三点:层次清楚、首尾照应、过渡自然。表达五点:记叙、说明、议论、抒情、描写,运用适当,符合文体要求。语言五点:通顺、准确、简练、生动、运用恰当的修辞方法。

每次作文指导一两项。比如:写《我们班上有雷锋》这篇文章,重点突出选材要围绕中心、要真实这两点要求。指导时,请同学们讨论,哪些材料是围绕中心的,哪些材料是偏离中心的。什么材料是真实的,要防止胡编乱凑。一篇文章突破一两点之后,别的文章指导时这一两点就一带而过,只在批改时再强调这已突破的知识点。

这21点要求,除表达5点之外,其余16点都可搞一次性突破。尽管其中个别知识点可以有更多更细的分枝,但那是学生读大学中文系之后才有必要研究的问题。个别确实对学生作文有实用价值的,简单介绍一下即可。如开头的八种方法,我简单地向学生介绍四种方法,结尾的五种方法,我介绍三种。四种开头和三种结尾方法,一次作文指导时就能说清,至于运用,那是长时期的事情。有的方法只是介绍,使学生有个大致的了解,启发其思路,也许学生一辈子不用一次。

表达的五点要求,下面还各有更细的分枝。如记叙六要素,说明的顺序与方法,议论的论点论据和论证之间的关系,散文的形散神不散,描写的多种方式等。这些细分枝的指导，结合讲解知识短文和讲课文进行，用的课时也很有限。如讲说明的顺序与方法，一课时即可。具体指导，在每次写说明文日记时，再说三言两语即可。

我觉得初中阶段掌握五方面21点写作知识，并能运用于写作实践也就可以了。[1]

魏书生是工作在一线的名师，写此文时教龄已20年，经验丰富。他说"其他内容可搞一次性突破"，"表达"的五个方面难一点，可能要多用点时间，我想，表达的五点，即使不能一次性突破，搞过三五次也是能够突破的。把表达方面的五点各分出一些细枝来进行训练也是可以的，如记叙6枝、说明4枝、议论4枝（同职高本）、抒情、描写各2枝，则5点变成了20点，加上前面16点共36个知识点，集中训练起来也很好安排。换句话说，魏书生的作文知识21点也是可以集中训练的。

四、我们设想的集中作文训练

古代的书面表达除了课对和写诗是在早期分散进行的之外，整篇作文的练习一般是集中进行的，程端礼、王筠、唐彪都是这么做的。近代、现代也有不少人认为集中练作文效果会更好。如梁启超就主张记叙文和论辩文应分期集中讲授。他在《中学以上作文教学法》说："我主张一学年有两学期。一学期教记叙言语。一学期教论辩文。由简单而复杂。记叙文先静后动。论辩文先说喻、倡导，而后对辩，论小事的在先，论大事的在后。"[2]黄光硕也说："为了适应写作训练的需要，可以在一定时间内比较集中的阅读同一体裁的文章，以便于学生揣摩文章的

---

1. 《特级教师魏书生和欧阳代娜的教书育人之道》第233页，南宁：漓江出版社，1996。
2. 林晖、周小蓬：《中国语文教育思想发展史》第195页，北京：北京大学出版社，2016。

写作方法。"[1]

至于训练多少项目，训练哪些项目，参考古代的经验和近现代的做法，不难做出明确的安排。

清代的《古文笔法百篇》介绍了20种作文方法，但方法本身论述得不够系统详尽。

苏教版的作文训练内容包含在初中、高中的两套必修教材和高中的两本选修教材之中。从文章写作到文章修改、从内容表达到语言润色、从记叙文到议论文，需要关注的都关注到了，内容完整而丰富。初中教材的修改系列和选修《语言规范与创新》体系严密、选材典型、表达精妙。如果将这四部分的内容集中到一本书里，内容稍作调整，重新安排结构和顺序，保留50个左右的写作知识点。就成了集中作文教材。

统编教材的作文训练以初中为最系统，小学和高中是准备和补充。这套训练体系没有例文和范文。就可以它的初中36项为基础，配上适当的例文就是一种集中作文教材。

《作文·汉语》的体系也可以成为今天集中作文训练的蓝本。将相同的文体放在一起，再合并一些知识点，根据现在的认识再增加一些知识点，就完全成了集中作文训练的教材了。我认为说明保留"说明的顺序、说明的准确性、说明的生动性"，增加"说明方法"，谈特殊文体的6篇可以去掉，这样共保留25篇，加修改做10次练习则得35篇，还可根据需要增加几篇，最后大约是40个左右的作文知识点。

将《作文范文精读》和集中训练整篇作文结合起来教学，同时进行，体系可能更见严密。具体做法是，某一个作文知识点有几篇范文，放在一起组合成一个单元，全书则是四五十个单元，有的单元一篇范文，有的单元几篇范文。先范文后练习，学生把本单元的所有范文读得很熟之后，再讲作文知识，最后写。可以写一篇，也可以写几篇。

---

1. 黄光硕：《语文教材论》第6页，北京：人民教育出版社，1996年3月第1版　此文写于1979年。

语文课程体系新构想

统编体系、《作文·汉语》体系、职高体系、魏书生体系都是简明扼要的体系，稍作增删调整就是一个集中作文训练体系。也就是说，只要我们有集中作文的想法，要弄出一个体系来，应该是不太困难的事。并且，体系研究出来之后就进行教学实践，可以在实践中不断修改完善。综合各家看法，我们觉得作文方法与技巧训练50项左右的知识点就可以了。每项内容3节课，先由老师讲1节课左右，然后再由学生练2节课左右。

假设作文教学总课时为500节，可这样分配：200节范文精读，150节作文方法技巧的学习与训练，30节学习对联，最后120节放在高考前练应试作文。组词、造句、片段训练等作文前期训练项目都在学现代汉语阅读中进行，即学常用字、书面词语中完成。

第八章　古代汉语阅读

古代汉语阅读包括两项内容，一是古诗词，二是文言文。我觉得古诗词在学校学300首左右就可以了，这一点新的课程标准语文教科书和部编教材都做得差不多了。文言文的学习则要加强，我的想法是，1节课学50个字左右，安排900节，可学4.5万字左右的古文，这个量是当今教材的2倍左右。虽然说古代诗词和散文也是学得越多越好，但在不能追求完美的情况下，能达到这个量也就不错了，学生阅读古籍的能力可以大致形成。

第一节　语文教学中古代汉语阅读的含义

在中小学的语文教学中，古代汉语只要求能够阅读，不要求能够写作，故标题为"古代汉语阅读"，实际就是古代汉语的意思（下文一般都简称为古代汉语）。语文教学中的古代汉语是指古代的书面语即文言文，包括韵文和不押韵的散文。韵文指诗、词、曲；散文指韵文以外的文章，经、史、子、集都包括在内，我们把可以选进教材的押韵的骈文和祭文也放在散文之中。进入中小学教材的古代汉语作品都应该是中国历史上的经典名篇。

学习古代汉语为什么要以书面语为教材？这是因为古代汉语书面语形式优美，内容纯正，语言精致，写法考究。古时文人写作"语不惊人死不休"，"吟安一个字，拈断数根须"，态度严谨，一丝不苟。写出来的作品语言简约，表达精练，意境纯粹，艺术高超。钱梦龙说："经过千百年时间淘洗而流传下来的那些脍炙人口的文言文（包括古代诗歌）是诗文中的极品，是中华民族文化遗产中的精华，表现在这些作品中的先哲们的崇高理想、美好情操，是我们民族引以自豪的精神财富。这些作品千锤百炼的语言，斐然可观的文采，匠心别具的章法，也都足以垂范后世，成为我们取之不尽的宝藏。"[1]这是说文言文文质俱佳，学习可以多方面受益。

　　从语文教材的历史来看，古代汉语教的都是书面语。孔子当老师，以五经为教材。到了汉代，独尊儒术，作教材的还是五经，其后一直如此。到了宋代，朱熹写了《四书集注》，此书被元人定为科举考试的标准用书，因此教材中就多了四书。其后一直到清末民初新学制的实施，作教材的都是五经四书。汉以后，也有重视《史记》《资治通鉴》的学习的。当然，也还有一些辅助教材，如《千家诗》《神童诗》《唐诗三百首》《文选》《古文观止》等。这些进入古代阅读教学视野的都是书面语。学写作，除了读上面提到的书之外，还要读诸子的书，读古文专家如唐宋八大家等的文章。这些书也都是书面语。这就是说在古代都是文言文作教材，白话再好都没有作教材的，宋话本、明拟话本、明清小说，都取得了很高的成就，但"三言""二拍""三国""水浒"都不曾做过学校教育的教材，因为它们浅显明白，不专门学习也能看懂。

---

1. 钱梦龙：《钱梦龙与导读艺术》[M].北京：北京师范大学出版社，2006：102-103.

第二节　古代汉语的学习目标

学习古代汉语主要是为了培养学生阅读普通古籍的能力。

普通古籍包括哪些书？简单地说，除了《书经》《诗经》《楚辞》《周易》《礼记》等特别难懂的典籍之外都是普通古书。具体地说，普通古籍主要包括：诸子著作如《论语》《孟子》《老子》《庄子》《韩非子》《墨子》《荀子》《世说新语》等，史学著作如《国语》《左传》《战国策》《史记》《汉书》《后汉书》《三国志》《资治通鉴》等，文学著作应该包括押韵的诗词曲和不押韵的散文。

为什么要培养学生阅读古书的能力呢？可以从以下几个方面来看。

在当今社会，生活和工作中有时还需要用到古籍。比如在中央电视台的"百家讲坛"栏目上，学管理专业的北京邮电大学老师赵玉平用《三国志》讲管理理论，搞外交的吴建平用《战国策》讲世界形势，理论和现实结合，当今与古代融通，观众看了眼界大开。这是专家用古书的情况。我们普通人也有翻查、阅读古籍的需求。如自己很崇拜或欣赏某个历史人物，想详细了解他的人生经历，最好的途径是看古书。再如，假设我们想了解当今某一制度、某一事情古人是怎么做的，也需要读古书。阅读古书，还能开阔视野、陶冶情操、提高品位，即叶圣陶所说的阅读古书，可以使人"胸襟推广"，"眼光深远"。他说，一个去过敦煌石窟的人，与没有去过的人相比，他的精神面貌绝对不会一样，这就是所谓"无用之用"。[1]所以说，能够阅读普通古书，中等层次的人

---

1. 叶圣陶：《叶圣陶语文教育论集》第49页，北京：教育科学出版社，1980年8月第1版。

才在自己的一生当中都有可能需要。

今人在研究探索自己所从事的行业的时候，有时会觉得有必要了解一下古人是怎么做的，是否能借鉴一下。这就有了读行业古籍的必要了，如《天工开物》《本草纲目》等。所以叶圣陶说，"阅读文言的能力，至少在受过普通教育与大学教育的人必须养成"，因为，"在他学习与从业的期间，或多或少，总得与文言乃至所谓古书打交道"。[1]

在今天的生活中，有不少场合是直接用文言表达的。如改革开放之初，廖承志给蒋经国写信谈国家统一大业，用的是文言；现在的祭文，一般也是用文言写成。现在国家级的颁奖典礼如感动中国年度人物、十大慈善人物、十大法制人物等授奖大会，颁奖辞都尽量用文言诗文写成。

学习古代汉语，对培养现代汉语写作能力也有帮助。张中行说，有不少的人认为，专从表达方面着眼，文言的财富比现代汉语雄厚，现代汉语想增加表达能力，应该到文言那里吸收营养；少数人甚至认为，如果不能吸收，现代汉语就写不到上好的程度。[2]基本上可以这样讲，古代汉语学得好的人现代汉语一定学得好。学习古代汉语能够增强现代汉语的写作能力，这是学习古代汉语的附带作用或次要目的。

但在今天，用古代汉语进行写作的能力已不宜作为中小学语文课堂教学的目标了。个别学生热爱中国传统文化，喜欢多读古文，希望自己能有文言诗文的写作能力，老师可以个别辅导。应该说，国家确实需要一定数量的会写文言诗文的专业人员。也可以肯定地说，青少年中一定有热爱中国古代文化的人，愿意学习文言诗文的写作。中学打下一定的文言基础，大学经过几年专业学习，再加上自己课外努力钻研探索，成年之后应该能够从事专业的中国古代文化的整理工作。

---

1. 叶圣陶：《叶圣陶语文教育论集》第36页，北京：教育科学出版社，1980年8月第1版。
2. 张中行：《文言与白话》第2页，哈尔滨：黑龙江出版社，1988年4月第1版。

第三节　古代汉语的比重

在2700个中小学语文总课时中安排1200节学古代汉语，比重是44.4%。这个比重是新文化运动以来最高的。下面我们略微看一下历史：

1982年修订的全国通用中学语文课本（五年制中学），白话文约占70%，文言文约占30%。文言文的课数90课左右，比原来增加了十几课。文言文在各年级的分配是：初中一年级约20%，初中二年级约25%，初中三年级约30%，高中35%至40%。这个课数同1963年编的中学语文课本选入的文言文课数相比，还不到三分之二。1963年的课本共选文言文150课，占总课数的40%以上。[1]

1996年的高中语文教学大纲安排现代文、文言文与外国文学作品的比重为5：4：1。[2]

21世纪以来几种重要教材的情况是：苏教版的课标教材（初版）的情况是，初中六册共有课文155篇，高中必修五册共有课文109篇（没有统计作文的情况），共264篇，文言文64篇，占24.24%。人教版的课标教材（初版）的情况是，初中六册共有课文171篇，高中必修五册共有课文65篇（没有统计作文的情况），共236篇，文言文60篇，占25.42%。教育部统编教材（温儒敏总主编）的情况是：初中共有课文141篇，高中必修上下册和选择性必修上中下3册合计5册（高中选修教材未面世，没统计）共有课文132篇（有的课文一课有二三篇文章），共273篇，文言文

---

1. 黄光硕：《语文教材论》第189页，北京：人民教育出版社，1996年3月第1版。此文写于1992年。
2. 洪宗礼、柳士镇、倪文锦主编：《母语教材研究》（2）第222页，南京：江苏教育出版社，2007年9月第1版。

61篇，占22.34%。

　　以上所列几个时期的文言比重都只算了中学的，没提小学，因为小学的文言文几乎可以忽略不计。苏教版课标教材小学没有文言文，人教版课标教材小学有3篇文言文，教育部统编教材小学有文言文14篇，但篇幅很短，总共1012字。我的理解是，在小学安排几篇文言文，只是让孩子见识一下而已，有个初步印象，为中学学习作铺垫。上面的统计数字，没有把诗词算进去。要是把诗词也算上，比重就大些。前面说的44.4%的比重是就整个中小学来说的，而且包括了诗。另外，以上所列几个时期的文言比重都是从课文的篇数算出来的，而44.4%这个数字是从教学时间的角度算出来的。两个数字进行比较虽然没有很精确的意义，但也基本能说明问题。过去文言太少，我们的设想确实增加了很多。

　　应该说按篇来算比重不是很科学。因为有的篇很长，如苏教版的《足下的文化与野草之美》10页，有的文言文课文很短，如苏教版的《赵普》只10行字、《人琴俱亡》6行、《田忌赛马》6行、《得道多助，失道寡助》9行。人教版的文言课文稍长一些，但无法和长的白话课文相提并论，如《邓稼先》《爸爸的花儿落了》《丑小鸭》都是10页。同样是一篇课文，篇幅长短差别非常大。为了使数字精确一些，使数字更能说明问题，下面我们用字数来计算文言文的比重。

　　为什么要提高文言的比重？

　　就重要性而言，可以说，古代汉语和现代汉语具有同样重要的地位。学现代汉语是读现代书籍，是用文字表达自己的情感与诉求。学古代汉语是读古籍，了解古代文化。两者都是汉语，都是母语，都是中华文化的物质载体。

　　从某种意义上又可以说古代汉语比现代汉语更重要。因为古代汉语比现代汉语难得多。就现代汉语而言，要读懂今天的图书，花上三五个月的时间，学会两三千常用字就能读了。并且也具有基本的写作能力了，如写微信、写QQ，表达交流已经八九不离十了。就古代汉语而言，要能读懂普通古籍，三五个月肯定不行，至少得十倍功力，起码三五年。古代要用古代汉语书面语写作，要二三十年才学得通。产生这种差别的主要原因是学现代汉语和古代汉语的原有基础和实践机会相差悬殊。因为难学，所以要多用时间。

中国人学习母语，既要学现代汉语，也要学古代汉语，甚至应该说学古代汉语更重要。因为中国的古代文化很多完全融入现代文化中了，或者说与我们今天的生活须臾不可分离了，比如："桃花源""龙王庙""嫦娥奔月""女娲补天""精卫填海""后羿射日""守株待兔""拔苗助长""三十六计""围魏救赵""五十步笑百步""君子有三乐""鱼与熊掌不可兼得""岁寒而知松柏之后凋也""君子坦荡荡"等，我们平常读书、看电视甚至说话开会也经常会碰到这些固定短语，如果我们完全不懂，我们的生活质量就要大打折扣。

自从白话文章进入语文教学的视野以来，就不断有学者提出异议，认为应该重视文言文的教学。还在民国时代，白话文进入教材不久，就有不少学者认为学校母语教育应以文言文为主，因为白话诗文即使不教，学生也能自学。如孟宪承（1894-1967）就力主文言，他草拟的1929年《中小学课程暂行标准》阅读的对象就着重在文言文。他认为"文学读本教材，应当以纯粹的中国文言文学为主体，语体文不必选，翻译文更不必选"。他认为文艺界尽管可以倡导白话文学，但"决没有因为文艺界盛唱一种思潮，便令全国十二岁至十四岁的学生，不能尽量享受固有的粹美的文学遗产之理"。[1]

改革开放之后也有不少人重视文言文。如南怀瑾先生的观点是，小学语文课，一二年级主要学《千字文》，三四年级主要学《幼学琼林》，五六年级主要学《古文观止》，整个小学应穿插学习、背诵《弟子规》《三字经》《百家姓》《千家诗》《诗经》等。初中语文主要学四书五经、诸子百家，重在《论语》《老子》。[2]我觉得南怀瑾先生这段

---

1. 顾黄初、顾振彪：《语文课程与语文教材》第10页，北京：社会科学文献出版社，2001年9月第1版。
2. 郭齐勇：《试谈中小学国学教育》《语文建设》2014（1）第11页。

话包括几个意思：其一，古代汉语中的这些内容对中小学生来说是很重要的，学文言文不能遗漏这些作品；这里提到的这些作品不是全学，是挑选其中的重要章节学，尤其是那些篇幅很长的经典著作；这里虽然没有提现代汉语，并不是说现代汉语不要学，现代汉语常用字词的学习、写作能力的培养是无论如何绕不开的。

韩军认为，一个不学文言的人，白话学得再多，说得再流畅，也不能说他学会了汉语。他的观点是，汉语的精华，一多半在文言之中，汉语的美妙，一多半体现在文言之中。[1]他认为"中小学语文教材应大幅度增加充分体现汉语言文化精神的古诗词古文的分量。"[2]

关于文言文的比重，刘国正先生私底下的观点是："初中教材可达50%，高中教材可达80%"。白话文教材嘛，学生看看就可以了，不必多花时间。[3]

近现代也有不少学校在教改实践中加大了文言文的比重，取得了可喜的成绩。北京景山学校在小学要求背诵名家名篇，中学重视古典诗词甚至《论语》《孟子》《古文观止》的学习，[4]上海育才学校，用2/3的时间学自编教材：初一《西游记》和《水浒传》；初二《镜花缘》《老残游记》和《儒林外史》；初三《红楼梦》和《三国演义》；高一《史记》列传、《四史》列传；高二策论文、记叙文、说明文；高三诸子文及史论。[5]这两所学校都是名校，也许不能说它们是因为重视文言文的教

---

1. 韩军：《韩军与新语文教育》，北京：北京师范大学出版社，2006年4月第1版，第55页。
2. 韩军：《韩军与新语文教育》，北京：北京师范大学出版社，2006年4月第1版，第120页。
3. 顾振彪：《刘国正先生关于中学语文教材编写的论述》，《课程教材教法》2017年第5期第20页。
4. 洪宗礼、柳士镇、倪文锦主编：《母语教材研究》1第336页，南京：江苏教育出版社，2007年9月第1版。
5. 洪宗礼、柳士镇、倪文锦主编：《母语教材研究》1第337页，南京：江苏教育出版社，2007年9月第1版。

学才成为名校的,但是可以说,因为加强了文言文的教学,使它们变得更加完美,因为这样可以培养出融通古今、全面发展的人才。

我国台湾地区也重视文言文的教学。台湾地区对文言文的重视程度总体上说比大陆要高得多。

在1972年课程标准的基础上,台湾地区于1983年再次对课程标准进行了修订。初中一、二、三年级语体文与文言文的比例由原来的7∶3,6∶4,5∶5变为一年级上学期8∶2,一年级下学期7∶3;二年级上学期6∶4,二年级下学期6∶4;三年级上学期5∶5,三年级下学期4∶6。虽然有增有减,但总体是重视文言的。

20世纪80年代,文言文在台湾地区的高中国文中所占比例,三年分别为60%、70%、80%。这样的安排,一方面固然与弘扬中华民族文化的教学目标有关,另一方面也与课程标准要求学生"能写作文言文"有关。相对于大陆来说,这个比例是高的。

90年代,文言文在台湾地区的高中国文中所占比例,三年分别为55%、65%、75%,比80年代各降低5个百分点,语体文则相应提高5个百分点。[1]随着时代的发展,台湾地区文言比重略有下降,但台湾地区20世纪90年代的文言文比重比大陆21世纪编的课标教材还要高出较多。

无论从历史的经验看,还是从社会发展的现实需要看,无论从汉语母语学习的实际需求看,还是从学生的长远发展看,增大古文的比重都是非常必要的。2014年3月,教育部在《完善中华优秀传统文化教育指导纲要》中指出,要加强对青少年进行中华优秀传统文化教育,把他们培养成"有自信、懂自尊、能自强的中国人","高素养、讲文明、有爱心的中国人","知荣辱、守诚信、敢创新的中国人",内容则包括"天下兴亡、匹夫有责"的家国情怀教育,"仁爱共济、立己达人"的社会关爱教育,"正心笃志、崇德弘毅"的人格修养教育,到高中阶

---

1. 洪宗礼、柳士镇、倪文锦主编:《母语教材研究》(2)第263-265页,南京:江苏教育出版社,2007年9月第1版。

段，要能"阅读较长的传统文化经典作品"。而要完成这些项目的训练，达到国家期望的目标，就要在学校教育中加强古诗文的教学。只有古文修养达到一定程度，才有可能从古书中获得营养，从而提升自己的人生境界。

第四节　用多少时间能学好古代汉语

现在我们讨论一下要让学生能够读懂普通的古籍，需要训练多长时间？

王力说："只有熟读一二百篇古文，然后感性知识丰富了，许多书本上所未讲到的理论知识，都可由自己领略得来。这样由感性认识提高到理性认识，才真正是牢固地掌握了古代汉语。"[1]王力早年师承梁启超、赵元任，是古代汉语研究的权威学者。他这里没有说清楚到底是一百篇还是两百篇，也没有说清楚到底一篇文言文是多少字。我们现在假设每篇字数300左右，那么一二百篇就是3到6万字，我们取个平均数，则是4.5万字。这个数字正好是课标教材或最新统编教材文言文字数的2倍左右。王力在这里只提到了要完成的任务，没有设计完成任务的时间。

吕叔湘说过，如果要培养阅读文言的能力，那就不是轻而易举的事情。人民教育出版社的课本的例言里说是'阅读浅近文言'，'浅近'二字很难说，古典作品除了书经、诗经、楚辞等特别难懂的而外，可以说都是一般文言，要在这里面分别浅近与高深是很困难的。在充分掌握了现代汉语的基础上，学习文言，达到能阅读一般文言的程度，我

---

1. 王力：《古代汉语的学习和教学》，《光明日报》1961年12月16日。

估计至少得学习五六百课时，差不多要占去高中阶段的全部语文课的教学时间，课外作业时间还不算。还要有具有较好的文言修养的教师和合适的教学方法。[1] 吕先生在这里估计了一个时间。这个数字没有经过实验证明，可能不会那么精确；但吕先生是语言学家，精通古代汉语，自己是过来人，说出的这个数字不会太离谱。吕叔湘在这里提到了所需时间，但要完成的任务说得不如王力清晰，只提"达到阅读一般文言的程度"，没具体说多少篇、多少字。

现在我们试想一下，用吕叔湘的时间能否完成王力的任务，即五六百课时能否将100篇古文熟读？平均1篇课文用五六课时够不够？这主要看课文的篇幅。如果是500字左右的课文，五六课时学完应该已经很饱和了；如果课文更长，时间就不够；如果课文更短，则时间有余。所以前文我们提到，用篇来解说培养古书阅读能力不够精确，最好用字来说，就是这个道理。

从常识来看，刚出生的小孩，一边长身体，一边学语言，大概到五六岁就能学说一种语言，无论是方言或外语都一样。虽然稚嫩些，但别人还是能够听懂。如果要写，则要花更多的时间。

如果提同样的达成程度，学古代汉语的时间应该比现代汉语多。因为日常生活用的是现代汉语，每天都在听、说、读、写现代汉语，时时刻刻都在实践运用。现代汉语口语词的语音和意义在上学前已学得比较牢固了，只是字形不会写而已。而古代汉语只在上课的时候学，课下没有自然的听、说、读、写的机会，如果想要有实践机会，只能人为创造，那就是增加时间专门练。因为学习基础和实践机会不同，达到同样程度所需要的时间肯定不一样。但古代汉语现在只用培养阅读古书的能力，而现代汉语既要培养阅读能力，又要培养写作能力，因此在时间分配上要考虑写作因素。

前面我们在分配课时比例时就综合考虑了这种种因素，2700节语文

---

1. 《吕叔湘语文教育论集》第320页，北京：商务印书馆，1983年7月第1版。

课中，给白话文1500节，其中阅读1000节，作文500节；文言文1200节，其中诗词韵文300节，散文900节。

我觉得用900节课，可以培养学生阅读一般古书的能力。我在汕头职业技术学院的中文专业做过两次"背诵50字文言文需要多长时间"的实验。内容是学习《左传》中的《齐桓公伐楚》前52字，老师讲解用10分钟左右，学生朗读记忆15分钟左右，基本上能达到初步背诵的程度。如果把时间算得宽松一点，用1节课时间背诵50字文言文应该没有问题。现在的大专生就智力而言已经不算是超群的了，大致是中等。在实验中，大学生的学习兴趣、学习速度、投入的程度等都不及中小学生。总的说来，实验结果是基本可信的。900课时，每课时背50字，可背4.5万字，这是苏教版、人教版的课标教材或教育部统编教材（温儒敏总主编）所含文言文的2倍。这3种教材文言课文很多还没要求背。现在4.5万字都能在课堂上背诵，程度已经高很多了。

4.5万字，大致有王力说的一二百篇古文的分量了；900课时，也已超过了吕叔湘说的五六百小时的课时了。教学过程中即使遇到一些意外因素，顺利完成任务应该没有问题。

这就是说，用900课时学文言，基本能学通。

第五节　古代汉语教学的具体操作

我的设想是，小学的主要任务是现代汉语常用字、现代汉语书面词语、前期写作基础训练、课对、诗词韵文，初中的主要任务是作文范文精读、集中作文训练和文言散文，高中的主要任务是文言散文和高考前作文应试训练，应试训练可不在教材中安排。

作文安排在初中，偏前一点。因为作文是用现代汉语书面语来表达思想感情、发表意见的，小学已经掌握了足够数量的现代汉语书面词汇，并且能够阅读现代汉语作品了，中学一开始就学习用现代汉语写作也就是顺理成章、水到渠成的事了。先学作文还有一个考虑，就是有部分学生初中毕业后就进入职业学校了。现代汉语阅读和写作是基础教育的内容，每个中国少年都有权力接受这个内容的教育。学文言散文是提高教育，所以放在最后。集中学作文的同时，每周可用两课时左右兼学文言散文。最后用三年左右的时间全力学文言散文。有了现代汉语的阅读能力和写作能力作基础，学古文就容易些。

我们把文言文的1200课时分成诗歌韵文300课时，散文900课时。900课时能学4.5万字的古文。假定每篇文章300字，能学150篇文章。中小学的文言文的篇幅大致是每篇300字左右，如《烛之武退秦师》294字，《郑伯克段于鄢》390字，《曹刿论战》222字，《邹忌讽齐王纳谏》343字，《愚公移山》311字。如果学生兴趣浓厚，勤奋刻苦，老师古文功底深厚，教学得法，1节课的学习量肯定可以超过50字。

900课时的文言散文的学习可这样操作：首先，找出有定评的而又适合中小学生学习的文章。其次，按照文体大致分类。大类就记叙和议论两项，在大类中再适当地分出些小类来。分类便于学生体会文体特点。就挑那最有名又最适合中小学生学习的4.5万字就可以了。

300课时能学多少诗词韵文呢？根据我的实验，一节课可以当堂理解背诵一首律诗，绝句大致可学两首。长于律诗的自然要多用些时间。截长补短，可定一节课一首诗为标准。

如果能如愿，学生在中小学阶段光古代汉语就可以背300首诗词、4.5万字的散文，那么，阅读吕叔湘所说的浅近文言文应该问题不大了。即使不熟不精，再练一练，随着实践经验的丰富，阅读古代典籍的能力应该能够形成。这一点完全可以期待。并且，这样做，也比较充分地挖掘了学生的潜力。

学习古代汉语的方法是熟读成诵、涵泳体会、各个击破、循序渐进。每节课学50字左右，老师略讲，主要时间给学生理解、熟读和背诵，练习尽量少做。考试一定要重视考课本，注重默写、标点和翻译。教学方法可适当借鉴古代私塾的做法。

第六节　21世纪语文教材中古代汉语的内容

民国以来语文教学的内容就有现代汉语和古代汉语之分。古代汉语既教诗词韵文，也教文言散文，只是比重有时大一点，有时小一点。下面我们介绍21世纪初课程教学改革以来的三套重要语文教材文言诗文的安排情况。

一、苏教版课标语文教材（小学至高中）出现的文言诗文篇目：

1. 小　学

一上：古诗1首。李白《古朗月行》。

一下：古诗6首。高鼎《村居》、骆宾王《咏鹅》、李绅《锄禾》《悯农》，范仲淹《江上渔者》、寇准《咏华山》。

二上：古诗3首。李白《静夜思》、汉乐府《长歌行》、王之涣《登鹳雀楼》。

二下：古诗词4首。杜甫《春雨》、孟浩然《春晓》、孟郊《游子吟》、白居易《江南好》。

三上：古诗6首。杜牧《山行》、张继《枫桥夜泊》、叶绍翁《夜书所见》、郑燮《竹石》、王维《九月九日忆山东兄弟》、王安石《梅花》。

三下：古诗6首。范成大《夏日田园杂兴其七》、杜牧《清明》、卢纶《塞下曲》、李白《望庐山瀑布》、杜甫《绝句·两个黄鹂鸣翠柳》、韦应物《滁州西涧》。

四上：古诗5首。刘禹锡《望洞庭》、李白《峨眉山月歌》、李峤《风》、王安石《元日》、柳宗元《江雪》。

四下：古诗5首。杜牧《江南春》、程颢《春日偶成》、杨万里《小池》、白居易《池上》、胡令能《小儿垂钓》。

五上：古诗词5首。贾岛《寻隐者不遇》、袁枚《所见》、王士禛《题秋江独钓图》、李白《黄鹤楼送孟浩然之广陵》，辛弃疾《清平乐·村居》。

五下：古诗词6首。叶绍翁《游园不值》、杨万里《宿新市徐公店》《晓出净慈寺送林子方》、毛泽东《七律·长征》《清平乐·六盘山》、苏轼《六月二十七日望湖楼醉书》。

六上：古诗词5首。杜甫《闻官军收河南河北》、陆游《示儿》《冬夜读书示子聿》、刘邦《大风歌》、朱熹《观书有感》。

六下：古诗6首。李清照《夏日绝句》《如梦令》、张志和《渔歌子》、于谦《石灰吟》、王冕《墨梅》、李贺《马诗》。

以上包括作业和单元训练的古诗，小学共58首。

2. 初　中

七上：古诗词18首。王湾《次北固山下》、常建《题破山寺后禅院》、杜牧《赤壁》、苏轼《浣溪沙》《水调歌头·明月几时有》、王建《十五夜望月》、孟浩然《过故人庄》、陆游《游山西村》、李清照《一剪梅》、高骈《山亭夏日》、韩愈《早春呈水部张十八员外》、辛弃疾《西江月·夜行黄沙道中》、刘禹锡《秋词》、岑参《白雪歌送武判官归京》、《迢迢牵牛星》、曹操《观沧海》、李白《闻王昌龄左迁龙标遥有此寄》、杜甫《登岳阳楼》。

古文5篇。沈复《幼时记趣》215字、郦道元《三峡》155字、《梦溪笔谈》二则168字、《论语》八则173字、蒲松龄《狼》202字，共

913字。[1]

七下：古诗词19首。常建《题破山寺后禅院》（与七上重复）、杜甫《登岳阳楼》（与七上重复）《孤雁》、虞世南《蝉》、郑谷《鹧鸪》《莲叶》、王昌龄《采莲曲》、李商隐《赠荷花》、陆龟蒙《白莲》、苏轼《莲》、毛泽东《沁园春·雪》《卜算子·咏梅》、陆游《卜算子·咏梅》、《木兰诗》、白居易《观刈麦》、辛弃疾《破阵子·为陈同甫赋壮词以寄之》、王维《使至塞上》、崔颢《黄鹤楼》、陶渊明《归园田居》（其一·种豆南山下）。

古文6篇。《宋史·赵普》170字、《列子·两小儿辩日》117字、阎伯理《黄鹤楼》83字、张岱《于园》178字、柳宗元《黔之驴》124字、周敦颐《爱莲说》119字，共791字。

八上：古诗14首。毛泽东《七律·长征》、杜甫《春望》《望岳》、杜牧《泊秦淮》、陆游《十一月四日风雨大作》、文天祥《过零丁洋》、王勃《送杜少府之任蜀川》、李商隐《夜雨寄北》、龚自珍《己亥杂诗》、白居易《钱塘湖春行》、王安石《登飞来峰》、李贺《雁门太守行》、夏完淳《别云间》、赵翼《论诗》。

古文5篇。《晏子春秋·晏子使楚》190字、刘义庆《人琴俱亡》84字、柳宗元《小石潭记》193字、苏轼《记承天寺夜游》84字、钱泳《治水必躬亲》145字，共696字。

八下：古诗词14首。韦应物《闻雁》、白居易《池鹤》、葛天民

---

1. 文章的字数都是就课文用人工数出来的，数的时候可能数错一两个字，但不会差得太多，数字的说服力应该不受影响。影响字数的因素还有，一是节选，同一篇文章，有的教材选得多，有的教材选得少，如《离骚》，苏教版节选了155字，人教版节选了349字。二是改写，不少文章都经过编者些微改写，如沈复的文章，苏教版题目是《幼时记趣》，215字；人教版题目是《童趣》，220字，多出的这5个字是"之、于、中、为、之"。我先统计苏教版的课文的字数，后统计人教版教材和教育部统编教材时如果和苏教版的课文相同，只要首尾一样，再从整体上粗略一看，如果没有明显的差异，我就没有再数了，直接写了苏教版的那个数字。

《迎燕》、李白《宣州谢朓楼饯别校书叔云》、范仲淹《渔家傲》、马致远《天净沙·秋思》、刘禹锡《酬乐天扬州初逢席上见赠》、李商隐《无题·相见时难别亦难》《夜雨寄北》、元好问《同儿辈赋未开海棠》、唐宣宗宫人《题红叶》、王勃《山中》、杨巨源《城东早春》、赵翼《论诗》（与八上重复）。

古文6篇。韩愈《马说》153字、刘禹锡《陋室铭》81字、沈括《活板》298字、魏学洢《核舟记》233字、蒲松龄《山市》258字、林嗣环《口技》373字、宋濂《送东阳马生序》510字，共1906字。

九上：古诗词12首。李白《塞下曲·六首其一》、王之涣《凉州词》、卢纶《塞下曲》、苏轼《惠崇春江晚景》二首其一、宋祁《木兰花东城渐觉》、欧阳修《蝶恋花庭院深深》、《关雎》《蒹葭》、李煜《相见欢》（无言独上西楼）、晏殊《浣溪沙》（一曲新词）、曹操《龟虽寿》、岑参《白雪歌送武判官归京》。

古文7篇。《孟子·得道多助，失道寡助》164字、《史记·陈涉世家》659字、陶渊明《桃花源记》318字、吴均《与朱元思书》144字、柳宗元《捕蛇者说》487字、范仲淹《岳阳楼记》368字、欧阳修《醉翁亭记》402字，共2542字。

九下：古诗词7首。陶渊明《饮酒》、李白《行路难》、陆游《游山西村》、曹操《观沧海》、苏轼《江城子·密州出猎》、张养浩《山坡羊·潼关怀古》、杜甫《茅屋为秋风所破歌》。

古文7篇。《史记·田忌赛马》110字、《左传·曹刿论战》222字、《战国策·邹忌讽齐王纳谏》276字、《孟子·鱼我所欲也》317字、《孟子·生于忧患，死于安乐》143字、《列子·愚公移山》310字、诸葛亮《出师表》624字，共2002字。

以上包括练习和单元资料上出现的，初中共有84首诗，36篇古文，古文总字数是8850字。

3.高中必修

必修一：词1首。毛泽东《沁园春·长沙》。

古文4篇。荀子《劝学》（节选）291字、韩愈《师说》456字、苏轼《赤壁赋》537字、柳宗元《始得西山宴游记》310字，共1594字。

必修二：古词二首。苏轼《念奴娇·赤壁怀古》、辛弃疾《永遇乐·京口北固亭怀古》。

古文2篇。苏洵《六国论》543字、杜牧《阿房宫赋》520字，共1063字。

必修三：古诗0首。

古文9篇。文天祥《指南录后序》1011字、张溥《五人墓碑记》685字、屈原《离骚》（节选）155字、《左传荀子·烛之武退秦师》295字、魏徵《谏太宗十思疏》468字、《史记荀子·廉颇蔺相如列传（节选）》1689字、《史记荀子·鸿门宴》1445字、《庄子荀子·秋水》（节选）140字、《墨子荀子·非攻》（节选）216字，共6104字。

必修四：古诗词10首。贾岛《寻隐者不遇》、李白《访戴天山道士不遇》《蜀道难》、杜甫《登高》、白居易《琵琶行》、李商隐《锦瑟》、李煜《虞美人》、晏殊《蝶恋花》、柳永《雨霖铃》、李清照《声声慢》。

古文5篇。《论语荀子·季氏将伐颛臾》274字、《孟子荀子·寡人之于国也》360字、孙中山《〈黄花岗烈士事略〉序》464字、王勃《滕王阁序并诗》773字、欧阳修《秋声赋》410字，共2281字。

必修五：古诗0首。

古文7篇（1篇重出，实际6篇）。屈原《渔父》208字、司马迁《报任安书》（节选）1182字、庄子《逍遥游》（节选）678字、李密《陈情表》473字、归有光《项脊轩志》547字、王羲之《兰亭集序》323字，《滕王阁序》（与必修四重复，故不计字数），共3411字。

以上包括练习和单元资料上出现的，共13首古诗，27篇古文（1篇重出，实际26篇），古文共14453字［《离骚》（节选）155字计算在内〕。

苏教版语文教材（小学至高中）出现古诗155首（《题破山寺后禅院》《登岳阳楼》《论诗》重出，实际152首），古文63篇（《滕王阁序》重出，实际62篇），古文总字数是23303字〔《离骚》（节选）155字计算在内〕。

二、人教版课标语文教材（小学至高中）出现的文言诗文篇目：

1. 小　学

一上：古诗4首。李白《静夜思》、骆宾王《咏鹅》、唐寅《画鸡》、李绅《悯农》。

一下：古诗4首。孟浩然《春晓》、高鼎《村居》、袁枚《所见》、杨万里《小池》。

二上：古诗4首。苏轼《赠刘景文》、杜牧《山行》、贺知章《回乡偶书》、李白《赠汪伦》。

二下：古诗4首。白居易《草》、杨万里《宿新市徐公店》、李白《望庐山瀑布》、杜甫《绝句》。

三上：古诗5首。胡令能《小儿垂钓》、叶绍翁《夜书所见》、王维《九月九日忆山东兄弟》、李白《望天门山》、苏轼《饮湖上初晴后雨》。

三下：古诗5首。孟郊《游子吟》、贺知章《咏柳》、朱熹《春日》、李商隐《嫦娥》、林杰《乞巧》。

四上：古诗5首。孟浩然《过故人庄》、苏轼《题西林壁》、陆游《游山西村》、李白《黄鹤楼送孟浩然之广陵》、王维《送元二使安西》。

四下：古诗词6首。李白《独坐敬亭山》、刘禹锡《望洞庭》、白居易《忆江南》、翁卷《乡村四月》、范成大《四时田园杂兴》、张志和《渔歌子》。

五上：古诗词5首。毛泽东《卜算子·咏梅》和《七律·长征》、王安石《泊船瓜洲》、张籍《秋思》、纳兰性德《长相思》。

五下：古诗4首。刘禹锡《浪淘沙》、吕岩《牧童》、杨万里《舟过安仁》、辛弃疾《清平乐·村居》。

六上：古诗词5首。《诗经·采薇》、杜甫《春夜喜雨》、辛弃疾《西江月·夜行黄沙道中》、白朴《天净沙·秋》、李贺《马诗》。

六下：古诗词12首。王安石《元日》、皮日休《天竺寺八月十五夜桂子》、曹植《七步诗》、王维《鸟鸣涧》、王昌龄《芙蓉楼送辛渐》、杜甫《江畔独步寻花》、于谦《石灰吟》、郑燮《竹石》、杜甫《闻官军收河南河北》、龚自珍《己亥杂诗》、苏轼《浣溪沙》、王观《卜算子·送鲍浩然之浙东》，后面10首放在"古诗词背诵"中。

古文3则。《学弈》71字、《两小儿辩日》117字、《明日歌》58字，共246字。

以上包括练习和单元资料上出现的，小学共古诗63首，古文3篇，古文共246字。

2. 初　中

七上：古诗6首。曹操《观沧海》、王湾《次北固山下》、白居易《钱塘湖春行》、辛弃疾《西江月》、马致远《天净沙·秋思》、杜甫《丽春》。

课外古诗词背诵10首。曹操《龟虽寿》、孟浩然《过故人庄》、常建《题破山寺后禅院》、李白《闻王昌龄左迁龙标遥有此寄》、李商隐《夜雨寄北》、杜牧《泊秦淮》、晏殊《浣溪沙》、杨万里《过松源晨炊漆公店》、李清照《如梦令》、朱熹《观书有感》。

古文4.5篇，沈复《童趣》（同苏教版《幼时记趣》，比苏教版多5字）220字、《论语十则》220字、蒲松龄《山市》（同苏教版）258字、《世说新语两则》153字，半篇指《寓言四则》里的《韩非子·智子疑邻》43字、《淮南子·塞翁失马》116字，共1010字。

（按：统计时算5篇）

七下：课外古诗词背诵10首。吴均《山中杂诗》、王维《竹里馆》、李白《峨眉山月歌》、李白《春夜洛城闻笛》、岑参《逢入京使》、韦应物《滁州西涧》、杜甫《江南逢李龟年》、刘长卿《送灵澈上人》、赵师秀《约客》、赵翼《论诗》。

古文5篇分散于5单元。王安石《伤仲永》245字、《资治通鉴·孙权劝学》119字、林嗣环《口技》（同苏教版，比苏教版少7字）367字、《山海经·夸父逐日》37字、《列子·两小儿辩日》（与六下重出，不计）（两文合为《短文两篇》）、蒲松龄《狼》（同苏教版）202字，共1300字。

八上：古诗词17首。王昌龄《从军行》、辛弃疾《破阵子·为陈同甫赋壮词以寄之》、毛泽东《七律·长征》、白居易《大林寺桃花》、杜甫《望岳》《春望》《石壕吏》、《古诗十九首其六·涉江采芙蓉》、南朝乐府民歌《西洲曲》、杜甫《绝句漫兴其七·糁径杨花铺白毡》、李白《早发白帝城》、潘阆《酒泉子》、柳宗元《江雪》、陶渊明《归园田居》（其三）、王维《使至塞上》、李白《度荆门送别》、陆游《游山西村》。

课外古诗词背诵10首。《长歌行（汉乐府）》、王绩《野望》、孟浩然《早寒江上有怀》《望洞庭湖赠张丞相》、崔颢《黄鹤楼》、李白《送友人》、刘禹锡《秋词》、梅尧臣《鲁山山行》、苏轼《浣溪沙》、陆游《十一月四日风雨大作》。

古文10篇。《桃花源记》（同苏教版）318字、《陋室铭》（同苏教版）81字、《爱莲说》（同苏教版）119字、《核舟记》（同苏教版）233字、《礼记·大道之行也》107字、《三峡》（同苏教版）155字、《答谢中书书》68字、《记承天寺夜游》（同苏教版）84字、周密《观潮》258字、张岱《湖心亭看雪》158字，古文共1581字。本册古文皆简短优美，小巧玲珑，这是文选教材的最佳榜样。

八下：古诗11首。孟郊《游子吟》（与三下重复）、刘禹锡《酬乐天扬州初逢席上见赠》、杜牧《赤壁》、文天祥《过零丁洋》、苏轼《水调歌头（明月几时有）》、张养浩《山坡羊·潼关怀古》、陶渊明《饮酒》（其五）、李白《行路难》（其一）、杜甫《茅屋为秋风所破歌》、岑参《白雪歌送武判官归京》、龚自珍《己亥杂诗》。

课外古诗词背诵10首。刘桢《赠从弟》、王勃《送杜少府之任蜀州》、陈子昂《登幽州台歌》、王维《送元二使安西》、李白《宣州谢朓楼饯别校书叔云》、韩愈《早春呈水部十八员外》、李商隐《无题》、李煜《相见欢（无言独上西楼）》、王安石《登飞来峰》、辛弃疾《清平乐·村居》（与小学重复）。

古文8篇。吴均《与朱元思书》（同苏教版）144字、陶渊明《五柳先生传》173字、韩愈《马说》（同苏教版）153字、宋濂《送东阳马生序》（苏教《送东阳马生序》510字，人教是节选310字）、柳宗元《小石潭记》（同苏教版）193字、范仲淹《岳阳楼记》（同苏教版）368字、欧阳修《醉翁亭记》（同苏教版）402字、袁宏道《满井游记》273字，古文共2016字。

九上：古诗词7首。毛泽东《沁园春·雪》《减字木兰花·广昌路上》、温庭筠《望江南》、范仲淹《渔家傲·秋思》、苏轼《江城子·密州出猎》、李清照《武陵春》、辛弃疾《破阵子·为陈同甫赋壮词以寄之》（与八上重复）。

课外古诗词背诵10首。白居易《观刈麦》、刘方平《月夜》、温庭筠《商山早行》、陆游《卜算子·咏梅》、晏殊《破阵子》（燕子来时新社）、苏轼《浣溪沙·簌簌衣巾落枣花》、李清照《醉花阴·薄雾浓云愁永昼》、辛弃疾《南乡子·登京口北固亭有怀》、张养浩《山坡羊·骊山怀古》、王磐《朝天子·咏喇叭》。

古文4篇。司马迁《陈涉世家》（同苏教版）659字、《战国策·唐雎不辱使命》386字、陈寿《隆中对》516字、诸葛亮《出师表》（同苏教版）624字，古文共2185字。

九下：古诗3首皆来自诗经：《关雎》《蒹葭》《木瓜》。

课外古诗词背诵10首。杨炯《从军行》、李白《月下独酌》、杜甫《羌村三首》（之三）、杜甫《登楼》、岑参《走马川行奉送封大夫出师西征》、韩愈《左迁至蓝关示侄孙湘》、白居易《望月有感》、李贺《雁门太守行》、王观《卜算子·送鲍浩然之浙东》、夏完淳《别云间》。

古文7篇（除《诗经》外）。《墨子·公输》549字、《孟子两章》305字、《孟子·鱼我所欲也》（同苏教版）317字、《庄子故事两则》213字、《左传·曹刿论战》（同苏教版）222字、《战国策·邹忌讽齐王纳谏》（同苏教版）276字、《列子·愚公移山》（同苏教版）310字，共2192字。

以上包括课后练习和专题"古诗词背诵"等在内初中共有古诗104首，古文40篇，古文共10284字。

3.高中必修

高中必修一：诗词8首。毛泽东《沁园春·长沙》《采桑子·重阳》《七律·长征》《浪淘沙·北戴河》、李商隐《代赠》、李璟《浣溪沙》、宋王十朋《点绛唇·素香丁香》、陶渊明《咏荆轲》。

古文3篇。《左传·烛之武退秦师》（同苏教版）295字、《战国策·荆轲刺秦王》1109字、《史记·鸿门宴》（同苏教版）1445字，共2894字。

高中必修二：古诗9首。杜甫《绝句漫兴九首之"隔户杨柳"》、刘禹锡《杨柳枝词之"迎得春光先到来"》、《氓》《采薇》《离骚》《孔雀东南飞·并序》《古诗十九首·涉江采芙蓉》、曹操《短歌行》、陶渊明《归园田居之"少无适俗韵"》。

古文3篇。王羲之《兰亭集序》（同苏教版）323字、苏轼《赤壁赋》同苏教版）537字、王安石《游褒禅山记》524字、《离骚》（节选）349字（人教版的《离骚》放在诗词之内，因苏教版的《离骚》已作为古文统计了字数，所以古文中也计一次。这样《离骚》在古文中只算字数没算篇数,这样计算是为了和苏教版一致。苏教版的《离骚》155字),共1733字。

高中必修三:古诗7首。李白《蜀道难》、杜甫《秋兴八首之玉露凋伤》《咏怀古迹之群山万壑》《登高》、白居易《琵琶行并序》、李商隐《锦瑟》《马嵬》。

古文4篇。《孟子》(寡人之于国也)(同苏教版)360字、《荀子·劝学》(同苏教版)291字、贾谊《过秦论》895字、韩愈《师说》(同苏教版)456字,共2002字。

高中必修四:古诗词8首。柳永《望海潮》《雨霖铃》、苏轼《念奴娇·赤壁怀古》《定风波》(莫听穿林)、辛弃疾《水龙吟·登建康赏心亭》《永遇乐·京口北固亭怀古》、李清照《醉花阴》(薄雾浓云)《声声慢》。

古文3篇。《廉颇蔺相如列传》(同苏教版)1689字、班固《苏武传》1469字、范晔《张衡传》574字,共3732字。

高中必修五:古诗2首。王勃《滕王阁诗》、曹操《观沧海》。

古文4篇。陶渊明《归去来兮辞》537字、王勃《滕王阁序》(苏教版并诗,人教版把诗和文分开了)717字、庄周《逍遥游》(节选)(同苏教版)678字、李密《陈情表》(同苏教版)473字,共2405字。

以上包括练习和单元资料上出现的,共34首古诗词,17篇古文,古文共12721字。

人教版课标语文教材(小学至高中)出现的古诗词201首,古文60篇,古文共23250字。

三、教育部统编教材(小学至高中选择性必修)出现的文言诗文篇目

温儒敏总主编的教育部统编教材从2019年秋季向全国普遍推广,到现在(2020年底)选修教材还没有在市面上流通,因此我这里只统计小学、初中和高中必修、选择性必修上的古诗文。

1. 小　学

一上：古诗5首。《悯农》《古朗月行》（节选）《风》《江南》《画》。

一下：古诗7首。《池上》《小池》《静夜思》《春晓》《赠汪伦》《寻隐者不遇》《画鸡》。

二上：古诗7首。《梅花》《小儿垂钓》《江雪》《登鹳雀楼》《望庐山瀑布》《夜宿山寺》《敕勒歌》。

二下：古诗7首。《赋得古原草送别》（节选）《悯农》（其一）《舟夜书所见》《村居》《咏柳》《晓出净慈寺送林子方》《绝句》。

三上：古诗9首。《所见》《采莲曲》《早发白帝城》《山行》《赠刘景文》《夜书所见》《望天门山》《饮湖上初晴后雨》《望洞庭》。

三上：古文1篇。《司马光》29字。

三下：古诗9首。《忆江南》《滁州西涧》《大林寺桃花》《绝句》《惠崇春江晚景》《三衢道中》《元日》《清明》《九月九日忆山东兄弟》。

三下：古文1篇。《守株待兔》，39字。

四上：古诗10首。《浪淘沙》《暮江吟》《题西林壁》《雪梅》《出塞》《凉州词》《夏日绝句》《鹿柴》《嫦娥》《别董大》。

四上：古文2篇。《精卫填海》35字、《王戎不取道旁李》49字。

四下：古诗词10首。《四时田园杂兴（其二十五）》《宿新市徐公店》《清平乐·村居》《芙蓉楼送辛渐》《塞下曲》《墨梅》《卜算子·咏梅》《江畔独步寻花》《蜂》《独坐敬亭山》。

四下：古文2篇。《囊萤夜读》33字，《铁杵成针》45字。

五上：古诗11首。《示儿》《题临安邸》《己亥杂诗》《山居秋暝》《枫桥夜泊》《长相思》《蝉》《乞巧》《渔歌子》《观书有感》（二首）。

五上：古文2篇。《古人谈读书》176字，《少年中国说》187字。

五下：古诗11首。《四时田园杂兴》（其三十一）、《稚子弄冰》

《村晚》《从军行》《闻官军收河南河北》《秋夜将晓出篱门迎凉有感》《游子吟》《鸟鸣涧》《凉州词》《黄鹤楼送孟浩然之广陵》《乡村四月》。

五下：古文2篇。《自相矛盾》71字，《杨氏之子》55字。

六上：古诗词11首。《宿建德江》《六月二十七日望湖楼醉书》《西江月·夜行黄沙道中》《浪淘沙》（其一）《江南春》《书湖阴先生壁》《菩萨蛮·大柏地》《过故人庄》《七律·长征》《春日》《回乡偶书》。

六上：古文2篇。《伯牙鼓琴》83字，《书戴嵩画牛》93字。

六下：古诗词17首。《寒食》《迢迢牵牛星》《十五夜望月》《马诗》《石灰吟》《竹石》《采薇》（节选）《送元二使安西》《春夜喜雨》《早春呈水部张十八员外》《江上渔者》《泊船瓜洲》《游园不值》《卜算子·送鲍浩然之浙东》《浣溪沙》《清平乐》《长歌行》。

六下：古文2篇。《学弈》70字，《两小儿辩日》125字。

以上包括练习和单元资料上出现的，古诗词共114首，古文14篇，古文共1012字。

我统计的结果，小学统编本语文教材共选古诗与古文128篇，比温儒敏统计的129篇[1]少1篇，也许我漏了。

2. 初　中

七上古诗4首。曹操《观沧海》、李白《闻王昌龄左迁龙标遥有此寄》、王湾《次北固山下》、马致远《天净沙·秋思》。

七下古诗5首。陈子昂《登幽州台歌》、杜甫《望岳》、王安石《登飞来峰》、陆游《游山西村》、龚自珍《己亥杂诗》

八上古诗词10首。王绩《野望》、崔颢《黄鹤楼》、王维《使至塞

---

1. 温儒敏：《如何用好"统编本"小学语文教材》，《课程·教材·教法》2018年2月。

上》、李白《渡荆门送别》、白居易《钱塘湖春晓》、陶渊明《饮酒》（其五）、杜甫《春望》、李贺《雁门太守行》、杜牧《赤壁》、李清照《渔家傲》（天接云涛连晓雾）。

八下古诗4首。《诗经·关雎》、《诗经·蒹葭》、杜甫《茅屋为秋风所破歌》、白居易《卖炭翁》

九上古诗4首。李白《行路难（其一）》、刘禹锡《酬乐天扬州初逢席上见赠》、苏轼《水调歌头》（明月几时有）、毛泽东《沁园春·雪》。

九下古诗词10首。范仲淹《渔家傲·秋思》、苏轼《江城子·密州出猎》、辛弃疾《破阵子·为陈同甫赋壮词以寄之》、秋瑾《满江红·小住京华》、《十五从军征》、岑参《白雪歌送武判官归京》、辛弃疾《南乡子·登京口北固亭有怀》、文天祥《过零丁洋》、张养浩《山坡羊·潼关怀古》、陈毅《梅岭三章》。

"课外古诗词诵读"如下：

七上古诗8首。李白《峨眉山月歌》、杜甫《江南逢李龟年》、岑参《行军九日思长安故园》、李益《夜上受降城闻笛》、刘禹锡《秋词》（其一）、李商隐《夜雨寄北》、陆游《十一月四日风雨大作》（其二）、谭嗣同《潼关》。

七下古诗8首。王维《竹里馆》、李白《春夜洛城闻笛》、岑参《逢入京使》、韩愈《晚春》 杜牧《泊秦淮》、李商隐《贾生》、杨万里《过松源晨炊漆公店》（其五）、赵师秀《约客》。

八上古诗词8首。古诗十九首《庭中有奇树》、曹操《龟虽寿》、刘桢《赠从弟》、曹植《梁甫行》、晏殊《浣溪沙》（一曲新词酒一杯）、欧阳修《采桑子》（轻舟短棹西湖好）、李清照《如梦令》（常记溪亭日暮）。

八下古诗词8首。《诗经·邶风·式微》、《诗经·郑风·子衿》、王勃《送杜少甫之任蜀州》、孟浩然《望洞庭赠张丞相》、常建《题后山寺禅院》、李白《送友人》、苏轼《卜算子·黄州定慧院寓居作》、陆游《卜算子·咏梅》。

九上古诗词8首。杜甫《月夜忆舍弟》、刘长卿《长沙过贾谊宅》、韩愈《左迁至蓝关示侄孙湘》 温庭筠《商山早行》、许浑《咸阳城东楼》、李商隐《无题》、秦观《行香子》（树绕村庄）、辛弃疾《丑奴儿·书博山道中壁》。

九下古诗词8首。苏轼《定风波》（莫听穿林打叶声）、陈与义《临江仙·夜登小阁，忆洛中旧游》、辛弃疾《太常引·建康中秋夜为吕叔潜赋》、纳兰性德《浣溪沙》（身向云山那畔行）、文天祥《南安军》、夏完淳《别云间》、张养浩《山坡羊·骊山怀古》、王磐《朝天子·咏喇叭》。

以上包括练习和单元资料上出现的，统编教材初中共选古诗词85首，算上《木兰诗》，则是86首。

统编教材初中的古文是这样安排的：七年级的古文与白话文混编在一个单元，一单元1篇。九年级上册一个单元，其他各册都有两单元的古文。其篇目如下：

七上：《世说新语》二则（《咏雪》71字《陈太丘与友期行》103字）、《论语》十二章274字、《诫子书》86字、《狼》202字、《寓言四则》（两篇是古文：《穿井得一人》88字、《杞人忧天》152字），本册古文共4课，976字。

七下：《孙权劝学》119字、《卖油翁》133字、《短文两篇》（《陋室铭》81字、《爱莲说》119字）、《河中石兽》251字，本册古文共4课，703字。

八上：《三峡》155字、《短文两篇》（《答谢中书书》68字、《记承天寺夜游》84字）、《与朱元思书》144字、《孟子二章》（《富贵不能淫》140字 《生于忧患，死于安乐》143字）、《愚公移山》311字、《周亚夫军细柳》279字，本册古文共6课，1324字。

八下：《桃花源记》318字、《小石潭记》193字、《核舟记》233字、《庄子二则》（《北冥有鱼》142字 《庄子与惠子游于濠梁之上》106字)、《礼记二则》(《虽有嘉肴》70字、《大道之行也》107字)、《马说》153字,本册古文共6课,1322字。

九上:《岳阳楼记》368字、《醉翁亭记》402字、《湖心亭看雪》159字,本册古文共3课,929字。

九下:《鱼我所欲也》317字、《唐雎不辱使命》386字、《送东阳马生序》510字、《曹刿论战》222字、《邹忌讽齐王纳谏》276字、《出师表》624字。本册古文共6课,2335字。

初中教材古文共29课(有些短文2篇是1课),7589字。

3.高中

统编教材高中语文必修的古诗文是这样安排的:古诗既有课文,也安排了"古诗词诵读"。古文的安排是:上册4篇古文分两起,混编在两个单元。下册12篇古文,第一、八单元是专门古文单元,共编9篇文章,另3篇混编在其他两个单元。这种文白混编的方式,很不利于学生学习古文。因为弄通词句、理解内容要花很多时间,与白话文的学习不一样。

高中必修上册:古诗词15首。毛泽东《沁园春·长沙》、《诗经·芣苢》、苏辙《文氏外孙入村收麦》、曹操《短歌行》、陶渊明《归园田居》、李白《梦游天姥吟留别》、杜甫《登高》、白居易《琵琶行并序》、苏轼《念奴娇·赤壁怀古》、辛弃疾《永遇乐·京口北固亭怀古》、李清照《声声慢》、《诗经·静女》、《古诗十九首》(涉江采芙蓉)、李煜《虞美人》(春花秋月)、秦观《鹊桥仙》(纤云弄巧)。

高中必修上册:古文4篇。《劝学》291字、《师说》456字、《赤壁赋》537字、《登泰山记》448字,共1732字。

高中必修下册:古诗词4首。杜甫《登岳阳楼》、王安石《桂枝香·金陵怀古》、张孝祥《念奴娇·过洞庭》、汤显祖《游园皂罗袍》。

高中必修下册:古文12篇。《子路、曾皙、冉有、公西华侍坐》315字、《齐桓晋文之事》1313字、《庖丁解牛》292字、《烛之武退秦师》

295字、《鸿门宴》1445字、《谏逐客书》752字、《与妻书》1072字、《促织》1475字、《谏太宗十思疏》468字、《答司马谏议书》359字、《阿房宫赋》520字、《六国论》543字，共8849字。本册课本古文量过大，一个学期的全部课时用来学古文有些吃力。

选择性必修上册：古诗词4首。《诗经·秦风·无衣》、张若虚《春江花月夜》、李白《将进酒》、苏轼《江城子·乙卯正月二十日夜记梦》。

选择性必修上册：古文6篇。《论语十二章》312字、《大学之道》181字、《人皆有不忍人之心》255字、《老子四章》259字、《五石之瓠》214字、《兼爱》592字，共1813字。

选择性必修中册：古诗词4首。高适《燕歌行并序》、李贺《李凭箜篌引》、李商隐《锦瑟》、陆游《书愤》。

选择性必修中册：古文4篇。《屈原列传》1366字、《苏武传》1466字、《过秦论》894字、《五代史伶官传序》328字，共4054字。

选择性必修下册：古诗11首。《诗经·卫风·氓》、屈原《离骚》（节选）、《孔雀东南飞并序》、杜甫《蜀相》、柳永《望海潮》（东南形胜）、姜夔《扬州慢》（淮左名都）、李白《蜀道难》、鲍照《拟行路难（其四）》、杜甫《客至》、黄庭坚《登快阁》、陆游《临安春雨初霁》。

选择性必修下册：古文6篇。《陈情表》473字、《项脊轩志》547字、《兰亭集序》323字、《归去来兮辞并序》537字、《种树郭橐驼传》471字、《石钟山记》503字，共2854字。

以上包括课文和"古诗词诵读"上出现的，统编教材高中语文必修上下册、选择性必修上中下册共5册，共计有古诗词38首，古文32篇，古文19302字。

统编教材从小学到高中（未统计选修教材）共有古诗235首，古文74篇，古文共27903字。

第七节　重建古代汉语教学体系

古代汉语到底要学多少内容？不同时代有不同的要求。前面第四章介绍元代程端礼的《程氏家塾读书分年日程》，要求反复诵读、烂熟于心的阅读教材有《小学书》《十三经》及其重要注疏，要看读百遍，背读百遍，又通背读二三十遍。十三经除《仪礼》《公羊传》《谷梁传》《尔雅》外其余九经正文的字数都是47万多字。读经之后读《资治通鉴》，"虽不必如读经之遍数，亦虚心反复熟看。"程端礼的安排是，每天的学习量"随日力、性资，自一二百字，渐增至六七百字。日永年长，可近千字而已。"学习年限从八岁一直读到二十岁左右。程氏日程是一个完整的严谨的高标准的教学计划，其他时代的教学要求可能没这么高，内容也许会少一些。

到清代，对古书的学习要求还是很高的。清朝最后一个教育法规——1904年制定的《奏定学堂章程》规定读儒家经典的量是：初小5年101800字，高小4年115200字，中学5年240000字，中小学14年读经讲经40多万字，并且要求"每日所诵之经，必使成诵乃已"，这是对所有学生的要求。至于落实得如何，不易考求，至少可以看成是当时社会有可能达成的目标。

今天的学生要学的内容非常多，因此对古代汉语的要求应该比古代低很多了。古代汉语的教学内容包括古代汉语知识及古代汉语作品。古代汉语知识主要包括古代汉语文字、词汇、语法、修辞、音韵、训诂等方面的知识，古代汉语作品主要指中国五千年文明中留下的脍炙人口的经典诗文和哲学、历史著作。古代汉语的重点是经典诗文的学习，知识的教学寓于作品的学习之中。选进教材的文章，应该以反映普通人生活的作品为主，略及史学、诸子学，其他以专门领域为对象的行业经典如《本草纲目》《黄帝内经》《农政全书》《天工开物》等则不放在课堂学。

要培养学生有较好的阅读古书的能力,首先得有良好的语感,因此需要进行长期的阅读和背诵的实践。为了减轻学生的负担,我们主张背诵的工作主要在课堂完成,课后只复习和巩固。

我们把古代汉语分成诗词韵文和文言散文两部分,下面分别介绍。

一、韵 文

古代诗词要学多少篇?《义务教育语文课程标准》要求基础教育阶段背诵优秀诗文240篇段。这240篇,既包括古诗,也包括古文,还包括现代诗歌和文章。《普通高中语文课程标准(实验)》要求"诵读古代诗词和文言文,背诵一定数量的名篇。"没明说篇数,初中要求背诵80篇,高中应该不会离得太远。所以我们暂定300篇古诗词,在具体的教材编写和教学过程中,要是少一点肯定也是可以的,能够达到人人都能背诵200篇应该也就不错了。

300篇诗词可这样考虑:《唐诗三百首》选100首左右,《千家诗》选50首左右,其他历代诗歌选50首左右,历代词曲选100篇左右。下面谈点粗糙看法。

1.《唐诗三百首》

《唐诗三百首》选94首,这些篇目是:

五言古诗6首:李白《月下独酌》、杜甫《望岳》《赠卫八处士》《梦李白》(其一)《梦李白》(其二)、王维《渭川田家》。

五言乐府1首:孟郊《游子吟》。

七言古诗8首:陈子昂《登幽州台歌》、李白《梦游天姥吟留别》《宣州谢朓楼饯别校书叔云》、岑参《白雪歌送武判官归京》、杜甫《丹青引赠曹将军霸》《观公孙大娘弟子舞剑器行并序》、白居易《长恨歌》《琵琶行》。

七言乐府6首：李白《将进酒》、王维《老将行》、杜甫《兵车行》《丽人行》《哀江头》《哀王孙》。

五言律诗24首：张九龄《望月怀远》、王勃《送杜少之任蜀州》、杜审言《和晋陵陆丞早春游望》、王湾《次北固山下》、常建《破山寺后禅院》、李白《送友人》《渡荆门送别》、杜甫《春望》《月夜》《天末怀李白》《旅夜书怀》《登岳阳楼》、王维《山居秋暝》《终南山》《过香积寺》《终南别业》、孟浩然《临洞庭上张丞相》《过故人庄》、李益《喜见外弟又言别》、刘禹锡《蜀先主庙》、白居易《草》、张乔《书边事》、崔涂《除夜有怀》、皎然《寻陆鸿渐不遇》。

七言律诗19首：崔颢《黄鹤楼》、李白《登金陵凤凰台》、高适《送李少府贬峡中王少府贬长沙》、王维《积雨辋川庄作》、杜甫《蜀相》《客至》《野望》《闻官军收河南河北》《登高》《阁夜》《咏怀古迹之群山万壑越荆门》、刘长卿《江州重别薛六柳八二员外》、柳宗元《登柳州城楼寄漳汀封连四州刺史》、刘禹锡《西塞山怀古》、元稹《遣悲怀其二昔日戏言身后意》、白居易《自河南经乱，关内阻饥，兄弟离散，各在一处。因望月有感，聊书所怀，寄上浮梁大兄，於潜七兄，乌江十五兄，兼示符离及下邽弟妹》、李商隐《锦瑟》、薛逢《宫词》、秦韬玉《贫女》。

七言乐府1首：沈佺期《独不见》。

五言绝句22首：王维《鹿柴》《竹里馆》《送别》《相思》《杂诗》、裴迪《送崔九》、孟浩然《宿建德江》《春晓》、李白《静夜思》、杜甫《八阵图》、王之涣《登鹳雀楼》、刘长卿《送上人》、韦应物《秋夜寄丘员外》、柳宗元《江雪》、元稹《行宫》、白居易《问刘十九》、张祜《何满子》、李商隐《登乐游原》、贾岛《寻隐者不遇》、李频《渡汉江》、金昌绪《春怨》、西鄙人《哥舒歌》。

五言乐府3首：卢纶《塞下曲其二林暗草惊风》《其三月黑雁飞高》《其四野幕敞琼筵》。

七言绝句17首：贺知章《回乡偶书》、王维《九月九日忆山东兄弟》、王昌龄《芙蓉楼送辛渐》《闺怨》《春宫曲》、王翰《凉州词》、李白《送孟浩然之广陵》《早发白帝城》、岑参《逢入京使》、杜甫《江南逢李龟年》、韦应物《滁州西涧》、张继《枫桥夜泊》、韩翃《寒食》、刘方平《月夜》、刘禹锡《乌衣巷》《春词》、朱庆馀《近试上张水部》。

七言乐府7首：李白《清平调》（其一云想衣裳花想容）（其二一枝红艳露凝香）（其三名花倾国两相欢）、王维《渭城曲》、王昌龄《出塞》、王之涣《出塞》、杜秋娘《金缕衣》。

2.《千家诗》

《千家诗》选68首，这些篇目是：

七言绝句44首：程颢《春日偶成》、苏轼《春宵》《海棠》《花影》《饮湖上初晴后雨》《赠刘景文》、朱熹《春日》《观书有感》、杨巨源《城东早春》、王安石《春夜》《元日》、张栻《立春偶成》、韩愈《初春小雨》《晚春》、杜甫《绝句》（两个黄鹂）《漫兴》（肠断江春欲尽头）、杜牧《清明》、魏野《清明》、王驾《社日》、杜牧《江南春》、高蟾《上高侍郎》、李白《客中行》、刘季孙《题屏》、僧志南《绝句》（古木荫中系短篷）、叶绍翁《游园不值》、刘禹锡《玄都观桃花》《再游玄都观》、谢枋得《庆全庵桃花》、王驾《春晴》、曹豳《春暮》、王淇《春暮游小园》《梅》、赵师秀《有约》、黄庭坚《晚楼闲坐》、高骈《山亭夏日》、范成大《田家》、翁卷《村居即事》、赵嘏《江楼有感》、林升《西湖》、杨万里《晓出净慈寺送林子方》、蔡确《水亭》、卢梅坡《雪梅》（其一）《雪梅》（其二）、杜牧《秦淮夜泊》。

七言律诗9首：欧阳修《戏答元珍》、晏殊《寓意》、杜甫《曲江对酒》（其二朝回日日典春衣）《秋兴》（其一玉露凋伤）、程颢《偶成》（闲来无事不从容）、赵嘏《闻笛》、林逋《梅花》、韩愈《左迁至蓝关示侄孙湘》、王中《干戈》。

五言绝句12首：李白《独坐敬亭山》、盖嘉运《伊州歌》、丘为《左掖梨花》、钱珝《江行望匡庐》、刘禹锡《秋风引》、薛莹《秋日湖上》、李白《秋浦歌》、岑参《行军九日思》、戴叔伦《三闾庙》、骆宾王《易水送别》、朱放《题竹林寺》、太上隐者《答人》。

五言律诗3首：李白《送友人入蜀》、高适《醉后赠张九旭》、李白《秋登宣城谢朓北楼》。

3.历代诗歌

历代诗歌选15首，这些篇目是：

李白《古朗月行》（节选）、李绅《锄禾》《悯农》、范仲淹《江上渔者》、袁枚《所见》、朱熹《春日》、戴复古《初夏游张园》、高骈《山居夏日》、王安石《书湖阴先生壁》、贺知章《咏柳》、胡令能《小儿垂钓》、王冕《墨梅》、于谦《石灰吟》、郑燮《竹石》、龚自珍《己亥杂诗》。

4.唐五代词

唐五代词选7首：

李白《菩萨蛮》（平林漠漠）、张志和《渔歌子》（西塞山前）、白居易《忆江南》（江南好）、韦庄《菩萨蛮》（人人尽说）、李煜《乌夜啼》（无言独上西楼）《浪淘沙》（往事只堪哀）《虞美人》（春花秋月）。

5.宋 词

宋词选33首，这些篇目是：

范仲淹《苏幕遮》（碧云天）《渔家傲》（塞下秋来风景异）、晏殊《蝶恋花》（槛菊愁烟兰泣露）《浣溪沙》（一曲新词）《踏莎行》（小径红稀）《破阵子》（燕子来时新社）、宋祁《玉楼春》、欧阳修

《蝶恋花》（庭院深深）、柳永《望海潮》（东南形胜）《雨霖铃》《八声甘州》（对潇潇暮雨洒江天）、晏几道《临江仙》（梦后楼台高锁）、苏轼《江城子》（十年生死）《江城子》（老夫聊发少年狂）《水调歌》（头明月几时有）《定风波》（莫听穿林）《念奴娇·赤壁怀古》《水龙吟》（似花还似非花）、秦观《鹊桥仙》（纤云弄巧）《踏莎行》（雾失楼台）、李清照《一剪梅》（红藕香残玉簟秋）《点绛唇》（蹴罢秋千）《如梦令》（昨夜雨疏风骤）《声声慢》（寻寻觅觅）、岳飞《满江红》、陆游《卜算子》（驿外断桥边）、辛弃疾《西江月》（明月别枝惊鹊）《水龙吟》（楚天千里清秋）《菩萨蛮》（郁孤台下清江水）《摸鱼儿》（更能消几番风雨）《丑奴儿》（少年不识愁滋味）《青玉案》（东风夜放花千树）《清平乐》（茅檐低小）《破阵子》（醉里挑灯看剑）《鹧鸪天》（壮岁旌旗拥万夫）。

6.元散曲

元散曲4首：马致远《天净沙·秋思》、张可久《金字经·春晚》、张养浩《山坡羊·潼关怀古》、无名氏《醉太平》（堂堂大元）。

（7）元杂剧

元杂剧2段：纪君祥《赵氏孤儿》、关汉卿《窦娥冤》。

以上所列诗177篇、词40篇、曲6篇，共223篇，离300篇还差77篇。这里所列作品，只是凭感觉，没有经过严谨的论证和科学实验，因此只具有举例性质，供参考而已。教材到底安排哪些篇目，可研究讨论决定，经多轮教学实践之后定型。

我个人感觉，经过20年的课程改革，各套教材对古诗词都给予了重视，数量上基本上达到了饱和的程度，已经接近完美了，这一项即使不改也是可以的。

二、文言散文

散文指诗、词、曲以外的所有文章。古代散文的挑选标准是思想积极向上，语言优美典雅，形式有可取之处。学习这样的文章，不仅可以培养阅读古籍的能力，而且对培养写作能力有很大的帮助，同时，对提高认识、陶冶情操也有重要作用。并且，这种写作上的熏陶，是潜移默化的。《奏定高等小学堂章程》说："诵读既多，必然能作，遏之不可，不待教也。"[1]散文读得多了，自然也能写。

古代散文范围广，经典文献多，给选择带来了难度。我觉得选文的基本标准可定为"历史公认的名篇"，适合今天中小学生阅读。按这个标准，可以这样挑选。

五经对今天的人来说可能太难，《诗经》选几篇作代表，其他经书可节选几段，似可考虑不多选。史籍可选的很多，那些重要著作都应该选一些。诸子文章思想丰富，哲理深邃，很值得学。文学作品主要选名篇，要注意多选议论文。议论文是工作之后最重要的文体，因为制定政策、采取行动都要有理有据，足够服人。

散文总字数选4.5万字左右。《左传》《国语》《战国策》《史记》《汉书》《后汉书》《三国志》《资治通鉴》《论语》《孟子》《老子》《庄子》《韩非子》《墨子》《荀子》《吕氏春秋》《世说新语》等各选几百字到一两千字。

古代有不少有定评的文章选集，如《古文观止》《文章轨范》《古文笔法百篇》《古文关键》《古文辞类纂》等，这些文选上面的文章大多是经过千百年的历史考验之后留下的精品，今天可考虑直接精中选精，好中挑好。

---

1. 李国钧：《中国教育大系·历代教育制度考》（下）第1858页，武汉：湖北教育出版社，1994年7月第一版。

（1）《古文观止》

《古文观止》除苏教、人教、统编教材已选的之外，还可考虑选这些篇目：

《左传》：《郑伯克段于鄢》390字[1]、《齐桓公伐楚盟屈完》291字、《宫之奇谏假道》294字、《介之推不言禄》194字、《吕相绝秦》718字，5篇共1887字。

《国语》：《召公谏厉王止谤》262字、《叔向贺贫》281字，2篇共543字。

《战国策》：《颜斶说齐王》281字、《冯谖客孟尝君》870字、《触龙说赵太后》569字、《乐毅献书报燕王》1048字、《苏秦以连横说秦》1021字、《范雎说秦王》695字、《唐雎说信陵君》149字，7篇共4633字。

屈原：《卜居》321字。（苏教已选《离骚》155字，人教选《离骚》349字，苏教选《渔父》208字）

晁错：《论贵粟疏》1045字。

李白《与韩荆州书》502字，

李华《吊古战场文》619字，

韩愈：《原道》1405字、《原毁》636字、《进学解》738字、《讳辩》474字、《争臣论》1143字、《后十九日复上宰相书》496字、《后廿九日复上宰相书》774字、《与于襄阳书》463字、《应科目时与人书》268字、《祭十二郎文》1059字、《柳子厚墓志铭》966字，11篇共8452字。

柳宗元《驳〈复仇议〉》661字、《桐叶封弟辨》279字，2篇共

---

1. 本部分文章的字数主要根据岳麓书社《古文观止》（1998年8月第3版）、南京大学出版社《古文观止》（邓启铜、钟良注释，2014年5月第1版）、朱东润《中国历代文学作品选》（上海古籍出版社，1980年1月第1版）、岳麓书社《文选》（2002年9月第1版）数出来的，可能数错一二字，但数字应该是可信的。

940字。

欧阳修：《朋党论》615字、《纵囚论》436字、《泷冈阡表》1130字，3篇2181字。

苏洵：《管仲论》699字。

苏轼：《留侯论》628字、《晁错论》561字、《贾谊论》639字，《上梅直讲书》532字、《凌虚台记》440字、《超然台记》539字、《乞校正陆贽奏议进御札子》479字、《三槐堂铭》571字，8篇共4389字。

苏辙：《六国论》532字、《上枢密韩太尉书》524字，2篇共1056字。

方孝孺《深虑论》536字、《豫让论》661字，2篇1197字。

袁宏道《徐文长传》724字。

共48篇，29188字。

2.子、史

《古文观止》以外，如有必要，史部、子部可考虑再选一些。目前的教材已选了一些。

3.传统篇目

根据语文独立设科以来百余年的教学实践，有些篇目已经深入人心了，这些文章可以保留。还有，《古文观止》上没有的名篇，也可补上。这两项内容可考虑这些篇目：

王粲：《登楼赋》329字。

向秀：《思旧赋并序》260字。

鲍照：《芜城赋》405字。

江淹：《恨赋》416字、《别赋》716字。

丘迟：《与陈伯之书》566字。

王维：《山中与裴秀才迪书》187字。

张岱：《西湖七月半》507字。

李渔：《芙蕖》474字。

方苞：《左忠毅公轶事》481字。

姚鼐《登泰山记》448字。

龚自珍《病梅馆记》277字。

12篇共5066字。

以上所列，在原教材的基础上另外增加的不到3万字。我认为，可以多选一些议论文，诸子文章和八大家可多学一些。白话文中可作范文的议论文似乎不多。学古代议论文，既培养阅读古代汉语的能力，又培养写作能力。

只要标准明确，又限定字数，要选文章是不难的。

后　记

在《语文课程体系新构想》出版之际，感谢多位为我提供过指导、帮助和支持的老师、朋友和亲人。

首先，我要衷心感谢湖南师范大学中文系语文教学法专业的程大琥老师、周庆元老师和张良田老师。1999—2001年我在湖南师范大学攻读在职教育硕士期间，得到了三位导师的全面指导和切实帮助。程大琥老师的严谨周密、周庆元老师的广阔渊博、张良田老师的儒雅亲和，都使我受益匪浅。在作硕士论文《论小学识字教学的数量规定》的时候，老师对我严格要求、具体指导，我开始做问卷调查，并且注意用数字说话。本书提供了很多文章的具体篇名，对文言文则统计了文章的具体字数，现代汉语书面词语也用数字说话，以增强说服力，都得益于在湖南师范大学的专业训练。在本书完稿之后，程大琥老师在百忙中抽出时间为我写序，还不吝奖誉，我实在受之有愧。对恩师的教诲，我将永生铭记。

其次，我要感谢中国书籍出版社的编辑王志刚老师。中国书籍出版社为我出版了两本书（上一本是《中国传统教育名言精选》），都是王志刚老师的责任编辑，他劳心劳力，付出了不少汗水和心血，我衷心感激。

汕头职业技术学院人文系的领导黄小铭书记和杨映红主任对我的科研给予了真诚的支持和切实的帮助，我衷心感谢他们。我的朋友郑惠生教授是我汕头职业技术学院的同事，近10来年，我申报了几个课题，每个课题都有郑老师的心血和智慧。已经退休的余国良教授是我的领导，也是语文教学法方面的前辈，他在论文写作方面也给了我不少指导和帮助，我永远铭记在心。

  最后，我也要感谢我的爱人尹秋艳。治学要用去不少时间，出书又要花费一定费用。连续出了几本书，她都始终支持我，没有怨言。